10
18

12, AVENUE D'ITALIE. PARIS XIII$^{e}$

## *Sur l'auteur*

Damien Owens est né en 1971 et vit à Dublin. Diplômé de l'université de Belfast, il a exercé divers métiers et séjourné en Australie où il a collaboré à différents magazines. Salué comme un nouveau Nick Hornby, il fait une entrée remarquée dans les lettres irlandaises en 2001 avec *Les Trottoirs de Dublin*, avant d'être traduit dans de nombreux pays. Il a publié depuis un second roman, *Cruautés conjugales*.

DAMIEN OWENS

# CRUAUTÉS CONJUGALES

Traduit de l'anglais
par Julie SIBONY

10
18

*« Domaine étranger »*

*dirigé par Jean-Claude Zylberstein*

BELFOND

*Du même auteur*
*aux Éditions 10/18*

LES TROTTOIRS DE DUBLIN, n° 3641
▸ CRUAUTÉS CONJUGALES, n° 4023

Tous les personnages de ce livre sont fictifs et toute ressemblance avec des personnes réelles, vivantes ou mortes serait pure coïncidence.

Titre original :
*Peter and Mary Have a Row*
publié par Hodder and Stoughton,
a division of Hodder Headline, Londres.


ISBN 978-2-264-04186-9

*Pour Shane, Ciara et Conor*

# 1

« Allez, Mary, ne te braque pas comme ça. Il a eu de bonnes critiques.

— Peter…

— Et pas seulement dans le *Sun*. Écoute ça : “Tous les frissons et le suspense d’un James Bond, mais multiplié par deux.” C’est dans *Première*, on peut leur faire confiance, non ?

— Tu m’as dit…

— Tu ne veux pas qu’on essaye, au moins ?

— … “Et si on louait une vidéo. On…”

— Si ça se trouve, ça va te plaire, on ne sait jamais.

— Tu m’as dit “On prendra celle que tu voudras”. C’est ce que tu as *dit*. Tu m’as regardée dans les yeux et tu m’as dit “On prendra celle que tu voudras”.

— D’accord, mais…

— Et voilà. Voilà où on en est. »

Il fit son petit numéro habituel : tout d’abord, il laissa légèrement pendre sa lèvre inférieure et se mit à fixer le sol. Puis il baissa lentement la tête, dans un hochement imperceptible. Il eut même le culot de laisser échapper un faible soupir. Mary le fusilla du regard, agrippant sa cassette avec tant de fermeté que la boîte commençait à se tordre. Selon toute vraisemblance, il finit par s'en rendre compte.

« OK, d'accord, d'accord, on prend le tien. On prend... » Il tourna la jaquette vers lui. « *Fargo*. Ça te va ? Adieu Pierce Brosnan, bonjour... Steve Buscomi.

— Buscemi.

— Ouais. C'est ça. Il a toujours été le plus doué des frères Buscemi, de toute façon. Je les ai bien connus, tu sais. Toute la famille. Ils étaient de Carrickmacross, à l'origine. Maintenant tu aurais la migraine rien qu'à entendre parler Seamie Buscemi. Quant à Jamesie, ce n'est qu'un petit merdeux et un menteur. Mais je n'ai rien contre Steve, vraiment. Un bon gars. Allez, viens. On prend ça et on y va. »

Il lui décocha son petit sourire caractéristique, en haussant un sourcil. Une fois elle l'avait entendu appeler ça son « sourire de vainqueur ». Sauf que, là, il n'en sortirait pas vainqueur. Il n'arriverait même pas à arracher le match nul. Elle pivota et se dirigea droit vers le comptoir sans dire un mot.

« Il y a quelque chose qui ne va pas ? demanda Peter alors qu'ils repartaient du magasin en voiture.

— Non, non, rien », répondit Mary.

Il opina du chef. « Tu es sûre ?

— Ouaip.
— Tu m'as l'air un peu… tendue.
— Non.
— Tu n'es pas tendue ?
— Non.
— Parce que si…
— Je vais bien.
— Parfait, dans ce cas, répliqua-t-il en abattant ses deux mains en même temps sur le volant. Tiens, écoute, j'en ai une bien bonne. C'est David qui me l'a racontée au boulot. Tu es prête ? Prête ? OK. Alors, c'est un Anglais, un Irlandais et un Écossais qui sont sur une île déserte. Et sur toute l'île, il n'y a qu'un seul…
— Arrête, Peter.
— Quoi ?
— Laisse tomber, c'est tout.
— Mais je te jure que tu ne la connais pas.
— Je n'ai pas envie de la connaître.
— Comment tu sais ?
— Parce que, rétorqua-t-elle d'une voix lente et posée, nous sommes au XXIe siècle. Les histoires d'Anglais, d'Irlandais et d'Écossais ne sont plus d'actualité, OK ? »

Il ne savait visiblement pas quoi répondre à ça, et demeura silencieux un moment. Puis il émit un petit bruit du fond de la gorge, alluma l'autoradio et passa d'une fréquence à l'autre jusqu'à ce qu'il ait trouvé une chanson qu'il pouvait entonner en chœur.

Une fois rentrés à la maison, ils se livrèrent à leur rituel prévidéo sans un mot. Mary préparait les boissons tandis que Peter trifouillait partout, ajustant les coussins et l'éclairage.

« Attends une seconde ! lui cria-t-il alors qu'elle était encore à la cuisine. Où est passé le plouf ? »

Elle inspira à fond avant de lui répondre. « Il est à la poubelle. Et il y reste. »

Il surgit dans la cuisine, où elle était tranquillement en train de remuer son café. « Mais le plouf ! s'exclama-t-il. Tu sais bien que j'adore ce plouf. »

Elle cessa de remuer. Puis reprit, en sens inverse. « Primo, c'est un pouf et tu le sais très bien. Appeler ça un plouf est parfaitement ridicule et je t'ai demandé de ne plus le faire, et tu le fais toujours et je ne comprends pas pourquoi. Secundo, c'est l'objet le plus miteux, ignoble, merdique, dégueulasse, pourri, *à chier*, que j'aie jamais vu. On se croirait dans une sit-com des années soixante-dix, et je t'ai demandé un milliard de fois, depuis le jour où tu l'as acheté, de bien vouloir le jeter s'il te plaît, mais tu ne m'as pas écoutée, donc c'est moi qui l'ai fait pour toi et j'en suis ravie. »

Elle parlait en évitant son regard, les yeux rivés sur la cuillère qu'elle tournait dans sa tasse. Lorsqu'elle releva la tête, il était parti. Elle prit le plateau – un déca noir pour elle, un thé au lait pour lui – et le rejoignit au salon. Il s'était installé sur le canapé, jambes étendues, les talons fermement plantés dans la moquette, qu'il fixait des yeux avec une expression mélancolique. Comme elle déposait le plateau sur la table basse, elle se prépara mentalement à une dispute.

Au lieu de quoi Peter replia les jambes et dit : « J'ai fait quelque chose de mal, c'est ça ? Si c'est ça, je veux le savoir. Qu'est-ce que j'ai fait ? »

Mary s'assit dans un fauteuil, se sentant tout d'un coup honteuse et confuse. Elle voulait lui dire qu'il n'avait rien fait du tout. Et c'était vrai, d'ailleurs, autant qu'elle le sache. Mais elle se bloqua. Elle avait l'impression de ne pas pouvoir l'absoudre, d'une certaine façon. Ç'aurait été… lui mentir.

« Ne t'occupe pas de moi, répondit-elle de mauvaise grâce. J'ai eu une sale journée à la boutique. Vas-y, mets la cassette.

— Mais tu es sûre que tu vas bien ?

— Je suis sûre.

— D'accord, alors. »

Il se leva pour introduire la cassette dans le magnétoscope. Lorsqu'il revint s'asseoir, il s'absorba de nouveau dans la contemplation de ses pieds.

« Ça veut dire que je n'ai aucun espoir de…

— Il reste à la poubelle, Peter.

— D'accord. Tu as raison. »

Dès les premières images de *Fargo*, Mary se rendit compte de son erreur. Non pas que le film en lui-même fût décevant (au contraire), mais parce que les personnages avaient un accent bizarre.

« Ça se passe où, déjà ? demanda Peter.

— Au Minnesota, répondit-elle en s'efforçant d'adopter un ton jovial.

— Marrant, cet accent, non ? » lança-t-il. Elle comprit aussitôt que les ennuis se profilaient à l'horizon. Et, en effet, à peine avaient-ils visionné vingt minutes de bande qu'il s'y mit.

« 'Achement bien, nan ? éructa-t-il de but en blanc. 'Achement bien, c'te film ! »

Ce n'était pas une trop mauvaise imitation du minnesotain, il fallait bien l'admettre, surtout en considérant les voyelles prononcées du Monaghan qu'il fallait pouvoir surmonter.

« Peter ?

— Ouaip ?

— Tu comptes prendre cette voix pendant tout le film ? Parce que si c'est ça, je vais me coucher tout de suite. »

Elle avait conçu sa réplique comme une menace légère et badine, mais les mots lui échappèrent sur un ton méchant. Il émit un petit bruit de soumission et se tut. Mais elle savait qu'il continuait à s'entraîner dans sa tête, peaufinant son effet, le gardant dans un coin pour une autre occasion. Elle le surprit même à remuer les lèvres en silence à une ou deux reprises, et dut littéralement se mordre la langue pour s'abstenir de tout commentaire acerbe.

Mary n'ignorait pas que, dans des situations de stress inexplicables, certaines personnes essayaient de forcer le retour de la bonne humeur en se livrant à un exercice qu'ils appelaient la « pensée positive ». Cela consistait le plus souvent en une forme de méditation prolongée sur le soleil, les petits chiens et tutti quanti. Quand elle sentait monter sa température mentale sans savoir pourquoi, Mary s'obligeait au contraire à avoir des pensées *négatives*. Elle arpentait son passé immédiat et allait chatouiller du bout de son bâton ses plus mauvais souvenirs, en espérant que l'un d'entre eux finirait par gémir. Une fois découvert l'épisode traumatique, pensait-elle, elle en serait libérée. Et en général ça marchait plutôt bien. Elle s'asseyait à la table de la cuisine, ou derrière le comptoir du magasin, fermait les yeux, et au bout d'un moment elle trouvait la réponse. Sa mauvaise humeur de toute la journée était liée à une discussion avec un client particulièrement désagréable, ou au simple fait qu'elle avait oublié de passer chercher ses affaires au pressing. Le mystère ainsi résolu, elle se félicitait de son approche positive de la vie et de son refus d'être l'otage de petits riens. La brume se levait et elle retrouvait son état normal.

Cette fois, pourtant, sa stratégie se révéla inefficace. En vérité, sa journée n'avait pas été si mauvaise que ça. Plutôt bonne, même. Des gamins étaient venus se renseigner sur le concert de Radiohead. Non seulement Mary avait su leur donner des détails sur le concert et la première partie, mais elle leur avait également indiqué le titre du nouvel album, qui ne devait sortir qu'en septembre. Elle avait lu tout ça sur internet. Elle les avait impressionnés. Ça se voyait. Après le boulot, elle était rentrée à pied, de bonne humeur, et avait joyeusement englouti le reste du chili con carne qu'elle s'était réchauffé en arrivant. Les informations télévisées n'étaient pas spécialement plus déprimantes que d'ordinaire, avec leur lot habituel de meurtres, cambriolages, viols d'enfants, morts sur la route et affaires de corruption. Elle les avait regardées en mangeant un bol de glace à la menthe et pépites de chocolat, avant de finir les mots croisés du journal en un temps tout à fait correct, voire record. Assise là, en attendant que Peter rentre de son jogging bisannuel, elle se souvenait même d'avoir éprouvé une assez grande satisfaction. Que s'était-il passé ensuite ? Et quelle que soit la réponse, pourquoi s'en prendre à Peter ?

« Peter ? » fit-elle tout doucement.

Il émit un léger grognement en guise de réponse, sans dévier son regard de l'écran de télévision. Classique, songea-t-elle. Il essaye de détourner mon attention d'un film et en fait il se fait complètement absorber à son tour.

« Je suis vraiment désolée », dit-elle sur le ton le plus grave qu'elle parvint à formuler.

Il se tourna vers elle. « Désolée de quoi ?

— Tu sais bien. J'ai fait la gueule toute la soirée. »

Hochement de tête. « Du moment que tu vas bien.

— Je vais bien, je t'assure. Je ne sais pas ce qui me tracasse depuis ce matin.

— Tu sais, s'il y a quelque chose qui tracasse ma Mary, je l'attrape par la peau des fesses et je le fous dehors illico presto. »

C'était censé être de la galanterie. Elle s'efforça de lui en être reconnaissante. Il faisait de son mieux. Et elle était contente d'avoir pu dire quelque chose. Toujours s'excuser quand on a tort, lui avait appris sa mère dès son plus jeune âge. C'était le meilleur conseil qu'elle ait jamais reçu.

« En principe, j'arrive à trouver, reprit-elle. Tu vois ce que je veux dire ? Si un petit truc me turlupine, j'arrive toujours à mettre le doigt dessus et à… à me soigner. Mais pas aujourd'hui. Pas depuis quelque temps, à vrai dire. C'est bizarre. C'est comme si j'avais un caillou dans la chaussure. Une sensation désagréable… C'est pas mon genre, pourtant. »

Elle laissa sa voix en suspens, craignant de tomber dans un délire psycho-existentiel à la californienne, et se tourna vers son mari pour guetter sa réaction.

Il sembla réfléchir un moment. Elle attendit. Et attendit encore. Puis il eut un haussement d'épaules dédaigneux, chercha la télécommande autour de lui et rembobina la cassette à l'endroit où elle en était quand Mary avait commencé à s'excuser.

# 2

« Je suis un fan complet de *Star Wars*, déclara le type habillé en orange avec les cheveux hirsutes, et mon personnage préféré c'est Han Solo, parce qu'il est cool, comme héros… Exactement comme moi. À quel personnage de *Star Wars* tu t'identifies et pourquoi ? Question à la numéro deux. »

La blonde en minijupe jaune lança un regard par en dessous derrière sa frange. « Eh bien, Darren, dit-elle en souriant, je crois que la réponse est Darth Vader. »

Darren fit une drôle de tête. « Ah bon ? Pourquoi ?

— Parce que j'ai l'air canon en cuir noir et que je trouve que tous les prétextes sont bons pour respirer bruyamment. »

Le public du studio manifesta son enthousiasme par des applaudissements et des sifflets. Seul dans son salon terne, Finbarr Grealey secoua tristement la tête et tâtonna pour trouver son sachet de berlingots à la menthe sur le canapé.

« Salope », marmonna-t-il en envoyant un bonbon au fond de son gosier fripé. Le problème avec ce genre de minettes, pensa Finbarr, c'est qu'elles espèrent toujours se faire découvrir. Dans la chanson, le cinéma, n'importe quoi. Un producteur attentif, un coup de téléphone, et du jour au lendemain elles se retrouvent à *Top of the Pops*, en train de s'égosiller en play-back.

« Un choix difficile, murmura Darren d'un air faussement embêté, mais je crois quand même que je vais prendre la numéro un. »

Finbarr fit la grimace. « Arrête tes conneries ! La numéro *un* ? »

De stupeur, il en avala son bonbon, tandis que les numéros deux et trois faisaient leurs adieux.

« Ouais, c'est ça, cassez-vous. Retour à la case transats et VRP pour les week-ends. Vous aurez plus de chance la prochaine fois. »

La numéro un était le genre de snobinarde qu'ils intercalaient parfois au milieu des esthéticiennes et des monitrices d'aérobic. Secrétaire juridique, soi-disant. Miranda. Pas mal, d'après lui. Il l'aurait bien vue en jodhpurs, ou un truc dans ce style. Il nota dans un coin de sa tête de penser à la regarder la semaine suivante, histoire de voir comment se passerait leur premier rendez-vous. Même si, en vérité, il s'en doutait déjà. Ce type ne tirerait rien d'elle. Pas la moindre chance. Coincée comme un cul de mouche. Il suffisait de la regarder pour s'en rendre compte. Et pourtant il avait l'air plutôt satisfait de lui lorsque l'écran de séparation coulissa. Il contempla la poitrine de Miranda pendant une bonne seconde, avant de lui poser une main sur les fesses. Finbarr constata à son grand étonnement qu'elle ne la retira pas. Hmmm. Peut-être y avait-il de l'espoir pour monsieur Hirsute, après tout. Mais au fond, songea-t-il, peut-être était-ce ainsi que les jeunes se disaient bonjour désormais ; en se mettant une main au cul. Peut-être même avaient-ils toujours fait comme ça. Finbarr avait renoncé depuis bien longtemps à croire que les choses n'arrivaient pas simplement sous prétexte qu'elles ne lui arrivaient pas *à lui*.

Et maintenant, le moment crucial du tirage au sort pour le rendez-vous. Miranda choisit une enveloppe et l'ouvrit en la déchirant.

Finbarr croisa les doigts. « La balade à cheval ! supplia-t-il. La balade à cheval ! »

« Hé, cool ! s'exclama Miranda. Un week-end de pêche à la mouche ! »

Finbarr poussa un grognement et éteignit la télé depuis sa télécommande. Il jeta un coup d'œil sur l'horloge.

L'heure du pub.

Finbarr s'était essayé à la décoration d'intérieur une seule fois. C'était quelque part à la fin des années soixante-dix. Il était en train de se préparer solennellement un sandwich au corned-beef dans la cuisine, en parfaite symbiose avec l'Univers, lorsqu'il avait été tout d'un coup saisi d'un désir impérieux d'enlever le papier peint. Il ne savait pas bien ce qu'il voulait mettre à la place, il savait juste que le papier peint en cours devait partir. Sur-le-champ. C'était une sensation étrange, et pas tout à fait agréable. Il mit d'abord ça sur le compte de la constipation (Finbarr avait hérité d'intestins rétifs et capricieux), et avala plusieurs verres d'Andrew's à la suite avant de réaliser que c'était du sérieux. Il avait arraché environ les deux tiers du papier peint à losanges gris et marron de la petite cuisine. Soudain il s'arrêta, en plein raclage, et contempla hébété le couteau à pain dont il se servait pour gratter le mur. À quoi bon ? se demanda-t-il. Pourquoi ? Qui va en profiter ? Il baissa les armes aussitôt, laissant pendre du mur une bande de papier peint à moitié décollée. Après quoi il passa une sale demi-heure sur le siège des toilettes, se jurant de se méfier à l'avenir des brusques idées géniales.

De sorte que, au point de vue déco, l'appartement était resté quasi identique à ce qu'il était en 1972, l'année où ses parents avaient balisé le début et la fin de l'été de leurs morts respectives, le laissant seul à la maison pour la première fois de sa vie. La salle de bains, en particulier, souffrait de cet état d'abandon ; avec ses diverses fuites et taches de rouille, elle évoquait une espèce de grotte artificielle. Bien que Finbarr eût cessé depuis belle lurette de remarquer, et encore plus de se soucier de l'ambiance lugubre qui régnait dans l'appartement, il ne pouvait pas en revanche ignorer le manque d'espace. Il en faisait l'expérience douloureuse chaque fois qu'il tentait par exemple de s'introduire dans le trou qui lui servait de chambre à coucher, lorsque la porte buttait contre le cadre du lit avant même d'être ouverte à moitié. Et c'était d'ailleurs ce qu'elle venait de faire à l'instant, l'obligeant comme toujours à se glisser à l'intérieur en passant d'abord la jambe gauche, puis en suivant avec le reste de son corps vacillant.

« La vache, souffla-t-il alors que son entrejambe s'écrasait contre la poignée protubérante. Mes couilles ! »

Il aurait pu déménager dans la chambre de ses parents, bien sûr, laquelle était très légèrement plus grande. Mais il n'aimait pas y aller. Ça lui filait les chocottes.

Le lit de Finbarr avait beau être étroit et plutôt court, il occupait pourtant presque tout l'espace. Il était flanqué d'une chaise d'un côté, et d'une table de chevet de l'autre. Au pied du lit se dressait une armoire sombre et robuste qui n'était pas sans rappeler le monolithe de *2001 : l'odyssée de l'espace* (un film que Finbarr classait parmi ses préférés, avec *Chitty Chitty Bang Bang*, *L'Aventure du Poséidon* et *Bullitt*). La porte de l'armoire, tout comme celle de la chambre, rencontrait l'obstacle du lit avant de pouvoir atteindre son ouverture maximale. Ce qui voulait dire qu'il était obligé de se percher à genoux au bout du matelas quand il voulait prendre ses vêtements. Il n'y avait pas assez d'espace pour se tenir debout entre le lit et l'armoire.

Malgré le caractère éminemment sportif de la tâche qui lui faisait penser à certaines épreuves de *Jeux sans frontières*, Finbarr réussit à dégoter dans l'armoire un pantalon propre – ou disons, moins sale – et à l'enfiler avec une relative aisance. La rapidité était la clé de l'épreuve, il ne le savait que trop bien. Plus d'une fois, il avait hésité trop longtemps entre une tenue et une autre, et s'était retrouvé avec les genoux bloqués quand il avait voulu se relever.

# 3

Ce soir-là, Umberto parcourut le trajet entre chez lui et la maison de Peter et Mary en moins de vingt minutes, ce qui était un bon score. Mais il est vrai que son allure avait toujours été directement proportionnelle à son degré de contrariété. Il mettait rarement plus d'une demi-heure. Chose étrange, il avait remarqué ces derniers temps qu'il n'avait pas besoin d'être arrivé à destination pour que son humeur se soit déjà améliorée de façon significative. Non que la route fût particulièrement agréable, loin de là. Il évitait toujours le centre-ville en coupant à travers champs, mais ce n'étaient pas à proprement parler des paysages onduleux et charmants. Juste de grands carrés verts et plats avec des vaches et de la bouse dessus. Non, c'était plutôt comme si le trajet en lui-même faisait office de thérapie. La simple idée de laisser ses parents derrière lui et de se préparer à un bavardage insouciant et distrayant, qui incluait des sujets tels que les séries télévisées et les jeux vidéo, lui suffisait.

Cela se vérifia une fois de plus. Au moment où il escaladait la dernière clôture pour pénétrer dans la résidence où vivaient Peter et Mary, Umberto s'était déjà considérablement égayé. Il n'était plus le même que lorsqu'il avait claqué la porte du Cottage avec une telle violence qu'une petite gravure de Paul Klee s'était décrochée du mur de l'entrée (provoquant un hurlement passionné de sa mère qu'il avait entendu jusqu'au milieu du jardin). Il ressentit néanmoins le frisson de soulagement habituel en songeant qu'il n'était là qu'en simple visiteur, et pas en résidant permanent. La résidence de Brookemore Lawns datait du début des années quatre-vingt-dix et était typique en son genre. Les maisons étaient toutes spacieuses et claires, bien qu'un peu entassées les unes sur les autres. Chacune était munie d'un petit jardin à l'arrière et d'un garage que personne n'avait l'air d'utiliser. C'était le genre de maisons pour lesquelles les gens étaient quasiment prêts à s'entre-tuer partout à travers le pays. Umberto lui trouvait un petit air de Legoland. Ou à ce qu'on aurait pu imaginer dans un riche État communiste, si un tel concept était envisageable. Toutes les maisons pareilles, avec les mêmes autos vieillottes et les mêmes jouets en plastique éparpillés sur la pelouse. Tandis qu'il enjambait la clôture pour passer dans le jardin de Peter et Mary, il ne put s'empêcher de penser que tous les habitants étaient en train de regarder la télévision d'État, où Le Dirigeant leur assurait posément que tout allait bien.

Quand Mary vint ouvrir la porte du jardin à laquelle il avait frappé trois petits coups, Umberto et elle sursautèrent en même temps, aussi surpris l'un que l'autre.

« Tu as pleuré, déclara Umberto au bout d'un moment. Ton maquillage a dégouliné dans tous les sens.

— Toi aussi, rétorqua Mary. Et je ne devrais pas pouvoir m'en rendre compte. »

Umberto déclina l'offre de Mary de boire du café ou du thé, au choix ; il prétendit avoir lu un rapport inquiétant à propos des effets de la caféine sur la fertilité masculine. Elle fit observer que la fertilité n'était pas censée être une préoccupation majeure pour un garçon de quatorze ans.

« Je pense à long terme, *tante Mary*.

— Tu m'en vois ravie, *mon neveu*. »

Ils se sourirent tout en s'asseyant à la table de la cuisine. Il avait pris l'habitude de l'appeler tante Mary en guise de gentille punition, d'ordinaire réservée aux rares occasions dans lesquelles elle s'adressait à lui en tant que « grande personne ». Il savait qu'elle trouvait ça ringard et pas très sexy. Elle préférait Mary tout court.

« J'ai du déca, si tu veux.

— Mary, par pitié ! Du *déca* ! Soit tu bois du café, soit tu n'en bois pas.

— Moi j'aime ça. Même si je ne me souviens plus très bien pourquoi. Enfin, bref, vas-y. Annonce la couleur. C'est quoi le problème, ce coup-ci ?

— Ah, non, laisse tomber. Ça va, maintenant. Mais toi, qu'est-ce que tu as ?

— Umberto, laisse-moi au moins faire semblant d'être la personne adulte et responsable ici. Toi d'abord. Commence par la question facile. Peut-on savoir pourquoi, pour l'amour de Dieu, tu t'es maquillé ? »

Il se contenta de hausser les épaules sans rien dire. Mary se mordilla la lèvre tout en réfléchissant.

« Si tu dois te pomponner, reprit-elle, viens au moins me voir pour que je te le fasse dans les règles de l'art. Tu n'as même pas accentué tes lèvres pulpeuses, mon pauvre chéri. »

Il avait les yeux rivés sur le plateau de la table.

« Inutile de demander conseil à ta mère, n'est-ce pas ? Qu'est-ce qu'elle y connaît en maquillage, celle-là ? »

Umberto laissa échapper une exclamation désapprobatrice.

« Rien du tout, si tu veux mon avis ! renchérit Mary. Mais je suis sûre qu'elle pourrait te faire tout un cours sur l'utilisation qui en est faite pour maintenir les femmes à leur place. »

Umberto se dérida, et un faible sourire se dessina peu à peu sur son visage blême.

« Des problèmes avec tes parents, donc. Tu ferais aussi bien de tout me raconter, Umberto. Parce que je peux toujours passer un coup de fil à Valerie et lui tirer les vers du nez.

— Ouais. Tu peux toujours essayer.

— Mais… ?

— Mais elle ne pourra pas t'en dire plus. À ses yeux, je me suis conduit comme un ado dépressif pendant tout le dîner et ensuite je suis parti comme une furie sans aucune raison. Ah, et en plus j'ai claqué la porte, sans aucune raison non plus.

— Ce qui n'explique pas le maquillage.

— La raison pour laquelle je me suis conduit comme un ado dépressif est justement qu'ils n'ont pas eu l'air de remarquer que j'étais maquillé.

— Et tu t'étais maquillé pour… ?

— Pour voir s'ils remarqueraient.

— Ah.

— Ouais. *Ah*. Et avant que tu rajoutes quoi que ce soit, je suis parfaitement conscient qu'il s'agit d'une méthode classique pour attirer l'attention, alors pas la peine de me sortir ce genre de conneries.

— Surveille ton langage, Umberto.

— Les mots ne sont que des symboles et ne peuvent pas nous blesser par eux-mêmes, lui rétorqua-t-il du tac au tac. Quoi ? Pourquoi tu me regardes comme ça ?

— Pour rien. C'est juste que j'oublie parfois que parler avec toi n'est pas la même chose que parler aux gosses qui viennent au magasin. C'est comme, je sais pas… trouver un scalpel dans son tiroir à cuillères.

— Je prends ça comme un compliment.

— Tu fais bien. Et pour ce qui est du maquillage, bon, au moins tu n'es pas en train de m'annoncer que tu es homo ou quelque chose comme ça. »

Umberto se raidit. « Et depuis quand on est homo si on se maquille ? Et puis, de toute façon, en quoi c'est grave d'être homo ? Tu peux m'épargner tes discours de provinciale, Mary ? »

Mary abattit sa paume sur la table, faisant sursauter Umberto sur sa chaise. « Je t'interdis de me traiter de *provinciale* ! » aboya-t-elle.

Umberto écarta une mèche de ses yeux, choqué, et mit une seconde avant de réagir. C'était la première fois de sa vie qu'il entendait Mary hausser le ton devant lui, ne serait-ce qu'un peu. La vache… Son visage avait même changé, brusquement. Vieilli, en quelque sorte.

« Ben, je… Excuse-moi, je suis désolé. »

Elle le rabroua d'un revers de main et se frotta les tempes. « Laisse tomber, dit-elle… Je suis désolée de t'avoir engueulé. En ce moment, je ne sais pas ce que… Enfin, bref, ne t'occupe pas de moi. Et ce n'est pas du tout grave d'être homo. Je pensais simplement aux problèmes que ça risquerait de te causer. Regarde toutes les horreurs qu'on entend sur Camp David[1]. Et tout le monde sait très bien qu'il n'est pas homo. Il est marié, bon sang.

— OK, OK.

— OK. Donc quoi ? Tu es resté assis là comme Barbara Cartland pendant tout le dîner et ils n'ont pas bronché ?

— Papa m'a regardé d'un air bizarre une ou deux fois. Je crois qu'il devait se rendre compte que quelque chose avait changé, mais ça n'a pas fait tilt. En fait, ils étaient bien trop occupés à s'engueuler. »

Il vit que Mary était surprise et comprit pourquoi. Ses parents ne se disputaient jamais. Jamais. C'était de notoriété publique.

« Ils se disputaient ? répéta Mary.

— Comme chien et chat.

— Ah bon ? Et à quel sujet ?

— Il ne vaut mieux pas que tu saches. »

Elle baissa la tête. « Pas des histoires d'argent, quand même ? Je ne peux pas croire que…

— Non, non, pas des histoires d'argent.

— Quoi, alors ? Ils se disputaient pour la télécommande ? Pour savoir qui va laver la voiture ? Quoi ?

— La dualité onde / particule », déclara Umberto d'un air abattu.

---

1. En anglais, « camp » est une façon vulgaire de désigner un homosexuel, l'équivalent de « tapette » en français. Le surnom « Camp David » est donc un jeu de mots entre cette expression et le nom de la résidence d'été des Présidents américains. *(N.d.T.)*

Mary écarquilla les yeux. « Pardon ?

— Tu sais. La nature de la lumière. Parfois elle se comporte comme une particule, et parfois comme une onde. »

Mary écarquilla les yeux de plus belle.

« L'expérience de la double fente ? Les schémas d'interférence ? » risqua Umberto.

Elle secoua la tête.

« Pas vraiment une fan de vulgarisation scientifique, à ce que je vois, conclut-il. Bon, tant mieux. Chez nous c'est rempli de ces foutus bouquins, et ça n'apporte pas la paix ni l'harmonie, c'est moi qui te le dis.

— Non, c'est pas trop mon truc.

— Maman dit que la lumière est composée de particules qui se comportent parfois comme une onde, et papa dit que c'est une onde qui se comporte parfois comme si c'était des particules.

— Ah, tu parles de *cette* dualité onde / particule !

— Il lui a répondu qu'elle n'y connaissait strictement rien en physique et s'est mis à rire en repensant à une conversation qu'ils avaient eue sur la matière noire. Elle avait dû dire quelque chose de vraiment idiot ce jour-là, apparemment. Ensuite elle s'est énervée contre lui parce qu'il avait remis sur le tapis cette histoire de matière noire, alors il a dit que… Enfin, bref, tu vois le tableau. »

Mary hocha la tête. Elle voyait.

« Je voudrais juste qu'ils soient… un peu moins… tu sais… pas aussi… »

Elle sourit avec bienveillance et lui tapota la main. « Ouais. Je sais.

— Mais bon, dit-il, ça va maintenant. Et toi, alors ? Qu'est-ce qui ne va pas ? Et où est Peter, au fait ? »

Mary détourna brièvement le regard. « Il est sorti je ne sais où, au pub probablement. Et ne t'occupe pas de moi, ça va. »

Umberto opina du chef. Il avait repéré le regard en coin, et il était très doué dans l'art obscur d'interpréter les regards. « Est-ce que je serais très loin du compte, dit-il, en imaginant qu'il y a un vague rapport entre tes récentes larmes et l'absence suspecte de Peter ? »

Mary se tapota l'aile du nez. « C'est des histoires de grandes personnes », lui rétorqua-t-elle.

Umberto surprit un second regard en coin et n'insista pas.

## 4

Peter n'était pas allé au pub. Il était allé *aux pubs*. Au McLaverty's tout d'abord, pour la simple raison que – et on retrouvait là le sens pratique de l'ingénieur qu'il était – c'était le premier sur lequel il était tombé en déboulant dans le centre-ville comme une furie.

Le McLaverty's, qui datait de la fin du XIXe siècle, était l'un des plus anciens pubs de Drumshanagh. Ce n'était pas un endroit que fréquentait Peter, convaincu qu'il était que certains de ses clients d'origine continuaient à venir s'y abreuver. Des petits vieux étriqués dans des costumes noirs élimés, à qui il fallait trois jours pour descendre une pinte de Guinness et qui parlaient encore au présent quand ils se disputaient au sujet de l'indépendance irlandaise. C'était la deuxième fois qu'il y venait, la première remontant au vingt-sixième anniversaire de Camp David. Ils avaient fait toute la ville ce soir-là, mais n'étaient restés que dix minutes au McLaverty's. Presque tout le monde en ville connaissait David Sheridan, et la foule d'admirateurs (et de soûlards) augmentait à chaque pub où ils s'arrêtaient. Jusqu'au McLaverty's, en tout cas, où les habitués dévisagèrent ce groupe de jeunes excités avec des yeux de loup. Même le barman avait l'air hautain, et pourtant il devait être âgé d'une vingtaine d'années tout au plus. Ils avaient bu un seul verre avant de déguerpir en silence, pour recommencer leur raffut sitôt la porte franchie.

Cette seconde visite dura environ une minute trente. Tout ce que Peter voulait, c'était un peu de calme et de tranquillité pour boire un coup et réfléchir. Le McLaverty's était donc l'endroit idéal, songea-t-il. Il était sûr qu'ici personne ne viendrait le déranger. Mais dès qu'il se posta au comptoir, il se retrouva forcé de parler – ou plutôt d'écouter – un vieillard qui fumait des roulées nauséabondes. La brève conversation tourna autour de la taille considérable de Peter et des applications pratiques de celle-ci.

« Nom de Dieu, mais vous êtes long comme une asperge, s'exclama le type tandis que la bière de Peter arrivait. Vous devez faire deux mètres vingt bien tassés, ma parole ! »

Peter aurait pu trouver cette compagnie tout à fait agréable n'importe quel autre soir ; un soir où sa femme ne l'aurait pas plus ou moins foutu dehors.

« Un quatre-vingt-treize, marmonna-t-il avant d'avaler sa première gorgée.

— Ça doit être drôlement commode, ça, poursuivit le vieillard. Pour mieux voir aux matchs de foot et tous les trucs comme ça. »

Plus ou moins ? Qui essayait-il de tromper ? Elle lui avait désigné la porte en lui disant de disparaître de sa vue.

« Ouais, c'est pas mal, répondit Peter.

— Moi, j'suis plutôt du genre nabot, et je peux vous dire que c'est pas terrible. Pas terrible du tout. »

Peter termina sa bière d'un trait et descendit de son tabouret. « Faites-moi signe si jamais vous avez besoin d'attraper un truc en haut d'une armoire », dit-il en partant.

Il se surprit à se sentir un peu plus lucide avec un verre dans l'estomac. Il remonta la rue du McLaverty's, toujours aussi énervé, et réfléchit de manière plus approfondie au pub sur lequel il avait envie de jeter son dévolu. Aucun de ses endroits habituels, et certainement pas le McShane's. Alors lequel ? Le O'Brien's était bien trop bruyant. Le McNally's trop bondé. Le Daly's puait. Le Still était le QG des extrémistes de l'IRA. Hmm. Pourquoi pas le Dead Leg ? C'était un établissement tout à fait correct, après tout, et peu fréquenté par le cercle des connaissances de Peter. De plus, un visiteur de passage originaire d'Armagh s'était étouffé dans les toilettes l'été précédent, semblait-il avec son propre vomi, et n'avait été retrouvé mort que vingt-quatre heures plus tard. C'était donc clairement le genre d'endroit où la règle du chacun pour soi était de mise.

« Un Jameson, s'il vous plaît », lança Peter au barman en balayant la salle d'un regard inquiet. Parfait. Aucun visage particulièrement familier.

« Alors, comment vont les choses dans le monde de la haute technologie ? demanda le barman lorsqu'il revint avec le verre de whisky.

— Ça va, répondit Peter avec peu d'empressement.

— Vous ne vous souvenez pas de moi ? »

Peter empocha sa monnaie. « Je, euh…

— Vous êtes venu installer l'ordinateur de mon vieux. J'étais là pour lui filer un coup de main au garage, ce jour-là. Vous et cet autre type, là… un peu curieux.

— Ah, oui, je vois. Le garage Renault, c'est ça ?

— Exact.

— Tout marche, pas de problèmes ?

— Alors ça, j'en sais rien. J'imagine que oui, sinon vous auriez eu des nouvelles de mon vieux. »

Peter savait que ce n'était pas forcément le cas. Il avait un jour croisé une de ses clientes dans la rue, une femme qui tenait un magasin de luminaires. Elle lui avait révélé avec nervosité que le PC qu'il avait installé la semaine précédente avait rendu l'âme une heure après son départ. Elle avait eu peur de l'appeler parce qu'elle était sûre d'avoir fait une mauvaise manip quelque part. Et, à vrai dire, elle avait bien fait une mauvaise manip : elle avait légèrement délogé la prise d'alimentation par mégarde. Mais en tout cas, ce que pouvait constater Peter, c'est que les gens étaient bizarres dès qu'il s'agissait d'ordinateurs. La femme était tellement contente que a) Peter ait « réparé » le sien et b) qu'il ne se soit pas moqué d'elle, qu'elle lui avait offert une jolie lampe en cadeau. Mary avait dit qu'elle adorait la lampe, et qu'elle adorait Peter. Bon.

« Si y a quoi que ce soit, dites à votre père de me passer un coup de fil.

— OK, pas de problème.

— OK. »

Peter se retourna pour observer la salle. Le Dead Leg était un pub assez étrange. On aurait dit qu'il avait été conçu expressément pour n'attirer aucune clientèle en particulier. Il n'y avait pas de juke-box pour les jeunes. Pas de télé pour les mordus de sport. Pas de fausses antiquités pour telle frange excentrique et non identifiée de la société censée trouver ça séduisant. L'éclairage de la salle ne donnait pas dans le tamisé lugubre, ni dans le superlumineux branché. Il n'y avait pas de recoins pour les amoureux. Pas de jeu-concours hebdomadaire. Pas de soirée spéciale karaoké. Pas de table de billard. Ses banquettes étaient confortables mais passe-partout : des canapés bordeaux, pour la plupart du genre de ceux que l'on voit habituellement dans les halls d'hôtel. L'*ambiance*, d'après Peter, était à peu près comparable à celle d'un ascenseur. Et pourtant ce pub attirait toujours une clientèle raisonnable. Des gens qui voulaient juste boire un coup et taper la discute, sans chichis.

Et ça lui correspondait parfaitement, ce soir-là. À part pour la discute. Il s'assit à une table dans un coin et s'efforça de mettre de l'ordre dans ses pensées.

Le père de Peter lui avait enseigné la chose de la vie peu après son quinzième anniversaire. C'était ainsi qu'il en parlait, au singulier. Il ne s'était pas agi d'une explication embarrassée des mécanismes biologiques responsables du processus de procréation (Peter s'était déjà familiarisé depuis longtemps avec les détails techniques, du moins sur le papier). Non, c'était plutôt la tentative sincère d'un père pour s'adresser à son fils comme à un adulte naissant qui avait besoin d'un certain nombre d'informations s'il voulait pouvoir survivre sur le terrain.

La discussion avait été provoquée par le retour inopiné de Peter de la soirée du Rugby Club à peine trois quarts d'heure après qu'il avait quitté la maison. Il était rentré comme une furie par la porte du jardin, ravalant ses larmes bruyamment dans une attitude que le sage M. Ford avait immédiatement reconnue.

La semaine précédente, lors de la même soirée au Rugby Club, Annette Boylan avait surpris et d'abord terrorisé Peter en l'embrassant brusquement (non sans une certaine violence) alors qu'ils oscillaient sans grâce sur *Holding Back the Years*. Il avait déjà été assez déconcerté qu'elle lui accorde un slow, et ce nouveau développement l'avait tellement pris de court que ses mains avaient abandonné aussi sec leur prise chèrement conquise sur ses hanches pour retomber de part et d'autre de son corps, raides comme des piquets. L'espace d'un instant, on aurait dit une fusée prête au décollage. Ce qui était d'ailleurs à peu près ce qu'il ressentait.

Ils n'avaient pas échangé leurs numéros de téléphone ni élaboré de projets d'aucune sorte, mais elle allait bien sûr devenir sa femme. Il s'était endormi avec un grand sourire aux lèvres tous les soirs de la semaine, plongeant sans retenue dans des rêves en Technicolor où ils marchaient main dans la main au bord de la Seine, s'arrêtant régulièrement pour plaquer leurs bouches l'une contre l'autre sans une once de la maladresse qui avait caractérisé leur premier baiser dans la vraie vie.

Il était retourné au Rugby Club ce samedi-là débarrassé de toutes ses appréhensions habituelles. Il avait franchi la ligne et était désormais intouchable. On l'avait embrassé, enfin, et il avait embrassé lui aussi. La vie n'avait plus rien à lui apprendre. Il repéra Annette presque tout de suite. Elle dansait avec un autre garçon. Ils avaient le visage écrasé l'un contre l'autre. Ce n'était même pas un slow. Le garçon avait une main plantée dans le creux de ses reins, tandis que de l'autre il lui caressait la nuque. Il penchait légèrement la tête d'un côté puis de l'autre, et se retirait à intervalles réguliers, comme par provocation. *La technique*, prononça Peter à voix haute alors que son estomac se soulevait peu à peu. À la fin du baiser, Annette regarda fièrement autour d'elle, pour récolter des compliments peut-être. Elle croisa le regard de Peter. Et elle lui fit coucou en souriant.

De retour à la maison, il resta assis, tremblant, à la table de la cuisine, pendant que son père lui préparait une tasse de thé. Sa mère était partie rendre visite à sa sœur dans le Donegal. Ils étaient entre hommes. Heureusement.

« Je vais t'expliquer la chose de la vie », avait annoncé le père de Peter une fois le thé bu et un calme relatif rétabli. Pour la première fois, Peter entendit son père prononcer sciemment un gros mot : « Les femmes, poursuivit M. Ford, sont des putains de malades de la tête. Toutes, sans exception. Essaye de faire abstraction de ça. Parce que, tout compte fait, c'est grâce à elles que cette vie de merde vaut la peine d'être vécue. »

Peter ressassait le conseil de son père en sirotant son cinquième whisky au Dead Leg lorsqu'il sentit quelqu'un s'asseoir à côté de lui. Il avait la tête posée entre les mains, les yeux fermés, et ne prit pas la peine de se retourner. Il avait peut-être échoué à trouver un sens au déroulement de sa soirée, mais au moins il était bien déterminé à se soûler.

« Problème de femme », dit une voix sur sa gauche. Ce n'était pas une question, mais une affirmation.

Peter émit un son qui n'était ni un acquiescement ni une dénégation.

« Ça, Dieu sait qu'il faut faire attention aux femmes », ajouta la voix d'un ton rêveur.

Peter laissa échapper un soupir. Rien à faire : la conversation était inévitable. Il se tourna à contre-cœur pour faire face à son nouveau compagnon. Ce type, là, comment s'appelait-il, déjà ? Il fréquentait beaucoup le magasin de Mary. « Ah, bonsoir, euh…

— Finbarr. Paul, c'est ça ?

— Peter, rectifia Peter. Qu'est-ce qui vous fait dire que c'est un problème de femme ? Peut-être que j'ai perdu aux courses. Ou que ma bagnole est en panne et que je n'ai pas d'argent pour la réparer. Peut-être que… »

Finbarr gloussa. « D'après mon expérience, la plupart des problèmes ont une femme cachée quelque part. Et il suffit de voir la tête que vous tirez.

— Quelle tête ? »

Finbarr contracta les traits aigus de son visage en une parodie du malheur, lèvres tordues et yeux plombés.

Peter eut un sourire d'ivrogne malgré lui. « Fast Eddie, marmonna-t-il.

— Vous êtes quoi ?

— Non, c'est *vous*. Un Fast Eddie. Un expert des mouvements humains. Comme Paul Newman dans *La Couleur de l'argent*. »

Finbarr eut l'air fort réjoui. Il rejeta la tête en arrière et se mit à rire en se frappant la cuisse. « Un expert des mouvements humains ! exulta-t-il. C'est tout moi ! Expert numéro un ! »

À défaut d'une meilleure réponse, Peter ouvrit la bouche et y versa le reste de son verre.

« C'est votre femme qui vous fait des soucis, pas vrai ? » reprit Finbarr le plus sérieusement du monde quand son rire se fut évaporé.

Peter haussa les épaules sans rien dire. Il n'avait pas envie de révéler quoi que ce soit qui pût être répété à Mary.

« Un truc irrationnel, je parie, poursuivit Finbarr. Sans vouloir lui jeter la pierre. Je suis sûr que vous ne savez même pas ce que vous avez fait de mal. »

Peter opina du chef, surpris par cet élan de perspicacité. « C'est à peu près ça, oui.

— Il y a eu des cris ?

— Ouais.

— Des mauvais regards ? »

Peter agita sa main en l'air, pris au jeu. « Un peu. »

Finbarr secoua la tête d'un air grave. « Je ne vois rien à faire à part se prendre une bonne cuite et en rire, conclut-il avant de désigner le whisky de Peter du bout du doigt. Je vais vous en chercher un autre. » Et il disparut en direction du bar.

Peter avait connu toutes sortes d'états d'ébriété au cours de sa vie : de pompette à beurré, il avait aussi donné dans le pinté et trempé un orteil dans le bituré. Mais il connaissait ses limites. Il savait d'ordinaire s'arrêter bien avant l'état caoutchouteux qu'il qualifiait simplement de *complètement bourré*. Ce soir-là au Dead Leg, pourtant, il se vit dans un émerveillement brumeux approcher de sa limite, la franchir, et la laisser allégrement loin derrière lui.

Après quelques verres ensemble, il écarta la possibilité que Finbarr puisse aller cafter à Mary. Ce n'était pas comme s'ils étaient réellement amis. Il n'était qu'un client parmi d'autres, après tout, même s'il était plus fidèle que la moyenne. Par ailleurs, il semblait sincèrement compatir aux difficultés de Peter et, si étonnant que cela puisse paraître, il avait deux ou trois choses intéressantes à dire au sujet des femmes.

« Les cailles, opina tristement Finbarr à un moment, sont des volatiles d'une autre espèce. Différente de vous ou moi. »

Peter ne put qu'acquiescer dans un marmonnement. L'argument était sans appel, même si le mot « cailles » était bizarre dans la bouche d'un homme qui avait dépassé la soixantaine depuis belle lurette. Maintenant qu'il y pensait, personne ne disait « cailles », en tout cas à Drumshanagh. Il avait dû l'entendre à la télé.

« Elles ne savent pas ce qu'elles veulent, renchérit

Finbarr quelques secondes plus tard. Elles savent seulement que ce n'est pas ce qu'elles ont sur le moment. »

Nouveaux hochements de tête de Peter, qui sentait à présent sa mésaventure commencer à lui chatouiller le bout de la langue.

« Comme dit le vieux dicton, finit par soupirer Finbarr, "Pourquoi les femmes ne peuvent-elles pas plus ressembler aux hommes ?" »

Peter vida son dixième whisky à cette seconde précise. Voilà un homme qui sait de quoi il cause, se dit-il. Un vieux routier. La voix de la sagesse. Un esprit avisé, envoyé pour me remettre dans le droit chemin. Pourquoi se priver d'un soutien à portée de main ? Il se jeta donc à l'eau et raconta sa pauvre histoire.

Finbarr l'écouta avec une attention éméchée, acquiesçant et grimaçant chaque fois que nécessaire. Il secoua la tête d'un air lugubre lorsque le récit fut terminé.

« Elle s'est juste mise à aboyer ?

— Oui.

— Sans préavis ?

— Non. »

Finbarr se tapota le menton, songeur. « L'instant d'avant, elle s'excuse de sa mauvaise humeur, encore heureux, et en un clin d'œil…

— "Hors de ma vue." Ce sont les mots exacts

qu'elle a prononcés : “Hors de ma vue.” Elle n'a pas voulu parler, s'expliquer, rien. Juste “Dehors”.

— La vache. Hmm, elle cache quelque chose, celle-là, je peux vous le dire. »

Peter s'affola. « Vous croyez ? »

Finbarr hocha frénétiquement la tête. « J'en suis sûr. C'est un comportement irrationnel, même pour une femme. Retenez bien ce que je vais vous dire : elle a une lubie dans le ciboulot.

— Une lubie », répéta Peter, hébété. Il commençait à avoir la migraine.

Finbarr croisa les jambes. « Alors, qu'est-ce que ça pourrait être, cette lubie ? Je ne veux pas m'immiscer dans votre…

— Immiscez-vous, je vous en prie », rétorqua Peter. Il avait dépassé le stade de la circonspection.

« Eh bien, laissez-moi réfléchir. Vous faites quoi, comme gagne-pain ?

— L'informatique.

— Ah, très bien. C'est vrai que l'informatique est partout, de nos jours. Et elle, elle a le magasin de disques.

— Exact.

— Donc ce n'est pas un problème de… Je deviens très indiscret, là, mais ce n'est pas un problème d'argent, n'est-ce pas ? »

Peter répondit du tac au tac. « Certainement pas. Tout va bien sur ce plan-là.

— Grosse voiture ? Belle maison ?

— Ford Fiesta. Brookemore Lawns. »

Finbarr leva son verre. « Félicitations. »

Peter l'imita. Ils trinquèrent.

« Et il n'est pas question de… Ah, je ne sais pas de quoi je me mêle, ça ne me regarde pas, après tout. »

Peter émit un grognement. « Allez-y, dites-le, au point où on en est.

— Bon. Vous n'avez pas… batifolé, par hasard ? Ou même quelques regards qui traînent ?

— Non ! Sûrement pas ! Vous plaisantez ? J'ai de la chance d'être avec elle, et j'en suis conscient. »

Finbarr sourit, révélant une denture inégale. « Je suis content de vous l'entendre dire. Il n'y a rien de pire qu'un homme qui ne reconnaît pas son bonheur.

— Ce n'est pas mon cas. Loin de là. Je remercie le ciel tous les jours, vous pouvez me croire. »

Finbarr leva son verre une deuxième fois, et ils trinquèrent derechef.

« C'est une chouette fille, ça se voit. Même au magasin, il suffit de la regarder pour s'en rendre compte. Bien éduquée. Toujours un bonjour et un sourire pour chaque client, pas comme certaines vendeuses en centre-ville. La plupart, à vrai dire. Si ce n'est la totalité… »

Peter soupira pour montrer à quel point il était d'accord. « Le truc, c'est qu'on ne se dispute jamais, en tout cas pas vraiment. Enfin, je veux dire, on se chamaille, c'est sûr… Mais je la trouve bizarre, depuis quelque temps. Elle n'est plus elle-même.

— Alors je ne vois pas, conclut Finbarr. C'est un mystère. Un mystère de plus à mettre sur le compte des cailles. »

Ils se turent et Peter se rendit brusquement compte de l'état terrifiant dans lequel il s'était mis. Il se risqua à mettre du poids sur ses jambes, pour voir, et les trouva particulièrement vacillantes. En balayant la pièce du regard, il fut inquiet de constater que sa vision n'était pas au meilleur de sa forme non plus.

« Je crois que je ferais mieux de rentrer », bredouilla-t-il.

Finbarr fit tourner les glaçons dans son verre avant d'en vider le contenu d'un trait. « Ça ferme, de toute façon », fit-il remarquer.

Ils se levèrent avec difficulté et se dirigèrent vers la porte. La position verticale retrouvée était une sorte de choc pour son organisme, et Peter vivait comme un défi le simple fait de pouvoir poser un pied devant l'autre. Il lui sembla mettre une éternité avant d'atteindre la rue, où la soudaine bouffée d'air froid lui fit l'effet d'un whisky supplémentaire. Au moins un.

« Je ne me sens pas bien, parvint-il à articuler en enfilant son bras droit dans la manche gauche de sa veste.

— Ça va aller, rétorqua Finbarr en se balançant légèrement en arrière sur ses talons. Faites-vous un café ou deux en arrivant chez vous. »

Peter fronça les sourcils. « Si elle n'a pas changé la serrure. »

Finbarr pencha la tête d'un air compatissant et donna une petite tape amicale sur l'épaule de Peter. Mais il choisit mal son moment ; Peter était encore aux prises avec sa veste, en déséquilibre par rapport à son centre de gravité. Il se retrouva illico sur les fesses.

« Oh, désolé ! Désolé ! s'écria Finbarr en l'aidant à se relever et à épousseter son pantalon.

— Ça va, rien de cassé, le rassura Peter. Je crois qu'il faut juste que je rentre. Ce n'est pas ma soirée. »

Finbarr fit un pas en arrière et lui adressa un salut militaire. « Ouais, vous avez raison. Et faites attention en rentrant. »

Ils échangèrent un signe de tête et partirent chacun de leur côté. Peter n'avait fait que quelques mètres avant que Finbarr ne le rappelle. Il se retourna et revint sur ses pas en titubant.

« Je sais que c'est pousser le bouchon un peu loin », commença Finbarr.

Peter secoua la tête. « Non, allez-y.

— Ben… Les femmes d'aujourd'hui, d'après ce que je comprends… Oh, non, laissez tomber. »

Peter battit du pied en laissant échapper un grognement. « Mais *allez-y*, bordel. »

Finbarr eut une petite quinte de toux avant de poursuivre. « Ben… Les femmes d'aujourd'hui lisent des magazines, vous voyez ce que je veux dire ?

— Des magazines ?

— Sur papier glacé. Elles se remplissent la tête avec toutes ces conneries. »

Peter cligna des yeux, perplexe.

« Tous ces trucs de cul, murmura Finbarr. Vous voyez ce que je veux dire ?

— Franchement ? Non. »

Finbarr poussa un soupir et baissa la tête. « Elles exigent… des choses. Vous comprenez… au lit. »

Peter écarquilla les yeux. « Merci pour votre sollicitude, dit-il en riant, mais tout va bien au lit. Ça alors ! »

Finbarr parut profondément embarrassé. « Excusez-moi. Désolé. Je ne voulais pas vous vexer.

— Je ne suis pas vexé, répondit Peter en toute sincérité. Bonne route, Finbarr. Moi j'y vais. »

Ils se séparèrent à nouveau. Peter rigola tout seul sur la majeure partie du chemin. Mais pas tout le chemin. Il était redevenu subitement silencieux, plongé dans ses pensées alcoolisées, au moment où il atteignit Brookemore Lawns.

# 5

Le père Miles Duff s'était habillé pour sa première messe du dimanche et buvait une dernière tasse de thé tout en parcourant les pages sport lorsque le jeune Matthews frappa à la porte de la sacristie. Il était déjà debout depuis deux heures et – il toucha du bois – il n'avait pas encore fumé une cigarette. Ce qui voulait dire qu'au total il avait désormais survécu sans nicotine pendant une durée de deux heures et dix minutes, sa dernière clope ayant été tristement consommée la veille au soir juste avant le coucher. Très à cheval sur les règles, le père Duff ne comptait pas le temps de sommeil comme du temps passé sans fumer. En tout cas pas si tôt dans la bataille.

« Mon père ? Vous êtes là, mon père ? demanda le garçon derrière la porte.

— Qu'est-ce qu'il y a ? rétorqua-t-il en faisant tinter sa cuillère dans la soucoupe. Je suis en train de me préparer pour le saint sacrement, au cas où tu ne le saurais pas.

— Désolé, mon père. Mais il y a un homme. Qui veut vous voir.

— Quoi ? Maintenant ? La messe commence dans un quart d'heure.

— Oui, mon père. Je suis désolé. Il dit que c'est important. Il dit qu'il veut vous voir tout de suite.

— D'accord, d'accord. Donne-moi juste une minute, Barry, sois gentil. »

Il termina en diagonale la fin de l'article sur la dernière défaite à domicile de Sheffield Wednesday, maudissant intérieurement les années qu'il avait passées dans cette ville et la manie qu'elle lui avait inculquée. Les mots sur lesquels glissaient ses yeux gris résonnaient avec une familiarité désolante. Querelles entre actionnaires. Arrestations nocturnes. Défense minable. Candidats à la relégation. Fronçant les sourcils, il replia son journal et se leva pour aller ouvrir la porte.

« Désolé, mon père, dit Matthews dans le petit couloir. Il est juste là. Il dit que c'est important.

— Tu me l'as déjà dit », répondit le père Duff en le suivant. J'espère que c'est vraiment une question de vie ou de mort, songea-t-il en contemplant avec effroi la nébuleuse de points blancs dans la nuque de l'enfant de chœur.

Ils tournèrent un coin et se retrouvèrent nez à nez avec Eugene Brennan, un maçon bien connu du père

Duff. C'était un grand type costaud, au teint gris, discret et populaire, qui assistait à la messe régulièrement mais qui n'avait pas pour habitude de venir embêter les prêtres pour un oui, pour un non. Le père Duff sentit son cœur s'emballer légèrement alors qu'il se creusait les méninges pour essayer de se souvenir si quelqu'un de la famille Brennan était malade ou convoqué au tribunal.

« Bonjour, Eugene ! lança-t-il du ton le plus enjoué qu'il put, tout en lui tendant une main que Brennan serra vigoureusement.

— Désolé de vous déranger, mon père.

— Vous ne me dérangez pas du tout, Eugene. Rien de grave, j'espère ? »

Le jeune Matthews s'éclipsa, et le pasteur s'approcha de sa brebis.

« Je ne sais pas si c'est grave ou pas, mais j'ai pensé que quelqu'un devait vous prévenir », dit Brennan.

Le père Duff l'encouragea à continuer d'un hochement de tête.

« Juste dehors, à l'instant, j'allais entrer dans l'église avec ma femme, vous connaissez Imelda, et ce gars vient nous voir. Un petit jeune, un ado, quoi. Il me dit excusez-moi, très poli comme ça, et il nous arrête. Il fait un sondage, qu'il dit, est-ce qu'on veut bien répondre ?

— Un sondage ?

— Un sondage, ouaip. Alors nous on dit oui, avec plaisir, il sort un carnet et il nous demande notre nom, et on lui a dit. Après il nous a dit qu'il n'y avait seulement qu'une question dans son sondage. » Brennan marqua une pause, comme s'il hésitait à poursuivre.

« Et quelle était cette question ? » demanda le père Duff, d'un ton plus impatient qu'il ne l'aurait voulu.

Nouvelle hésitation. « Ça me gêne un peu de vous en parler, pour être honnête, mon père. »

Ah. Une histoire de sexe, se dit le père Duff. Il va me raconter qu'un petit fripon de mécréant arrête les gens à la porte de l'église pour leur parler de leur vie sexuelle. Un pari, à tous les coups.

« Continuez, Eugene, insista-t-il.

— Bon. Ça s'est passé comme ça... Il a sorti son carnet, et il nous demande... si on peut lui énumérer les dix commandements. »

Le père Duff se gratta la tête. « Ah bon ? »

Brennan regarda d'abord ses pieds, puis ses mains, puis l'extincteur accroché au mur derrière le prêtre.

« On en a trouvé sept, mon père. Il nous a pris au dépourvu ! D'habitude...

— Ça va, Eugene, ne vous tracassez pas pour ça.

— Faux témoignage, celui-là je ne m'en souviens jamais. Ou celui sur la convoitise...

— Ça ne fait rien, Eugene.

— C'est pas que je...

— OK, Eugene, ce n'est pas grave. Il est toujours là ?

— Je pense que oui, mon père.

— Allez vous installer pour la messe, je vais voir ce qu'il en est.

— Vous ne pouvez pas le rater, mon père. Un petit jeune. Les cheveux bruns. Une grosse frange épaisse. »

Le père Duff hocha la tête d'un air lugubre. « Ne vous en faites pas, Eugene. Je crois que j'ai déjà ma petite idée de qui ça doit être. »

Une fois par an, les bonnes sœurs et les prêtres les plus avenants de la région étaient dépêchés dans les écoles locales en mission de recrutement actif. L'idée était de prendre des classes et de leur parler de la vie religieuse en tentant autant que possible d'en donner une image à mi-chemin entre faire partie de U2 et se prendre carrément pour Dieu. Une tâche que peu enviaient. Au mieux, les missionnaires recevaient en retour des visages fermés et quelques bâillements. Au pire, c'étaient des questions malicieuses sur l'immaculée conception ou même des provocations directes sur des scandales récents. Le père Duff était un vétéran de la cause, avec six missions de ce genre à son actif, et il les appréhendait de mieux en mieux chaque année.

Malgré tout, son excursion à Saint-Brendan cette semaine-là s'était plutôt bien passée. Les garçons de l'auditoire s'étaient montrés parfaitement attentifs, et il avait réussi à décrocher quelques rires avec ses blagues bien rodées sur le célibat. Même la redoutable session de questions-réponses avait paru bien commencer. La première question avait porté sur la sodomie, certes, mais le garçon qui l'avait posée semblait motivé par une véritable curiosité quant à la dérive du monde, et non par le désir puéril de provoquer des ricanements massifs. Il avait eu l'air choqué et gêné, à vrai dire, en constatant que sa question avait justement déclenché cette réaction chez ses petits camarades. Le père Duff lui avait donné une réponse rapide et le garçon avait acquiescé d'un hochement de tête, visiblement satisfait.

Une demi-heure plus tard, la séance se déroulait tranquillement lorsqu'une main déterminée se leva parmi l'assemblée.

« Oui, mon fils », dit le père Duff.

Le garçon en question avait les traits fins mais une solide charpente. Peut-être un poil plus vieux que ses camarades. Il n'avait pas l'air agressif, mais il ne souriait pas non plus.

« Comment pouvez-vous continuer à faire ce métier, demanda-t-il d'une voix limpide, en sachant pertinemment que la plupart des soi-disant fidèles vivent leur vie dans un mépris plus ou moins total des enseignements majeurs de l'Église catholique ? C'est pas le genre de boulot que j'aimerais faire. »

Il n'y eut pas de ricanements, mais un ou deux élèves laissèrent échapper un grognement.

« Qu'est-ce qui te fait dire ça ? rétorqua le père Duff en forçant un sourire.

— Ça crève les yeux, non ?

— Ah bon ?

— Ben oui. Les *chrétiens* sont censés suivre les enseignements du Christ, non ?

— Bien sûr. » Le père Duff essayait de déchiffrer l'accent du garçon. C'était un accent du coin, mais il prononçait certains mots avec un nasillement caractérisé. Américain ? Canadien ?

« Et pourtant ce n'est pas le cas. Très clairement et très ostensiblement, ce n'est pas ce qu'ils font. La plupart ne sauraient même pas vous répéter exactement ce qu'il est censé avoir dit. Ou même les dix commandements ! Je veux dire… si vous pensez vraiment que Dieu a réussi à résumer sa vision de la vie en dix règles basiques, autant s'y tenir, non ? Eh ben je parie que la plupart des gens ne les connaissent même pas. Pas par cœur en tout cas. »

Le père Duff s'avança de quelques pas dans la travée. « Et toi, tu les connais ? »

Il n'y eut aucune hésitation. « Oui. »

La classe semblait intéressée, tout à coup ; les regards passaient alternativement du prêtre à l'élève, qui tous les deux ne se quittaient pas des yeux.

Le père Duff hocha la tête en souriant. « J'en étais sûr. Comment tu t'appelles ?

— Umberto McKeown. »

Quelques rires sous cape.

« Umberto ? Famille italienne ? »

Le garçon eut l'air de grincer des dents. « Non, dit-il en clignant des yeux au ralenti.

— *Famille chtarbée* », murmura quelqu'un. Nouveaux gloussements, plus forts cette fois, et plus longs.

Le père Duff ignora ces réactions mais vit son interlocuteur tressaillir, comme si on venait de lui pincer le bras. « Je ne crois pas que les listes de règles soient la chose la plus importante dans la religion. Et toi, Umberto ? »

Pas de réponse. Le garçon se laissa retomber contre le dossier de sa chaise et baissa les yeux. Finalement, quand tous les rires se furent évanouis, il esquissa un haussement d'épaules.

Puis un professeur toqua à la porte et entra dans la salle. Fin des hostilités. Jusqu'à l'année suivante.

Le père Duff se dirigea d'un pas ferme vers le parvis de l'église Saint-Michael, jetant un coup d'œil sur sa montre : dix heures moins dix. Il n'avait vraiment pas de temps à perdre. Umberto se tenait devant la porte principale en compagnie de May Matthews, la mère de l'enfant de chœur. Tandis qu'il pressait l'allure dans leur direction, le père Duff reconnut la voix caractéristique d'Umberto.

« … Alors à quoi ça sert d'aller à la messe ? Si vous ne vous souvenez même pas des…

— Umberto ! »

Lorsqu'il arriva à leur hauteur, le prêtre manquait cruellement d'oxygène et d'une cigarette. « Désolé, madame Matthews », souffla-t-il.

La pauvre femme avait l'air complètement ahuri, comme si on venait de lui donner une gifle pour la sortir d'une crise d'hystérie. Elle hochait la tête de façon mécanique, ses lèvres remuant en silence alors qu'elle s'efforçait désespérément de trouver quelque chose à dire. Le père Duff attrapa Umberto par le coude et l'attira à l'écart. « Je vais à la messe », parvint enfin à gémir Mme Matthews pendant qu'ils s'éloignaient. Ils se tinrent sous l'unique arbre du parvis et se regardèrent dans le blanc des yeux. Ils faisaient à peu près la même taille, bien que le père Duff eût plusieurs kilos d'avance sur Umberto.

« À quoi tu joues, mon garçon ? Et ne me réponds pas en haussant les épaules ! »

Umberto haussa les épaules.

« Tu te crois drôle ? Malin ? »

Cette fois, Umberto semblait prêt à formuler une réponse. Du moins ouvrit-il la bouche. Elle demeura béante l'espace d'un instant, puis il se mit à parler. « C'est juste… de la curiosité. Je me demandais, c'est tout. Vous ne vous êtes jamais demandé ? »

Le père Duff ne put s'empêcher de sourire. Il y avait quelque chose chez ce garçon qui faisait qu'il était difficile de rester en colère contre lui. « Jamais avant d'avoir parlé avec toi l'autre jour », admit-il.

Umberto hocha la tête sans pour autant manifester le moindre signe de triomphalisme. « Vous voulez savoir ce que j'ai découvert ? » demanda-t-il.

Le père Duff était sûr de ne pas vouloir, mais il dit pourtant : « Vas-y, je t'écoute.

— D'après mon sondage, je dirais que la quasi-totalité de votre congrégation connaît les dix commandements. Et une bonne partie les connaît même dans l'ordre. Un vieux monsieur m'a cité plusieurs exemples de la façon dont ils le guident dans sa vie de tous les jours. Il m'a fait un peu peur, à vrai dire… »

Le père Duff réussit tant bien que mal à dissimuler sa surprise. « Tu vois. Je le savais. Non pas que ce soit le plus important, Umberto. Il ne s'agit pas d'apprendre des règles par cœur. J'imagine que tu es déçu ?

— Déçu ?

— Ce n'est pas vraiment le résultat que tu espérais, si ? »

Umberto parut sincèrement offensé. « Je *n'espérais* aucun résultat. Je vous l'ai dit : simple curiosité. »

Le père Duff laissa échapper un ricanement.

« D'accord, concéda Umberto, j'avais peut-être un… préjugé. Mais j'ai quand même agi dans l'intérêt de la science.

— Et il y a autre chose qui attise ta curiosité ? demanda le père Duff. Parce que je peux peut-être t'aider, t'épargner la fatigue d'une deuxième enquête. »

Umberto écarta la frange de ses yeux et plongea les mains dans les poches de son anorak bleu. Il se mordilla la lèvre en prenant tant de temps pour réfléchir que le père Duff se sentit obligé de consulter à nouveau sa montre. Il était sur le point de dire à Umberto qu'il s'agissait en fait d'une question rhétorique.

« Les miracles, finit par répondre Umberto. Vous avez déjà assisté à un miracle ?

— Non, répliqua le prêtre, gentiment exaspéré. Je n'ai jamais assisté personnellement à un miracle. Maintenant il faut vraiment que j'y aille. La messe va commencer. Je dois… »

Il s'arrêta au milieu de sa phrase. Umberto s'était mis à sourire en tenant ses mains à hauteur de ses hanches, tournées vers le ciel. Le père Duff regarda une paume, puis l'autre, clignant furieusement des yeux, tandis qu'il était pris de vertiges.

Les paumes d'Umberto dégoulinaient de sang, chacune percée d'un petit trou rouge en son milieu. Il adressa un sourire chaleureux au prêtre stupéfait avant de pivoter et de s'éloigner à grandes enjambées.

# 6

Peter se tenait parfaitement immobile dans son lit, s'efforçant de déterminer s'il était réveillé ou pas. Il en conclut qu'il devait l'être, puisqu'il percevait un bruit régulier dans la pièce ainsi qu'une légère sensation de tournis dans sa tête. Il était aussi conscient, même dans la brume de son demi-sommeil, d'être en proie à une douleur épouvantable. Celle-ci était pour l'essentiel concentrée dans son crâne, qui lui faisait l'effet d'un bloc de métal qu'on aurait battu solennellement à coups de démonte-pneu. Néanmoins, la fée de la douleur s'était montrée à la fois généreuse et scrupuleusement équitable dans sa distribution de la souffrance : aucune partie de son corps n'avait été oubliée. Lorsqu'il finit par s'aventurer à entrouvrir une paupière, le flot de lumière qui lui transperça la boîte crânienne la lui fit refermer aussi sec. Il laissa échapper un gémissement en se demandant s'il était réellement paralysé ou si ce n'était qu'une impression.

Quelques instants plus tard, il bougea les orteils et constata qu'ils s'agitaient, conformément à sa volonté. Il semblait également en mesure de contrôler ses doigts. Encouragé, il roula sur le dos tout en s'efforçant de bouger la tête le moins possible. Il resta dans cette position un petit moment, tel un haltérophile qui a réussi à soulever le poids jusqu'à sa poitrine et a besoin de quelques secondes de répit avant d'aller plus loin. Puis, avec la plus grande prudence, il ouvrit les yeux, millimètre par millimètre. Sa femme apparut dans un brouillard flou à l'extrémité du lit.

« 'jour », marmonna-t-il.

Mary était en sous-vêtements, se débattant pour trouver l'encolure d'un vieux tee-shirt des Rolling Stones. Elle repéra le trou et y passa la tête.

« Salut », répondit-elle.

Peter avala sa salive, essayant d'irriguer sa pomme d'Adam. « Quelle heure est-il ? demanda-t-il d'une voix de vieillard.

— Presque une heure. Je t'ai laissé dormir, je suis allée à la messe toute seule. »

La messe était en général une activité qu'ils pratiquaient en commun. Mary se sentait coupable si elle n'y allait pas. Peter, non.

« Merci. Je ne crois pas que j'aurais été en état. »

Il se demandait pendant combien de temps encore il devait continuer à blablater avant de s'enquérir s'ils étaient fâchés. Peut-être qu'il ferait mieux de s'abstenir de se poser ce genre de questions et de simplement supposer que non. Au moins, elle lui parlait. Même si c'était sur un ton plutôt sec.

« C'est ce que je me suis dit, répliqua Mary tout en enfilant son bas de survêtement. Ça pue l'alcool dans toute la pièce. »

Peter ferma les yeux et prit sa voix de salon anglais. « Tout est de ma terrible faute. J'ai été un pauvre idiot.

— Ouais », acquiesça Mary.

Il se frotta le front en geignant. « La vache, j'ai fait un rêve superbizarre. Tu sais, quand à la télé il y a une entreprise qui publie un rapport, et qu'ils montrent un plan sur des mains en train de le feuilleter ? Comme si les gens n'allaient pas croire que le rapport existe vraiment sans le voir page par page. J'ai rêvé que j'avais décroché le boulot du mec qui feuillette les rapports pour la RTE. Je n'étais ni journaliste ni rien, je passais juste mes journées à courir avec une équipe télé derrière moi pour trouver des gens qui venaient de publier un rapport, et on me filmait en train de… de le feuilleter, quoi. J'étais connu. Les gens m'accostaient dans la rue pour regarder mes mains. Ensuite, mon patron me convoquait pour me dire qu'ils envisageaient de prendre quelqu'un d'autre, avec des mains plus jeunes. Je devenais fou. Je n'arrêtais pas de leur répéter que mes mains étaient tout à fait jeunes, que j'étais terriblement populaire auprès des téléspectateurs. Je lui faisais voir tous les gants que m'avaient envoyés mes fans. Et je lui sortais des superblagues sur mes mains, en disant que je n'avais pas l'âge de "passer la main", que j'allais leur faire remonter leur audimat "en un tour de main". Mais le patron ne m'écoutait pas. Et puis il m'a dit que non seulement ils allaient me virer, mais qu'en plus ils allaient me couper les mains pour que je ne puisse pas aller proposer mes services sur une chaîne concurrente. Et c'est là que je me suis réveillé. »

Il ouvrit les yeux. Elle était partie.

Une demi-heure plus tard, Peter descendit au salon. Il avait subi entre-temps une douche brûlante et avalé quatre aspirines. La fissure qui courait apparemment le long de son crâne ne s'était pas refermée, mais au moins elle avait cessé de s'agrandir. Et la douleur s'était stabilisée autour d'un seuil que l'on pouvait désormais qualifier en ayant recours au langage humain.

Il trouva Mary assise sur le canapé dans son uniforme du dimanche après-midi, son tee-shirt des Rolling Stones et son bas de survêtement informe rehaussés par une énorme paire de pantoufles Winnie l'Ourson. Elle retenait ses cheveux blonds sales pour qu'ils ne lui tombent pas dans les yeux et se mordillait la lèvre inférieure tout en parcourant les gros titres. Il s'assit prudemment à côté d'elle, se baissant avec la plus grande précaution.

« Tu es toujours fâchée contre moi ? » demanda-t-il en lui jetant un regard en coin.

Elle secoua la tête. « Non. »

Peter n'était qu'à moitié convaincu. « J'ai l'impression que si.

— Peut-être que oui, alors.

— Dans ce cas, pourquoi tu ne veux pas l'admettre ? »

Elle croisa les jambes et fit claquer violemment son journal (avec un peu trop de théâtralité, songea Peter), mais ne dit rien.

« J'essaye de comprendre ce que j'ai fait de mal, mais je suis un peu perdu, là », reprit-il en se frottant la tempe.

Toujours pas de réponse.

« À un moment tu t'es excusée d'être désagréable avec moi, et la seconde d'après tu me hurlais dessus. »

Mary garda le silence, mais commençait de toute évidence à fulminer intérieurement.

« Et là, regarde-toi ! Tu enrages ! Qu'est-ce que j'ai fait, bon sang ? Dis-le-moi ! »

Il n'avait pas voulu hausser la voix, et le regretta aussitôt. Quelque part dans un coin de sa tête, il se mit à envisager sérieusement la possibilité d'être obligé d'aller vomir avant d'avoir atteint un âge plus avancé.

« Tu as rembobiné la cassette », énonça Mary avec lenteur.

Peter crut qu'il avait des hallucinations. « Pardon ? grinça-t-il. Est-ce que tu as bien dit “Tu as rembobiné la cassette” ?

— Oui. »

Il lui fallut un moment pour assimiler la chose, et pour se préparer à de nouveaux hurlements. « J'ai rembobiné la cassette ? J'ai *rembobiné* la cassette ? C'est pour ça que tu as pété les plombs ? »

Elle renonça enfin à ses efforts pour faire croire qu'elle lisait le journal et se tourna vers lui. « J'étais en train de te dire quelque chose ! Je déballais tout ce que j'avais sur le cœur, et toi tu faisais semblant de m'écouter mais ensuite tu as rembobiné la cassette pour surtout ne rien rater du film. Ce film à la con que tu ne voulais même pas louer au départ. Tu ne m'as même pas répondu. Et ce n'est pas la première fois, en plus. Tu me fais *toujours* le coup.

— Attends un peu, là ! Tu dis n'importe quoi. Moi, je voulais prendre le James Bond, mais finalement non, j'ai cédé…

— Je ne te parle pas du choix du film, Peter.

— De quoi tu parles, alors ? Du rembobinage ?

— Oui ! Enfin, non ! C'est… laisse tomber.

— Vas-y.

— Je viens de te le dire. Si tu ne comprends toujours pas…

— *Mary.* »

Mais elle refusa d'en dire plus. Elle boudait comme une enfant. Après un long moment pénible, Peter arbora son sourire de vainqueur et posa les deux mains sur le genou gauche de Mary. Elle le repoussa immédiatement.

« Ne me touche pas », dit-elle dans un murmure rauque qui aurait pu en d'autres circonstances receler des promesses aguicheuses.

Il sentit des gouttelettes de sueur glacée couler le long de sa colonne vertébrale. « Et maintenant tu ne veux plus que je te touche. C'est un cran au-dessus par rapport à ne pas vouloir que je rembobine la cassette.

— Je vais prendre un bain », déclara Mary d'une voix mécanique, comme si elle n'avait pas entendu. Puis elle se leva du canapé et s'éloigna en laissant traîner ses pantoufles Winnie sur la moquette épaisse.

Il s'attarda sur le canapé encore vingt bonnes minutes, en partie parce qu'il ne savait pas quoi faire d'autre, en partie parce qu'il n'avait pas encore tout à fait confiance dans ses jambes. Il finit quand même par se lever et sortir. D'après ce qu'il croyait savoir, Mary avait l'intention de prendre la voiture cet après-midi-là, mais il estima plus sage de ne pas aller vérifier auprès d'elle. Mieux valait la laisser tremper. Il monta donc à bord, crasseux et tremblant, et roula jusqu'à chez David. Il ne prit pas la peine d'appeler pour prévenir, convaincu que le trajet lui serait bénéfique même si David n'était pas à la maison. C'était au moins une façon de sortir de chez lui.

La conduite automobile, néanmoins, se révéla tout aussi problématique que la marche à pied. Ses pieds hésitaient sur les pédales, et il avait les yeux mi-clos eu égard à la migraine qui s'en donnait toujours à cœur joie dans sa boîte crânienne. Afin de contrebalancer ses capacités diminuées, il roulait à une allure régulière de trente kilomètres heure, gémissant chaque fois qu'une nouvelle vague de nausée s'emparait de lui. La maison de David se situait environ à cinq kilomètres en dehors de la ville. Elle se dressait à l'écart, bien en évidence, séparée de la route principale par une vaste pelouse. C'était une maison avec un garage deux places, témoignage rutilant de la santé robuste des finances de la famille Sheridan. David faisait le même boulot que Peter et gagnait (à ce que Peter présumait) exactement le même salaire que lui. Mais son épouse Fiona venait d'une grosse fortune. Dans le bâtiment. À l'en croire, sa famille avait bâti toute la ville de Galway et une bonne partie de Limerick.

Une des nombreuses petites manies de David était sa façon d'accueillir n'importe quel visiteur avec un enthousiasme qui était plutôt franchement rebutant. Au bureau, il répondait à tous les coups de téléphone par un grand « David Sheridan à l'appareil ! Que puis-je faire pour vous ? », sans la moindre considération pour la possibilité pourtant bien réelle que la personne au bout du fil puisse être ivre de rage au sujet d'une panne d'ordinateur dont elle le tenait pour seul et unique responsable. Chez lui, il s'empressait d'ouvrir la porte en grand, avec le sourire rayonnant d'un homme qui attendrait le retour d'un partenaire sexuel hors pair dont il aurait été séparé depuis des années. Cette fois-là, cependant, la vue de son collègue en piteux état jeta un froid immédiat sur sa jubilation.

« Nom de Dieu ! s'écria-t-il alors que son sourire s'évaporait. Qu'est-ce qui t'arrive ?

— J'ai une gueule de foie », répondit Peter. Il allait corriger son lapsus mais se ravisa, décidant qu'après tout il avait parfaitement bien décrit son état.

« On dirait un cadavre », s'émerveilla David. Il plissa le nez et ajouta en rigolant : « Et tu sens le rot d'ivrogne.

— J'ai pris une douche, protesta Peter, vexé.

— Je n'en doute pas. Mais il va te falloir une de mes pastilles à la menthe superpuissantes, mon cher. Viens, entre.

— Nouvelle porte, commenta Peter en franchissant le seuil. Vous avez eu un problème avec l'ancienne ? »

David leva les yeux au ciel en battant des mains. « Pas du tout. C'est juste ma chère et tendre épouse qui a décidé que ça n'allait pas. Tu sais comme elles sont. »

Peter secoua la tête. « Je croyais le savoir. Mais apparemment j'avais tout faux. »

Peter Ford avait fait la connaissance de David Sheridan dans des toilettes. C'était en 1985, le jour de leur première rentrée au collège, et il y avait pas mal de tension dans l'air. La rumeur prétendait que les nouveaux qui ne se déplaçaient pas en bande à l'heure de la cantine risquaient de se faire encercler, entraîner de force dans les toilettes et « tremper ». Selon l'informateur à qui l'on se fiait, cela pouvait simplement signifier se faire attraper par les chevilles et se faire tremper les cheveux dans la cuvette, ou bien pire encore. Le scénario le plus terrifiant, exposé avant même la première sonnerie par un type aux dents de lapin originaire d'Emyvale, faisait état d'une cuvette récemment utilisée où la chasse d'eau (détail crucial) n'avait pas été tirée, et dans laquelle la victime ne serait pas seulement trempée mais maintenue. Parfois même jusqu'à dix minutes, d'après Dents-de-lapin. Certains élèves traitèrent ce scénario d'épouvante par le mépris, faisant remarquer qu'un tel traitement provoquerait inévitablement une mort par noyade, mais Peter était moins sûr de lui. Il s'appliqua donc avec frénésie à se créer un tissu relationnel en ce premier matin, cherchant à repérer des connaissances de son école primaire et conquérant de nouveaux amis grâce à sa palette grandissante d'imitations (son dernier numéro en date, Margaret Thatcher racontant des blagues belges, était désormais un classique). À l'heure du déjeuner, il faisait partie de quelque chose qui ressemblait à une bande.

La loi de la sécurité par le nombre s'écroula cependant lorsqu'il fut confronté à la nécessité d'une visite aux toilettes *volontaire*, par définition solitaire. Il ne restait que quelques minutes avant la reprise des cours quand Peter finit par accepter d'entendre la position de sa vessie sur le sujet et fut forcé d'admettre qu'il allait avoir besoin de se soulager, et vite, s'il ne voulait pas passer l'après-midi dans un état d'inconfort majeur. À contrecœur, acclamé par une salve de « Bonne chance » et de « T'es mort », il abandonna la petite troupe et se dirigea discrètement vers le bâtiment des toilettes près du terrain de football. Tout en marchant, il se répétait qu'il était fort, en tout cas grand (déjà un mètre soixante-huit), et qu'il n'avait donc rien à craindre. Et de toute façon, la récré au collège, du moins jusque-là, s'était révélée fort semblable aux récrés de l'école primaire, les clopes en cachette en plus.

En arrivant, il passa la tête par la porte du bloc sanitaire constatant que l'endroit était assez nauséabond, ce qui était prévisible, mais surtout désert. Bien que le soulagement qu'il recherchait fût de nature liquide, il se précipita néanmoins en direction des cabines fermant à clé. Il y en avait trois, qu'il essaya dans l'ordre de gauche à droite. La première, hélas, abritait une flaque de pisse si large et formidable qu'il n'osa pas s'y aventurer, pas avec ses chaussures toutes neuves. La cuvette de la deuxième était obstruée par une montagne de papier détrempé, de mégots de cigarette et autres matériaux. La puanteur était presque palpable. Il se dit qu'il ne pourrait pas survivre là-dedans, pas même une minute. C'était plutôt mauvais signe, songea-t-il, que les toilettes soient déjà dans cet état à midi le *premier* jour. À quoi ressembleraient-elles à Noël ? La porte de la cabine numéro trois était fermée, mais les lettres à demi effacées de sa serrure rouillée la déclaraient LIBRE. Peter la poussa du bout du pied, ou du moins tenta de la pousser. Il se passa alors trois choses en même temps : la cloche sonna, la porte heurta quelque chose de dur, et une voix haut perchée s'écria : « Tu me touches et je te fous un procès au cul ! »

Peter recula vivement en direction des urinoirs. « Qu'est-ce qui te prend ? répondit-il. Je voulais juste pisser un coup ! »

Ce qu'il fit, en vitesse et à grand bruit. Comme il remontait sa braguette, la porte des toilettes s'entrouvrit et un petit gars terreux en sortit en jetant des regards affolés autour de lui. Il avait des cheveux blonds, légèrement ondulés, et l'air extrêmement inquiet. « Ah ! C'est toi. T'es dans ma classe, je t'ai déjà vu. Je croyais que c'était un connard qui voulait me tremper, dit-il.

— Non, non », rétorqua Peter en s'approchant des lavabos dégueulasses. Il se rappelait vaguement avoir entendu ce garçon donner son nom et sa ville d'origine pendant l'appel du matin. Dermot quelque chose ? Declan ? Sa famille venait juste de déménager de… Cavan, non ? « Moi, je crois que c'est des conneries, cette histoire de trempage. C'est juste pour nous faire flipper. »

Le garçon fit un pas vers lui, le visage illuminé par un brusque élan d'espoir. « Tu crois ?

— Ouais. P't-être.

— Ben moi ça m'a bien fait flipper, en tout cas. Je suis resté enfermé là-dedans pendant toute la récré. »

Il avait une manière bizarre de parler, pensa Peter. Avec des hauts et des bas. Mélodieuse. On aurait dit qu'il venait plutôt de Las Vegas, pas de Cavan.

« T'avais même pas fermé la porte à clé. »

Le garçon haussa les épaules. « J'aime pas m'enfermer à clé, dit-il.

— Et si tu dois menacer tes agresseurs, je te conseille quelque chose de plus violent qu'un procès.

— Pour sûr. »

Peter n'avait jamais entendu personne de son âge employer l'expression « pour sûr ».

« Faut qu'on y aille, dit-il en guise de réponse. La cloche a déjà sonné. On va se faire tuer.

— T'inquiète, rétorqua l'autre, les profs vont pas se presser. Ils sont aussi dégoûtés que nous que ce soit la rentrée. Tiens, prends une clope. »

Peter le dévisagea en fronçant les sourcils, perplexe. Ce mec était-il un fils à papa peureux ou un gros dur qui fumait en cachette ? Quoi qu'il en soit, il ne lui inspirait rien qui vaille. Peter déclina l'offre tabagique et déclara qu'il y allait.

Le garçon le suivit sans tarder, rempochant ses cigarettes. « Deux secondes ! s'écria-t-il. Attends-moi ! »

Génial, songea Peter. Je vais me coltiner ce boulet

pour le restant de mes jours. Mais, très vite, David Sheridan se mit à jouir d'une réputation inégalée. Il fut convoqué dans le bureau du proviseur à deux reprises dès la première semaine, une fois pour s'être fait piquer en train de fumer ostensiblement, et l'autre pour avoir fait semblant d'éternuer à répétition devant la plantureuse prof de math alors qu'il criait chaque fois très distinctement « Aaahh… nichons ! ». Il avait l'air de faire tout ça pour son propre divertissement et non pour la frime, ce qui n'empêchait pas que tout le monde soit impressionné. Au fil des semaines, il avait développé une telle stature de « personnage » que même sa tendance à s'évanouir pendant les courses d'endurance ne parvint pas à faire baisser sa cote.

Aux environs de Noël, Peter était fier de pouvoir le considérer comme un ami, et se voyait contraint de travailler avec le plus grand sérieux ses imitations pour ne pas se faire purement et simplement oublier.

« Je sais ce qu'il te faut, annonça David après qu'ils eurent bu un café et que Peter eut fait son rapport misérable. Il te faut une bonne vieille partie de pitch-and-putt. Fiona est partie au golf, donc il y aurait une certaine symétrie là-dedans, tu ne trouves pas ?

— Pas une mauvaise idée, concéda Peter en suçant une pastille mentholée étonnamment puissante. Le grand air, un peu d'exercice. »

Ils étaient tous les deux de grands amateurs de

pitch-and-putt et y jouaient souvent ensemble. « C'est comme le golf, aimait à dire David, mais sans tous les branleurs en polo Lacoste. » Ce en quoi il n'avait pas tort. La plupart des joueurs du club du Highways Hotel avaient un handicap inférieur à seize (Peter ne savait pas trop si David incluait sa propre femme dans les branleurs en polo Lacoste, et n'avait jamais abordé la question).

Ils furent sur place en moins d'une demi-heure et s'aperçurent avec surprise que le club était quasiment désert. Ce n'était pas grand-chose de plus qu'un simple pré, en fait, avec des drapeaux flottant çà et là, mais d'ordinaire il était plus animé que ça. « PlayStation », lâcha-t-il en arrivant. Il était intimement convaincu que tous les adolescents irlandais possédaient au moins une PlayStation chez eux et que c'était la raison pour laquelle on ne les voyait jamais dehors en train de se livrer à ce qu'il appelait « de saines activités de plein air ». Peter lui rappelait parfois que c'était un peu hypocrite de la part d'un homme qui avait passé le plus clair de sa jeunesse à pleurnicher et à simuler toutes sortes de maladies pour justement éviter les saines activités de plein air.

C'était une journée dégagée et, pour une fois, ensoleillée. Peter fut pourtant dépité de constater que le grand air tant vanté avait en réalité sur lui un effet un tantinet écœurant. Il avait l'impression que chaque inspiration contenait trop d'oxygène et il dut finalement s'asseoir avant qu'ils n'aient atteint le petit renflement du premier tee. De plus en plus patraque, il rata magistralement son premier coup en envoyant la balle à l'autre bout du green. David émit un sifflement sarcastique avant de louper son tir lui aussi.

« Il y a un bout de l'histoire que je ne t'ai pas raconté, tout à l'heure », déclara Peter alors qu'ils se dirigeaient d'un pas tranquille vers le petit bunker dans lequel la balle de Peter était allée se loger comme un bizarre insecte du désert.

David aspira une bouffée de cigarette et considéra sa balle en fronçant les sourcils. « Ah oui ?

— Ouais. J'étais parti pour… Qu'est-ce que t'as aux yeux ?

— Rien.

— Pourquoi tu fais ça, alors ? »

David maintenait ses yeux aussi écarquillés qu'il était humainement possible. On aurait dit un poisson éberlué. « J'ai lu ça dans un magazine de Fiona, dit-il. Si tu fais ça environ une heure par jour, ça peut aider à prévenir les rides. Apparemment.

— Ouais, ben arrête. Ça me déconcentre.

— Non.

— Putain ! Bon, bref, j'étais parti pour me bourrer la gueule tout seul, comme je t'ai dit, mais en fait ça ne s'est pas passé comme ça. Je me suis bourré la gueule avec… euh… tu connais Finbarr je-sais-plus-quoi ? Un type un peu vieux, on le voit se balader tout seul en ville.

— Arrête ! Finbarr Grealey ? Comment t'as fait ?

— Il est venu s'asseoir à côté de moi et il a commencé à me parler.

— Il est pas un peu… tu vois, quoi. Bizarre ?

— Tu ne devrais pas juger les gens comme ça, David. Moi il m'a paru tout à fait normal. Et il disait, tu sais, à propos de Mary… »

David se tourna tout d'un coup vers lui.

« Ne me dis pas que tu lui as raconté tes histoires avec Mary !

— Ben, j'ai…

— Bon sang. Je t'ai déjà dit de ne pas parler avec des inconnus ! »

Peter ignora sa remarque. « Bref, il m'a dit un truc. Il m'a dit que la raison pour laquelle Mary se comporte comme ça, c'est peut-être qu'elle n'est pas satisfaite… au lit. »

David était en train d'évaluer la trajectoire de sa balle – c'est-à-dire qu'il la contemplait tristement de ses grands yeux écarquillés – lorsque Peter termina sa phrase. Il lâcha aussitôt son club et s'agrippa les côtes tellement il fut secoué de rire. Peter trouvait cette habitude qu'avait David plutôt agaçante ; le fait qu'il se *tenait* littéralement les côtes lorsqu'il trouvait quelque chose particulièrement spirituel.

« Ça n'a rien de drôle », maugréa-t-il. Son estomac exprima son assentiment par un gargouillis sonore.

« D'accord, d'accord, se reprit David. Mais ne me dis pas que tu l'as pris au sérieux. »

Peter ne répondit rien.

« Mais enfin, bon sang ! C'est un vieillard ! Que sait-il des femmes d'aujourd'hui ? Ou des femmes tout court, d'ailleurs ? Il faut faire attention à qui tu prends comme confident.

— Peut-être.

— Et peu importe ce que tu en penses, il est vraiment bizarre. Tout le monde le dit.

— Ah oui ? Et qui tu connais qui le connaît ? Je veux dire, qui le connaît réellement. Pour moi, c'est le profil même du type que tout le monde reconnaît dans la rue mais à qui personne ne parle jamais. Et puis même. Même s'il est un peu… je sais pas quoi, ça ne veut pas dire qu'il a forcément tort. Mary n'est plus tout à fait elle-même, ces derniers temps. Qu'est-ce que je fais si elle est… insatisfaite avec moi ?

— Oh, mais arrête-moi ça ! » s'exclama David en rabrouant Peter d'un grand revers de main. C'était une expression qu'il réservait aux gens qui racontaient vraiment un tas de conneries.

« Tu n'en sais rien, David. On est ensemble depuis un paquet d'années, mine de rien. Imagine qu'elle se pique de curiosité et qu'elle se mette à chercher des points de comparaison.

— Mais OUI, tu as raison ! Tu vas voir qu'elle va poser des petites annonces dans les cabines téléphoniques, si ça continue ! Ils vont bientôt faire la queue devant chez vous. Elle va être obligée de leur distribuer des tickets et de les appeler par leur numéro, tellement y en aura. “Le numéro trente-quatre est demandé ! Le numéro trente-quatre est…”

— C’est bon, tais-toi.

— C’est pas comme ça que ça se passe, Peter.

— Mais…

— Si tu es si inquiet que ça, pourquoi tu ne lui demandes pas tout simplement ? »

Peter se hérissa. « Sûrement pas ! Imagine que ce soit ça, un problème de sexe, *et qu’elle me le dise* ? Plutôt mourir.

— Laisse tomber, alors. »

Peter fit signe que oui et partit récupérer sa balle, mais il avait déjà décidé que non, il ne laisserait pas tomber. Il devait bien y avoir une raison à l’attitude de Mary, et d’ailleurs elle avait réagi de manière glaciale à l’idée même d’un contact physique avec lui ce matin-là. Et si Finbarr était une sorte de fou savant sur le sujet des femmes ? Et si elle s’ennuyait bel et bien avec lui sur ce plan-là ? Qu’elle se demandait ce qu’elle ratait peut-être ? Il retrouva sa balle et la frappa presque sans y penser, regrettant déjà d’avoir jamais accepté cette partie, et se dépêchant pour qu’elle se termine au plus vite. À sa grande surprise, la balle atterrit proprement sur le « green » (où l’herbe faisait à peine deux centimètres de haut, par opposition au « fairway » où elle en faisait douze). Il la rejoignit d’un pas chancelant, en tapotant son ventre frémissant. Le soleil lui paraissait particulièrement vif, tout à coup, et les pépiements des oiseaux ainsi que les voix des autres joueurs résonnaient avec un écho grandissant.

Près du bunker, David donna un grand coup de club maladroit et rata la balle en beauté, piochant dans le sable quinze centimètres derrière. « Saloperie ! » grommela-t-il avant de recommencer. Cette fois il toucha la balle, qui décolla du bunker, survola le green et atterrit dans un petit bosquet. Il se précipita pour la récupérer, croisant Peter au milieu du green. « Cette balle va entendre parler de moi », dit-il, la mine grave. Il lui fallut encore quatre coups – y compris un second voyage jusqu'au même bunker – avant que les deux joueurs se retrouvent en position de putter.

« À mon avis, lança David tandis que Peter visait, tu devrais essayer d'injecter un peu plus de romantisme, pas de chair crue. »

Peter mit un moment à décrypter la remarque. « Mais je suis romantique, finit-il par dire avant d'envoyer sa balle à un millimètre du trou. Je n'arrête pas de lui répéter qu'elle est géniale. »

David secoua la tête. « C'est pas du romantisme, ça, c'est de la lèche.

— Qu'est-ce que tu proposes, alors ?

— Les classiques. Fleurs. Chocolats. Bougies. Peut-être un bijou.

— Nan. Elle déteste tous ces clichés mielleux à la noix, elle dit que c'est une ruse inventée par les hommes afin de faire passer les femmes pour des nunuches. Je crois qu'elle a piqué ça à Valerie, mais enfin c'est pas la question. C'est notre anniversaire vendredi et on ne se fait même pas de cadeaux ni rien. Mais c'est elle qui veut ça, pas moi.

— Ha ha ! Ça pourrait être un test. Elle *dit* ça. Toi tu vas te pointer la bouche en cœur et elle va te sortir une Rolex incrustée de diamants. Et là, t'es coincé.

— Aucune chance. Elle n'est pas comme ça, David.

— Tu sais ce que je crois ? Je crois qu'elle dit juste qu'elle déteste les "clichés mielleux", comme tu dis, parce qu'elle sait bien qu'il n'y a aucune chance pour que tu lui fasses le grand jeu un jour. Les clichés ne deviennent des clichés que parce qu'ils recèlent une part de vérité. Fais confiance à tonton David. Ma main à couper ! »

Peter rumina les propos de son ami pendant que celui-ci terminait le trou. Hmm. Peut-être que David avait raison, pas Finbarr. Après tout, il avait toujours eu un succès phénoménal auprès de l'autre sexe, dès le départ. La plupart des commentateurs mettaient ses triomphes précoces sur le compte d'un étrange désir chez les filles de le « guérir » de son homosexualité patente. Au fil des années, toutefois, même les jaseurs les plus lourdauds et les moins imaginatifs finirent par admettre que David était non seulement un parfait hétéro mais un sacré tombeur. D'après Peter, le surnom de Camp David avait perduré non par mépris mais par jalousie. Cette jalousie fut définitivement gravée dans le marbre lorsque sa carrière fulgurante de séducteur invétéré se conclut par son mariage avec Fiona qui était a) sublime, b) exotique (elle avait du sang espagnol quelque part), et c) pleine aux as. Et pourtant... il était difficile de le prendre au sérieux comme expert, à le voir appuyé là sur son putter de location, avec sa bedaine dépassant de son pantalon et sa touffe de cheveux blonds qu'il aurait dû couper depuis déjà au moins six semaines. Les yeux de merlan frit n'aidaient pas non plus.

« Mis à part le fait qu'elle déteste ces trucs-là, reprit Peter, Mary mourrait probablement d'une crise cardiaque si je débarquais avec des fleurs et des chocolats. Elle sait que je ne donne pas dans ces conneries-là non plus. Elle penserait que j'ai une maîtresse.

— Tu apportes précisément de l'eau à mon moulin, répliqua David. Ce que tu viens de dire montre juste à quel point votre pauvre couple pathétique manque cruellement de romantisme. Si *moi* je débarquais avec des fleurs et des chocolats, Fiona ne ferait que se féliciter une fois de plus de l'excellent choix qu'elle a fait en m'épousant, avant de courir s'acheter de nouveaux soutiens-gorge olé olé.

— Tu as peut-être raison, concéda Peter de mauvaise grâce. Plus ou moins. Peut-être que je pourrais lui faire une surprise vendredi, histoire de marquer le coup. Mais pas avec des fleurs ou des chocolats, non. Quelque chose de plus symbolique.

Quelque chose de plus spectaculaire. Va falloir que j'y réfléchisse. »

Ce fut précisément à cet instant solennel que son corps lança son attaque-surprise, telle une nation instable envoyant son armée avant même que tous les canaux diplomatiques aient été épuisés. Alors qu'il se tournait vers sa balle, se mordillant la lèvre pensivement, il sentit le sang lui monter à la tête et en même temps, le contenu de son estomac se faire la malle. Choqué, mais toujours aux commandes, il parvint à lâcher son putter, à se redresser, à refermer sa mâchoire béante et à plaquer une main sur sa bouche dans un même mouvement.

« Qu'est-ce qu'il y a ? hurla David en s'approchant de lui. Ça ne va pas ? »

Peter répondit en se mettant à courir en rond tout en désignant son ventre révolté.

« Vomir ? suggéra David. Tu vas vomir ? »

Peter se dispensa d'une réponse formelle mais s'élança en direction du bosquet où la balle de David avait récemment trouvé refuge. Hélas, l'herbe était humide et Peter se mouvait avec une hâte déraisonnable. Il n'avait même pas encore quitté le green quand son pied gauche, en contact avec le sol, exécuta de son plein gré une glissade d'un mètre vers l'avant, qui lui fit faire le grand écart. S'il avait été d'humeur à voir les choses du bon côté (ce qui n'était pas le cas), il aurait pu constater que sa brusque douleur à l'aine lui faisait momentanément oublier à la fois sa migraine et ses maux d'estomac. Ses jambes s'écartèrent jusqu'à former un angle d'environ 140 degrés avant que ses pieds ne cessent de glisser en sens inverse. Après quoi il tomba sur les fesses, presque reconnaissant, pour la seconde fois en l'espace de vingt-quatre heures. Il eut à peine le temps d'émettre un bref gémissement avant que le premier jet de vomi n'éclabousse son pull. Le deuxième spasme eut plus d'envergure et jaillit jusqu'à ses genoux. Se débattant en l'air comme une tortue culbutée, il parvint à se tourner sur le côté et à livrer le reste de son offrande intestinale au gazon ébouriffé.

# 7

« Mais bien sûr qu'on avait remarqué ! s'exclama Valerie en éteignant son allumette. C'était difficile de ne pas le voir, on aurait dit Robert Smith dans ses grands jours. »

Mary écarquilla les yeux de stupeur. « Mais alors pourquoi vous n'avez rien dit ? »

Elles étaient installées sur de gros coussins près de la cheminée de Valerie, avec de grands verres de vin rouge. Mary avait fait le chemin à pied après avoir découvert en sortant de son bain que Peter avait disparu avec la voiture. Mary aimait beaucoup le Cottage, comme Valerie et Jeff avaient tenu à baptiser la ferme réhabilitée dans laquelle ils vivaient, et elle était convaincue que quelque part à l'intérieur se trouvait une pièce qu'elle n'avait jamais vue. Une petite pièce insonorisée où ils se réfugiaient pour crier et casser des objets. Il devait forcément y avoir un endroit comme ça ; sinon, comment expliquer l'absence surnaturelle de désordre dans la maison ? Ils devaient bien mettre leur bordel quelque part. C'était humain. Mary se considérait elle-même comme une personne assez ordonnée, et elle reconnaissait aussi cette qualité à Peter, mais Valerie et Jeff boxaient dans une autre catégorie. Non pas qu'ils fussent minimalistes. Ils possédaient des centaines de livres et peut-être un millier de CD. Ils étaient abonnés au *New Yorker*, à *Time Magazine*, *Nature*, *Sight and Sound*, à la *Revue de poésie moderne*, au *Philosophe moderne*, à *Q*, *The Face*, *Architecture Today*, *Interview* et *Wallpaper*. Ils appréciaient aussi la flore et cultivaient une armada de yuccas et de cactus. Et, bien entendu, c'étaient des collectionneurs d'art. Il y avait des *œuvres* partout. Pourtant, jamais Mary n'avait aperçu un livre oublié sur un fauteuil, encore moins une couche de poussière sur une statue.

La pièce dans laquelle elles se tenaient à présent était un exemple typique. Le moindre coussin impeccablement gonflé et aligné avec ses petits camarades, le moindre magazine immaculé et parfaitement parallèle au rebord de la table basse. Même la zone autour de la cheminée était nickel. Si une étincelle ou une miette de cendre osait s'en échapper, Valerie s'emparait aussitôt de sa balayette et de sa pelle miniatures pour la renvoyer d'où elle venait. La pelle et la balayette faisaient partie d'un nécessaire de cheminée que Jeff lui avait offert pour leur dixième anniversaire de mariage. Il avait été dessiné par un architecte japonais dont elle admirait le travail et qui l'avait fait exécuter en une série limitée de cinquante exemplaires.

« Eh bien nous n'avons rien dit…

— Parce que vous étiez trop occupés à vous disputer ?

— C'est ce qu'il t'a dit ?

— Oui. Il m'a dit que vous étiez trop occupés à vous disputer au sujet des trous noirs ou quelque chose de ce genre. »

Valerie aspira une longue bouffée de sa cigarette et fit tomber sa cendre dans la cheminée. « Ce n'est pas tout à fait exact, mais disons que nous avions une discussion animée. Je me suis rendu compte que Jeff avait remarqué le maquillage une fois qu'Umberto était parti. Et Jeff pensait que *moi*, je n'avais pas remarqué. J'imagine que ni l'un ni l'autre ne voulions passer pour un adulte rabat-joie, tu comprends ? D'ailleurs, ça nous a bien fait rigoler, à la fin. »

Mary pinça les lèvres et secoua la tête d'un air supérieur. « Eh bien moi je ne rigole pas, Valerie, et ton fils non plus. Il va falloir que tu discutes avec lui. Où est-il, d'ailleurs ? Avec son père ?

— Jeff est parti dessiner quelque part. Umberto, je n'en sais rien. Il a filé directement dans sa chambre quand il est rentré hier soir, et il est ressorti de bonne heure ce matin.

— Bon sang, Valerie, mais comment peux-tu être aussi détachée ? demanda Mary. Il n'a que quatorze ans. Tu devrais prendre tes responsabilités un peu plus au sérieux. »

Valerie sirota son verre de vin en évitant le regard de Mary. Cette dernière savait pertinemment que sa sœur pouvait supporter les critiques à haute dose, écouter des reproches jour après jour sans ciller à aucun moment. Elle renonça donc à sa leçon de morale.

James et Elizabeth McKeown avaient eu leur première fille en 1964. Au fil des années, Mary avait entendu ses parents lui répéter l'histoire des dizaines de fois chacun. Le détail préféré de sa mère était le passage où elle perdait les eaux tandis qu'elle étendait le linge. Il y avait eu un malentendu quelque part et elle avait poussé un juron, pensant qu'il s'était mis à pleuvoir. Son père aimait raconter qu'il avait passé les vingt heures du travail à genoux dans la cuisine, remuant les lèvres en silence alors qu'il égrenait les perles de son chapelet, terrorisé. À l'époque, aucun des deux n'avait été élevé dans le mythe selon lequel tous les bébés étaient beaux. James, en particulier, trouvait que la plupart avaient l'air de vieillards alcooliques. Mais, en toute modestie, ils avaient bien dû admettre que Valerie était un nourrisson exceptionnellement réussi, avec de longs cils et de bonnes joues potelées. Les gens qui venaient leur rendre visite à la maternité en avaient le souffle coupé. Elizabeth était gaga, comme l'aurait été n'importe quelle mère à sa place. Mais *James*... James perdit la boussole. Pendant les trois premiers mois, il ne s'éloigna de sa fille que pour manger, aller aux toilettes et, quand ça devenait absolument nécessaire, dormir. Elizabeth disait à Mary qu'elle l'avait souvent surpris penché au-dessus du berceau, en larmes. Elle ne lui avait jamais demandé ce qui n'allait pas ; elle savait que la réponse, la réponse authentique, était « Rien ». Il ne retrouva son état normal, ou disons une variante de son état normal, que lorsque sa femme lui fit observer que ses tournées de distribution de lait commençaient à en pâtir et que leur petite fille ne le remercierait pas s'il perdait son travail.

Dix ans s'écoulèrent avant la naissance de Mary. Ce fossé s'expliquait par de vulgaires raisons économiques. Les McKeown n'avaient jamais été pauvres, mais ils avaient conscience qu'un sou est un sou, et ils surveillaient leurs dépenses. Un deuxième enfant était donc exclu. En 1973, cependant, la tante d'Elizabeth mourut d'une pneumonie, léguant à sa nièce préférée sa petite maison dans le comté de Meath. La manne relative qui leur échut ainsi mit fin aux expéditions transfrontalières répétées de James en Irlande du Nord païenne, où les préservatifs étaient en vente libre, et peu de temps après Valerie se retrouva avec une petite sœur. Une deuxième conséquence heureuse était que James ne tremblait ni ne pleurait plus en songeant au destin de son âme immortelle. Elizabeth évoquait ces détails quand elle avait un verre dans le nez ; James ne les démentait jamais.

Lorsque Mary arriva, les McKeown n'en revinrent pas de la chance qu'ils avaient, du moins à ce qu'ils disaient : encore une magnifique petite fille. James l'aimait de tout son cœur, tout comme Elizabeth (ils employaient tous les deux cette expression, « de tout mon cœur », quand ils en parlaient, comme s'ils avaient mis au point leur récit à l'avance). Toutefois, avec Mary, il n'y eut pas de négligence dans les tournées de lait, pas de larmes au-dessus du berceau. Valerie était alors âgée de dix ans, et sa personnalité s'affirmait déjà.

James racontait à Mary qu'au moment de sa naissance, en matière de filles, il avait déjà perdu son innocence.

L'album photo de la famille McKeown en disait long. Mary avait passé des heures plongée dedans quand elle était petite, à caresser les images en réfléchissant, encore et encore. Les premières pages étaient pleines de photos noir et blanc granuleuses, poignantes à leur façon : James et Elizabeth piqueniquant dans un champ ou bronzant sur des rochers. Puis venaient les images du premier enfant. Valerie en train de mâchouiller un cube en bois, son visage disneyifié illuminé de bonheur ; Valerie dans sa poussette, l'air ahuri tandis que le chat passait devant elle, ignorant sa main tendue. La couleur faisait brusquement irruption sous forme de Polaroïd cireux, à peu près au moment où Valerie commençait à froncer les sourcils devant l'objectif. Sur les pages suivantes, on la voyait alterner entre des sourires radieux et des grimaces anxieuses. À l'époque où Mary faisait sa première apparition, sa sœur avait complètement abandonné les sourires. Non pas qu'elle eût l'air malheureux ou même mal dans sa peau sur ces clichés-là ; le meilleur terme pour décrire son expression d'alors, songeait Mary, était le mot « grave ». Sa mère lui avait confié un jour que le changement était flagrant, a posteriori. Après coup, ils s'étaient rendu compte qu'on aurait pu assembler ces photos en un flip-book et voir ses yeux s'assombrir peu à peu, ses lèvres s'incurver inexorablement vers le bas. Mais, sur le moment, sa métamorphose leur avait échappé dans le tumulte général de la vie quotidienne.

Si on demandait à James de mettre le doigt sur le moment précis où il avait su avec certitude que Valerie était différente – ce que Mary ne manquait pas de faire régulièrement –, il n'hésitait jamais. C'était un soir d'hiver terne, peu de temps après le huitième anniversaire de Valerie. Il était assis dans son fauteuil près du feu et ne faisait rien de particulier. Valerie était arrivée et s'était installée dans le fauteuil d'en face. Elle portait un collier qu'elle s'était fabriqué elle-même. Il consistait en cinq ou six têtes de poupée alignées sur un vieux lacet de chaussure.

Elizabeth avait été légitimement perturbée en le voyant pour la première fois, mais Valerie s'était contentée de hausser les épaules et avait changé de sujet quand on lui avait demandé la signification de tout ça. C'était désormais un accessoire qu'elle portait de temps en temps, sans que personne ne lui pose plus de questions.

James salua sa fille d'un signe de tête, et elle le salua en retour. Il avait l'impression qu'elle voulait lui demander quelque chose et attendit qu'elle le fasse. Au bout d'environ une minute, elle se jeta à l'eau.

« Papa ? dit-elle.

— Oui, ma chérie.

— C'est quoi, le temps ? »

James fronça les sourcils. « Je crois qu'il pleut, pourquoi ? »

Valerie secoua la tête. « Non, je veux dire qu'est-ce que *le temps* ? »

Rétrospectivement, Mary se souvenait de l'adolescence de sa sœur comme d'une période de tension permanente. Valerie devint la jolie jeune fille que tout le monde avait prédit, et très vite la ligne de téléphone des McKeown se retrouva continuellement occupée par une succession ininterrompue de garçons roucoulants qui demandaient à connaître ses envies, son état d'esprit, ses préférences en matière de jouets en peluche. La plupart de ces prétendants étaient des camarades de classe de l'école semi-progressiste

– c'est-à-dire mixte – où Valerie se traînait tous les jours avec résignation. Les voix étaient fréquemment des voix d'adultes. Mary décrochait certaines fois et, même à son âge, elle sentait bien que les hommes au bout du fil n'appelaient pas juste pour bavarder ; ils *voulaient* quelque chose. Elle se rappelait que son père passait une bonne partie de son temps à confesse, ces années-là. Il lui raconta plus tard qu'il suppliait le prêtre de lui donner l'absolution d'avance, au cas où il se réveillerait un jour avec du sang sur les mains.

Mais il se faisait du souci pour rien. Valerie avait décrété depuis belle lurette que les habitants de Drumshanagh n'avaient rien à dire qu'elle eût envie d'entendre. Et le désintérêt distrait qu'elle manifestait pour les gens du coin en général n'était rien comparé à son mépris pour les *garçons* du coin. « Des ânes bâtés, avait-elle déclaré un jour à Mary, qui était alors trop jeune pour avoir aucune réaction à part celle de rire à cette évocation colorée. Ils n'ont rien à m'apprendre mais tout à apprendre eux-mêmes. » L'appétit visible de Valerie pour l'apprentissage était une sorte de mystère aux yeux de ses parents. Puisqu'elle était tellement résolue à s'améliorer, disaient-ils, pourquoi ses bulletins scolaires étaient-ils truffés de « Peut mieux faire » et de « Ne fait aucun effort » ? Ses seules bonnes notes régulières étaient en arts plastiques, et James prétendait trouver ça louche également. Il avait rencontré son professeur d'arts plastiques, un ccrtain M. McAuley, lors d'une réunion de parents d'élèves, et n'aimait pas beaucoup la façon dont ce type souriait en louant « le sens de la forme » de Valerie.

Certes, on la trouvait souvent à la maison le nez plongé dans un bouquin, mais ce n'étaient jamais des manuels scolaires, ni rien qui ressemblât de près ou de loin à du matériel pédagogique d'aucune sorte. Elle semblait leur préférer d'énormes pavés écornés qu'elle empruntait à la bibliothèque, des romans dont James et Elizabeth n'avaient jamais entendu parler, écrits par d'illustres inconnus morts et enterrés, dont beaucoup avaient des noms à consonance franchement française.

Au moment de se présenter au baccalauréat en 1982, Valerie avait cessé d'exprimer aucun projet ou même de manifester aucun intérêt pour l'avenir. James et Elizabeth avaient donc écarté la possibilité qu'elle embrasse un jour une brillante carrière et s'étaient mis à se délecter des moindres succès de Mary. Elle réussissait bien dans toutes les matières et, encore mieux, elle se contentait de jouer simplement avec ses poupées au lieu de les décapiter pour en faire des bijoux.

Les résultats du bac n'étaient tombés que depuis une semaine lorsque Valerie convoqua ses parents à la cuisine pour les informer que, tout compte fait, elle avait un projet. Mary écoutait depuis le pas de la porte. Elle vit James agripper la main d'Elizabeth sous la table tandis que Valerie se tenait debout devant eux, grande et déterminée, pour leur annoncer sa décision. Son job d'été à l'usine textile s'était révélé étonnamment lucratif, et elle avait réussi à mettre un peu d'argent de côté. Largement de quoi se payer un billet d'avion pour Londres, qui était la ville où elle comptait aller vivre. Dès le lendemain.

« Pour embrasser les arts », dit-elle.

Pendant les années qui suivirent, elle écrivit de nombreuses lettres mais téléphona peu, et ne revint pas du tout. Ses lettres laissaient transparaître un enthousiasme et un optimisme peu habituels, fournissant une foule de détails sur ses divers boulots temporaires (larbin de galerie, machiniste) et ses excursions ici et là (Brighton, Oxford). Il n'y avait jamais d'explication quant à son départ précipité, simplement l'affirmation réitérée qu'un préavis d'un jour avait été « mieux pour tout le monde ».

James et Elizabeth – d'abord paralysés d'inquiétude – se consolaient en pensant qu'elle était toujours en vie et qu'elle paraissait même heureuse. Moins malheureuse, en tout cas. Mary était triste que sa sœur soit partie, mais elle buvait comme du petit-lait le surplus d'attention dont elle bénéficiait. À l'époque, personne ne connaissait la vérité. Ce n'est que bien plus tard, très récemment en fait, que Valerie avait raconté à Mary les amphètes, la vodka, les acides, et les *hommes*, ce défilé tragi-comique de sculpteurs poussiéreux et de poètes maigrelets (la virginité de Valerie avait tenu trois semaines à Londres, pas un jour de plus). Ils ignoraient à l'époque – James et Elizabeth l'ignoraient toujours, à vrai dire – qu'elle avait reçu un œil au beurre noir de la part d'un célèbre violoniste, et une déclaration d'amour larmoyante d'un autre. Ils ne se doutaient pas non plus qu'elle avait écrit un roman de 180 000 mots qu'elle avait ensuite brûlé page par page au cours d'un week-end solitaire. C'était au début de l'année 1985, confia Valerie par la suite, qu'elle avait commencé à concevoir de sérieux doutes. C'était ça, l'art ? C'était ça, les artistes ? Ces raseurs pleins de soupe qui jacassaient dans les coins ? Mais après tout, à quoi s'attendait-elle ? Et qu'avait-elle rêvé d'être ? Elle se rendit compte qu'elle ne le savait pas. Peut-être aurait-ce été différent si elle s'était révélée avoir un talent quelconque ; dans n'importe quel domaine, elle n'était pas difficile. Mais non. Ses tableaux dormaient toujours dans sa tête, son roman était parti en fumée. Elle espérait encore « embrasser les arts », mais elle avait le sentiment inquiétant que les arts ne se laisseraient pas attraper si facilement. Si Jeff n'était pas apparu, elle aurait sûrement fini par accepter un des boulots de mannequin qu'elle se voyait régulièrement offrir dans des bars miteux par des types d'une cinquantaine d'années, bandana au cou.

Son nom complet était Jeffrey Marshall Vance et il faisait partie des oisifs aisés. Son père, veuf, qui avait aussi pour deuxième nom Marshall, était décédé en 1981, laissant à son fils unique quatre restaurants à Long Island et une chaîne de petits hôtels. Jeff avait encouragé leurs gérants à continuer à faire du bon boulot tout en leur indiquant où lui verser les chèques mensuels. Puis il était parti mener une vie pas tant d'hédonisme que de lubies : voyager, écrire de mauvais poèmes, peindre de mauvais tableaux, apprendre à mal jouer de la guitare.

C'était un homme grand, carré d'épaules, aux yeux marron tristes et aux cheveux bruns mi-longs. Les femmes lui tournaient autour comme des mouches, même celles trop stupides pour flairer l'argent. Au moment où il connut Valerie (il avait alors trente-trois ans, elle vingt-deux), il prétendait avoir eu près de deux cents maîtresses et n'en avoir aimé aucune. Ils se rencontrèrent dans une petite librairie encombrée mais branchée de Fulham, où Jeff entendit Valerie demander au vendeur de lui recommander un roman (c'était une nouvelle stratégie qu'elle avait adoptée dans l'intention d'élargir son champ de lectures). Il se présenta et lui demanda s'il pouvait avoir l'impertinence de lui recommander un livre de son côté. Ils finirent par aller prendre un café, puis dîner ensemble, puis aller boire un dernier verre, et enfin revenir dans le minuscule appartement de Valerie, où Jeff l'épuisa sexuellement. Après quoi il lui récita un de ses poèmes, une composition un peu longuette intitulée *À l'enfant de taille normale né de parents nains* (Valerie se rappelait encore un passage qu'elle déclamait parfois à Mary avec des larmes de fierté : « Ne rougis pas, non ! / Marche la tête haute / Car toi seul es capable de voir / Ce qui se passe à l'horizon »). Ensuite il avait fait un croquis d'elle nue sur la première page de l'annuaire A à M. Il n'avait en sa possession qu'un stylo-bille rouge et s'était déclaré mécontent du résultat. Valerie l'adorait au contraire, même s'il l'incita à se faire faire la première épilation-maillot de sa vie. Peu avant l'aube, Jeff lui lut un passage à voix haute du roman qu'elle avait acheté sur ses conseils. C'était *Le Nom de la rose*, d'Umberto Eco.

Mary et ses parents entendirent pour la première fois prononcer le nom de Jeff Vance huit mois plus tard, dans la même phrase que les mots « mon nouveau mari ».

Après une lune de miel dans les règles de l'art à New York, la ville natale de Jeff, le couple se présenta au rapport à Drumshanagh. Mary sut aussitôt que James n'aimait pas son nouveau gendre. Quelque chose trahit sa pensée ; quelque chose dans son regard, peut-être, ou dans sa poignée de main bougonne, ou peut-être dans sa façon de pleurer ouvertement en marmonnant les mots « petit con ». Elizabeth s'efforça de prendre les choses sous un angle plus positif. Un soir, Mary l'entendit rappeler à James la fortune et la carrure physique de Jeff. Et non seulement Valerie avait conservé son nom de jeune fille, mais elle avait juré que ses enfants, quand enfants il y aurait, seraient des McKeown. Ce qui n'était pas rien. Le plus curieux fut que Jeff tomba instantanément amoureux de l'endroit. Il partait dans de grandes envolées lyriques sur l'espace, les arbres, les rivières, les gens. Il se voyait très bien habiter là, disait-il, malgré… tout (Mary comprenait cela comme une référence tacite à James et à ses regards haineux).

Il lui fallut plus d'un an pour convaincre Valerie, qui consentit d'abord à vivre en zone rurale, puis en zone rurale irlandaise, et pour finir, quoique de mauvaise grâce, à Drumshanagh. Elle céda, raconta-t-elle a posteriori, uniquement parce qu'elle était enceinte. Londres avait cessé d'être ce fabuleux kaléidoscope artistique pour devenir une succession de tunnels en béton, bruissant d'accidents potentiels. Elle ne voulait pas élever son enfant là-bas. Elle le sentait dans ses tripes. Et maintenant que Jeff était là, elle n'avait que faire d'un kaléidoscope artistique. Il était tout ça à lui seul.

Aussi firent-ils leurs bagages et quittèrent-ils la ville en élaborant toutes sortes de projets pour le bébé. S'il y avait une chose sur laquelle ils n'avaient pas de doute, c'était le prénom : Rose pour une fille, Umberto pour un garçon.

« Tu es sûre que ça va ? demanda Valerie. Tu as l'air crispé. Fatigué. Et c'est bien la première fois que tu débarques en plein milieu de la journée avec une bouteille de vin sous le bras.

— Ça va très bien, rétorqua Mary. Enfin, un peu tendue peut-être. Je me suis disputée avec Peter.

— Ah ? Ce matin ?

— Non, hier soir. Mais ça couvait depuis longtemps.

— Ah bon ?

— Depuis des semaines, à vrai dire.

— À quel sujet ?

— Oh, peu importe.

— Allez, raconte. Je pourrai peut-être t'aider. »

Mary réfléchit à la proposition. Ça paraissait assez peu probable, mais il y a une première fois à tout.

« D'accord, dit-elle. Le problème, à mon avis, c'est Peter. Hier soir, tu vois, il a proposé qu'on aille louer un film, celui que je voulais. Il a été très clair là-dessus : celui que je voulais. Mais quand on est arrivés au magasin, il a pris sa tête de chien battu en regardant une cassette de James Bond comme un petit gamin.

— Quelle ordure.

— En principe, j'aurais dû accepter pour ne pas faire d'histoires, comme toujours. Mais moi j'avais envie de prendre *Fargo*.

— Hmm.

— Ce qu'on a fini par prendre, au bout du compte, après un peu de remue-ménage.

— Je vois.

— Ensuite, une fois rentrée à la maison, j'ai été prise de remords et j'ai essayé de lui parler pour lui expliquer que je n'étais pas trop dans mon assiette ces derniers temps et que j'étais désolée si j'étais un peu brusque avec lui. Ce qui est le cas, je le reconnais.

— D'accord.

— Bref, il me laisse faire mon baratin en hochant la tête de temps en temps, en prenant l'air intéressé et tout, et quand j'ai fini de parler le voilà qui rembobine la cassette pour ne rien rater du film. Sans dire un mot. »

Valerie opina frénétiquement du chef. « C'est un bon film, non ? Personnellement, je préfère *Miller's Crossing*, et Jeff, cet idiot…

— Tu m'écoutes ou pas ?

— Excuse-moi, continue.

— J'avais fini, en fait.

— Ah bon ? Alors quoi, tu t'es vexée parce que Peter a rembobiné la cassette ? »

Mary secoua la tête de gauche à droite, puis de haut en bas, puis à nouveau de gauche à droite. Elle croyait avoir tout compris dans la nuit, avoir trouvé un sens à tout ça dans sa tête. « Il fait ça tout le temps ! s'exclama-t-elle. Et ce n'est pas le fait qu'il rembobine la cassette en soi, c'est le fait qu'il me laisse parler, qu'il acquiesce, qu'il ne dise *rien* et qu'ensuite il rembobine. La plupart du temps, c'est juste énervant, mais quand je suis en train de lui dire quelque chose d'important… Et puis, de toute façon, il n'y a pas que ça. Mais c'est des choses comme ça. Des petits trucs. C'est à cause de ça que je ne suis pas dans mon assiette, d'ailleurs. Enfin, je crois. Je viens juste de comprendre à quel point il me tape sur les nerfs, parfois. Ça t'est déjà arrivé d'avoir un bout de papier d'alu dans la bouche ? Collé à un bonbon, ou un chocolat. C'est *insupportable*. Eh bien c'est le sentiment qu'il me donne, en ce moment. Comme si je mâchais un bout de papier d'alu.

— Oh, mon Dieu. Est-ce qu'il laisse la cuvette des toilettes remontée ?

— Tu te fous de ma gueule ?

— Non, sérieusement, est-ce que c'est… des trucs de mec ? Ne veut jamais demander son chemin quand vous êtes perdus ; ne sait pas faire marcher la machine à laver ; pète et se marre. Tous ces trucs qu'on voit dans les séries télé.

— Non. Non. Ça n'a rien à voir avec ça. Ça n'a rien à voir avec les mecs. C'est… lui. C'est juste lui.

— Qu'est-ce que tu es en train de me dire ? Que tu n'aimes plus ton mari ?

— Mais pas du tout. C'est… j'en sais rien. Il me rend folle, à des moments. Rien qu'en étant lui-même.

— J'ai besoin d'un autre exemple. »

Mary répondit sans hésiter. « Je pourrais t'en citer des dizaines. Ses imitations. Ses blagues belges, ses blagues sur les blondes, ses blagues tout court. Sa collection de grimaces et de petits numéros qu'il me sort tout le temps. La façon qu'il a de répéter à tout bout de champ qu'il n'aime pas *Star Trek* parce qu'il pense que ça lui donne un genre décalé. Le fait qu'il trouve ça drôle d'appeler cet horrible pouf un *plouf*. Le fait qu'il ait besoin de faire un bruit d'explosion avec la bouche chaque fois que quelque chose explose à la télé. Le fait qu'il me fasse toujours la leçon sur les ordinateurs. Le fait qu'il trouve intéressant de me raconter ses rêves. Le fait qu'il chante pendant qu'on fait l'amour. Le fait qu'il... »

Valerie pouffa de rire. « Le fait que *quoi* ?

— Laisse tomber. J'ai pas envie d'en parler.

— Et il chante quoi ? Raconte, raconte, raconte.

— Des chansons d'amour, d'accord ? Il me chante des chansons d'amour. Et une fois il m'a sorti *I Want Your Sex*, de George Michael. Mais je t'assure, je n'ai pas envie d'en parler.

— Moi je trouve ça charmant, commenta Valerie en souriant.

— Moi aussi, à une époque, rétorqua Mary d'un air désespéré. Il reste encore du vin ? »

Valerie fit le service. « Ça ne m'a pas l'air d'un problème gravissime, si tu veux mon avis.

— Je savais que tu dirais ça, répondit Mary. Je n'aurais pas dû t'en parler.

— Ce que je veux dire, c'est que tu peux facilement faire quelque chose pour arranger la situation.

— Comme ?

— Comment ça, *comme* ? Mais parle-lui, pour

l'amour de Dieu ! Dis-lui ce qui te tracasse. Je suis sûre qu'il va en rire.

— Lui dire quoi ? “Tu sais quoi, Peter, je crois que j'ai trouvé ce qui me dérange : c'est toi. Tu me tapes sur le système.”

— Mais non, bien sûr. Je veux dire que quand il fait une de ces choses en particulier, tu n'as qu'à lui signaler que tu trouves ça irritant.

— Mais j'ai essayé, qu'est-ce que tu crois ! Chaque fois qu'il prend sa tête d'expert international en informatique pour m'expliquer qu'une puce est comme “le petit cerveau” de l'ordinateur, je lui dis que ça me rend hystérique et que j'aimerais bien qu'il arrête de faire ça. Et il dit d'accord, sauf qu'il ne peut pas s'en empêcher. C'est ça qui me fait peur, tu comprends ? C'est que tous ces petits trucs font partie intégrante de lui. Ils sont cousus, *tissés* en lui. Donc si je commence à les prendre en grippe, peut-être que je vais finir par le prendre en grippe lui. Et ça ne peut que mal finir, non ? Vendredi, c'est notre anniversaire de mariage. Seulement un an. Qu'est-ce que ça va être au bout de vingt ans ?

— Ça sera génial, affirma Valerie. C'est une phase, c'est tout. Inévitable pour des couples qui sont ensemble depuis toujours, comme vous deux. Il faut prendre en compte toute la durée de la relation, pas que le mariage.

— Je ne vois pas en quoi ça m'aide, Valerie. En quoi ça m'aide ? »

Valerie réfléchit un moment. « Je ne sais pas trop. Enfin, bref, tu sais ce qu'il te faut ?

— Je sais ce que tu *crois* qu'il me faut, et tu te trompes.

— Ça changerait tout. Ça t'ouvrirait de nouvelles perspectives. Tu oublierais complètement toutes ces… futilités.

— Valerie, s'il te plaît…

— Est-ce que tu en as seulement parlé avec lui ?

— Mais bien entendu qu'on en a parlé. Et nous sommes en parfaite symbiose sur le sujet. Je veux des enfants et Peter veut des enfants, mais ni lui ni moi – ni lui ni moi, j'insiste – ne les voulons tout de suite.

— Je crois quand même…

— Écoute, si tu aimes tellement les enfants, pourquoi est-ce qu'Umberto est fils unique ? Tu peux me le dire ? »

Valerie leva les yeux au ciel. « Tu ne poserais pas cette question si tu avais déjà donné la vie. Ha ! "Donner la vie". On ne donne pas la vie, elle nous est arrachée de force. Bon sang. Je ne suis pas prête à recommencer.

— Il faut savoir. Les enfants sont la plus belle invention depuis le fil à couper le beurre, ou l'accouchement est un enfer ?

— Les deux. Tu le saurais si tu en avais un. »

Elles burent une gorgée de vin en parfait synchronisme et ne dirent rien pendant un long moment. Une étincelle jaillit de la cheminée et Valerie lui sauta dessus.

« Et avec Jeff ? demanda finalement Mary pour briser le silence. Vous avez déjà eu une phase comme ça ? »

Valerie recroquevilla ses genoux contre sa poitrine et y appuya son menton. « J'aimerais pouvoir te dire oui, répondit-elle. Mais je ne peux pas. Jeff n'a aucun tic ni aucune manie qui m'agace. Désolée.

— C'est vrai ? » s'exclama Mary. Il y avait plus d'étonnement dans sa voix qu'elle ne l'aurait voulu, ce qui n'échappa pas à Valerie.

« Pourquoi ? Qu'est-ce qu'il fait qui t'agace ?

— Rien, rien.

— Non, vas-y, je vois bien qu'il y a quelque chose.

— J'adore Jeff, Valerie, tu le sais très bien.

— Mais… ?

— Bon, d'accord, mais ne le prends pas mal, on est juste en train de discuter, hein ?

— Bien sûr. On discute.

— OK. Pour être honnête, si j'étais à ta place, je ne crois pas que je pourrais supporter son truc avec "question".

— Quel truc avec "question" ?

— Tu sais. La façon qu'il a de dire "question" avant de poser une question. Par exemple "Question : tu es déjà allée à Madrid ?". Ou "Question : c'est quoi, comme fromage ?". »

Valerie sourit derrière son verre de vin. « Quoi d'autre ? » demanda-t-elle.

Mary sourit à son tour. Elle commençait à se sentir un peu pompette. « Laisse-moi réfléchir… Voilà, j'ai trouvé. Si Jeff était ici en ce moment, en train de boire ce vin avec nous, il proposerait de porter un toast, non ? »

Valerie opina du chef, et Mary poursuivit : « Il propose toujours de porter un toast, même quand il n'y a rien à fêter ! Ça me rendrait folle, à ta place. Pourquoi est-ce qu'on ne peut pas boire du vin simplement, bon sang, pourquoi est-ce qu'il faut toujours qu'il y ait toute une cérémonie ? Et s'il ne trouve pas d'idée pour son toast, il dit “À nous”, ce qui, tu es d'accord, ne veut absolument rien dire. C'est juste des mots en l'air.

— C'est vrai, quel connard ! approuva Valerie en riant. Je me demande comment je peux le supporter. »

Mary se mit à rire elle aussi, tout en essayant de trouver d'autres petites manies de Jeff. Il y avait ce bruit qu'il faisait avec sa langue, mais ce n'était pas assez fréquent pour pouvoir compter.

« Maintenant que tu le dis, reprit Valerie, je vois où tu veux en venir. Mais j'ai de la chance, j'imagine, parce que Jeff n'a qu'un ou deux tics énervants de ce genre. Ça doit être l'enfer de vivre avec quelqu'un qui en a *des dizaines* ! »

Le rire de Mary s'évanouit progressivement. « Ouais, dit-elle.

— Pas étonnant que tu sois dans tous tes états. Je serais pareille. *À ta place.* »

Mary finit par comprendre qu'elle était allée trop loin.

« D'accord, dit-elle, je suis désolée. Je ne devrais pas être là à dire du mal de Jeff. Je devrais dire du mal de Peter.

— Exactement. Je te ressers du vin ? »

# 8

Lorsqu'il tourna le dos au père Duff, Umberto s'enfuit plus ou moins en courant. Il se disait que le type n'allait certainement pas le suivre si cela devait requérir une sérieuse dépense d'énergie. Il n'avait pas trop l'air du genre sportif. Et en plus, il avait sa messe qui l'attendait.

Umberto se rendit jusqu'à Sainte-Anne, son ancienne école primaire. Il allait souvent traîner dans la cour goudronnée, à donner des coups de pied dans les cailloux et jeter un œil par les fenêtres. C'était un endroit un peu isolé, au bout d'une petite route en bordure de la ville, et il trouvait le lieu paisible. Il avait sans nul doute été plus heureux là qu'il ne l'était au collège. Ce qui lui plaisait, entre autres, à l'école primaire, c'était le fait de n'avoir qu'un seul professeur, quelqu'un qu'on pouvait arriver à comprendre, sans aller jusqu'à l'apprécier. Prenez M. Maguire, par exemple, qu'Umberto avait eu deux années de suite.

On savait qu'il était susceptible d'accepter des excuses absurdes pour un retard ou des devoirs pas faits, mais qu'il pétait complètement les plombs dès qu'on parlait en classe. Au collège, il y avait un prof différent pour chaque matière, et il n'était pas évident de connaître leurs goûts et leurs manies. Un crime qui passait à peu près inaperçu avec l'un pouvait vous envoyer tout droit dans le bureau du dirlo avec un autre.

Mais ce qu'Umberto aimait par-dessus tout à l'école primaire, c'était qu'il ne s'y était pas senti différent. Les gens disent toujours que les enfants sont cruels, mais Umberto n'était pas d'accord : c'était surtout des adolescents qu'il fallait se méfier. Selon lui, il manquait aux enfants l'expérience et le savoir-faire nécessaires à l'élaboration d'une véritable cruauté. Les adolescents, en revanche, avaient suffisamment de vécu derrière eux pour savoir comment blesser quelqu'un pour de vrai.

À l'école primaire, il n'avait jamais rien enduré de plus méchant que d'être parfois surnommé « Bumberto ». Au collège, on aurait dit que sa vie entière était jetée en pâture à tout le monde. Son père était non seulement un Ricain, mais un riche. Sa mère s'habillait comme une cambrioleuse et se pavanait comme si toute la ville lui appartenait. Ni l'un ni l'autre n'avait de vrai travail, et tous les deux étaient des snobinards qui pétaient plus haut que leur cul. Pire encore, quelque part entre la fin de l'école primaire et le début du collège, Umberto s'était mis à avoir des opinions. Dans sa jeunesse (qui allait selon lui de zéro à douze ans), jamais il ne s'était embêté avec des choses pareilles. Il y avait déjà tellement de convictions viscérales qui circulaient dans sa maison, dont il ne comprenait pas la moitié, qu'il n'osait même pas imaginer le jour où il aurait envie de contribuer lui aussi au vacarme ambiant. Bien sûr, il préférait la mayonnaise au ketchup et il trouvait Batman plus cool que Spiderman, mais il s'agissait de simples préférences. Si un camarade de classe s'avisait de dire qu'il préférait Spiderman, Umberto se contentait de passer son chemin en haussant les épaules. Chacun ses goûts.

Cette époque était révolue. Il avait commencé à se forger une vision du monde et réagissait avec étonnement et vivacité chaque fois qu'elle était menacée. Désormais il levait la main au moins une fois par cours. Était-il vrai que... ? N'avait-il pas lu quelque part que... ? Le professeur pensait-il réellement que... ? Il remettait tout en question, depuis la composition chimique de l'air jusqu'aux causes souterraines de la Première Guerre mondiale. Au début, ses interventions étaient saluées par tout le monde. Les enseignants étaient impressionnés par sa rigueur intellectuelle, son désir d'aller jusqu'au fond des choses. Ses camarades appréciaient l'interruption, car il était fréquent que ces échanges tournent au débat passionné, la leçon en cours étant totalement oubliée. Mais, très vite, son esprit de contradiction finit par s'ajouter à la liste des choses qui faisaient de lui une cible facile. Il n'était jamais agressé à proprement parler, mais il était devenu un objet de raillerie plus souvent qu'à son tour.

Ç'aurait pu être pire, il en était conscient. Il aurait pu être à la place de Spazmo Lavery, qui avait un cheveu sur la langue, une peau à boutons et des trous dans ses vêtements. Il ne s'écoulait pas un jour sans que Spazmo ne reçoive un crachat, un croche-pied, ou même un coup de poing dans le ventre sans aucune raison. Son caractère de cochon n'arrangeait certes pas son cas. Umberto avait essayé à plusieurs reprises de nouer la conversation avec lui, et chaque fois il s'était vu répondre d'aller se faire foutre, se faire mettre ou se faire enculer. Bien qu'il eût fini par renoncer, il ne pouvait pas s'empêcher de se demander quel genre d'adulte Spazmo deviendrait. Pas quelqu'un de très heureux, sans doute.

Il fallait être conscient de sa chance.

Assis sur une marche devant l'entrée principale de l'école, Umberto fouilla dans ses poches et en sortit deux capsules vides de sang artificiel. Il les avait achetées au dernier Halloween, en même temps qu'un faux doigt tranché et qu'une boîte de boules puantes. Il n'avait de projet précis pour aucun de ces objets, mais il les trouvait cool. Il avait perdu le doigt et jeté les boules puantes, décrétant que c'était un truc puéril et indigne de lui. Mais il avait gardé les capsules, comme une sorte de lubie.

Ce ne fut qu'après la visite du prêtre dans sa classe que l'idée des stigmates lui était venue. Umberto trouvait profondément intéressant tout ce qui touchait à la religion, mais, surtout, il était fasciné par les miracles. Les gens y croyaient-ils vraiment, ou étaient-ce de simples métaphores ? Il avait voulu poser la question au prêtre, mais les ricanements de ses camarades l'avaient dérouté. C'était à ce moment qu'il avait décidé de lancer quelques recherches sur le sujet. Il suffisait de tomber sur un fidèle raisonnablement crédule, une vieille femme, dans l'idéal, et de la mettre à l'épreuve. Il y avait de fortes chances pour que sa victime perce à jour son tour de passe-passe amateur et lui rie gentiment au nez. Il rirait lui aussi, avant de lui demander pourquoi elle croyait les histoires de stigmates que racontaient les gens (ou les histoires d'apparitions, ou de guérisons miraculeuses). Le quiz sur les dix commandements n'était qu'un échauffement, tout divertissant qu'il fût par ailleurs.

Mais le prêtre rondouillard était venu s'interposer alors qu'Umberto s'apprêtait à passer aux choses sérieuses. Qu'à cela ne tienne : un authentique serviteur de Dieu ferait un bien meilleur cobaye encore que la vieille bique. Et les capsules avaient assez bien fonctionné, songeait-il. La couleur était peut-être un poil trop vive, mais elles avaient éclaté dès qu'il les avait pressées. Il avait pris soin auparavant de se faire un petit trou au centre de chaque paume avec la pointe d'un Bic et, en les observant à présent, il devait reconnaître que le résultat était assez impressionnant. Elles n'auraient pas résisté à un examen attentif, bien sûr, mais il ne les avait exposées que l'espace d'une seconde. L'expression sur le visage du prêtre... Umberto en riait tout haut. Que pouvait-il être en train de faire, à l'heure qu'il était ? Était-il au téléphone avec l'évêque, à qui il racontait le miracle en pleurant ? Ou, ce qui était plus vraisemblable, était-il assis dans son fauteuil préféré, doutant brusquement de sa foi ? Voilà qui était un dilemme intéressant pour cet homme.

Il sourit et se leva pour rentrer chez lui.

Lorsqu'en franchissant la porte il trouva Mary et sa mère assises au coin du feu, il comprit aussitôt qu'il venait de rater quelque chose. Mary parlait à toute vitesse en faisant des gestes avec les mains, dont l'une agrippait un verre de vin. Elle sembla s'arrêter au milieu d'une phrase. Après quoi sa mère et elle échangèrent un regard. Leurs quatre yeux s'écarquillèrent de manière imperceptible.

« Je ne t'ai pas entendu rentrer, fit remarquer Valerie. Tu étais où ?

— Quelque part », dit-il en s'asseyant.

Mary lui glissa un coup d'œil. « Tu m'as l'air bien mystérieux.

— Nan, pas vraiment. Alors, vous étiez en train de parler de moi, ou quoi ?

— Pardon ? fit Valerie.

— À l'instant, là. Vous disiez quelque chose que je n'étais pas censé entendre. Vous voulez que je vous laisse ?

— On ne parle pas toujours de toi, tu sais, Umberto. Il nous arrive d'avoir d'autres sujets de conversation. »

Umberto dévisagea Mary, qui détourna immédiatement la tête.

« Je m'en vais, de toute façon, rétorqua-t-il. Je meurs de soif. Vous, ça a l'air d'aller, de ce côté-là. »

Elles regardèrent toutes les deux leurs verres pour s'assurer que tel était bien le cas. « Ouais, ça va », confirma Mary.

Umberto se dirigea vers la cuisine. Il ferma la porte derrière lui et colla direct une oreille contre le panneau. Les secondes s'écoulèrent. Rien. Il aurait dû les entendre, pourtant. Ou bien elles se taisaient, ou bien elles parlaient à voix plus que basse. La deuxième solution, sans doute : il n'imaginait pas sa mère garder le silence plus de vingt secondes d'affilée. Puis il entendit Mary dire quelque chose, mais il ne réussit à comprendre qu'un seul mot : « Peter ».

Il resta là encore quelques minutes, sans que le son ne s'améliore.

Mary en pleurs un jour. Du vin en plein après-midi le lendemain. Des conversations sérieuses sur Peter interrompues à la hâte. Il se passait quelque chose, c'était clair.

# 9

Le lundi matin, Mary donna une dizaine de coups de pied dans la porte du magasin et débita tous les jurons de son vocabulaire avant de se rendre compte qu'elle n'avait pas pris la bonne clé. C'était le genre de chose qui se produisait systématiquement quand elle n'avait pas eu ses dix heures de sommeil. À tous les coups, elle allait passer la journée à se tromper en rendant la monnaie et à attraper l'agrafeuse chaque fois que le téléphone sonnerait. Guère réjouissant, comme perspective. Cela dit, elle n'était plus à la maison, et ça au moins c'était une bonne chose... Enfin, pas sûr... Était-ce une bonne chose que de préférer être au travail plutôt que chez soi ? Non, sûrement pas.

Musique Boutique était le seul vrai magasin de disques en ville. Deux ou trois supermarchés prétendaient bien avoir un rayon musique, mais ils ne possédaient pas de personnel compétent et ne s'aventuraient jamais au-delà de la zone balisée du top vingt. Mary n'avait que vingt-quatre ans quand elle avait acheté la boutique et l'intégralité de son stock pitoyable, après que l'ancien propriétaire avait fini par admettre qu'un commerce florissant devait ouvrir plus de deux jours par semaine et avait jeté l'éponge. Billy Carey était l'ex-leader d'un groupe de rock et il aurait pu réussir sa reconversion sans cette haine farouche qu'il éprouvait à l'égard de toute forme de musique composée après 1960 d'une part, et sans son alcoolisme rampant de l'autre.

Elle en était alors à son quatrième emploi à plein temps (assistante personnelle d'un comptable terrifiant) et ne possédait ni diplôme d'études supérieures ni véritable expérience professionnelle. Mais elle avait des idées, de la passion, et un diplôme de cours par correspondance en comptabilité élémentaire. Le premier banquier qu'elle était allée voir l'avait laissée expliquer ses projets tout en fredonnant une chanson et l'avait appelée « chère amie », comme dans « Je ne pense pas pouvoir prendre un risque pareil, chère amie ». Le second avait assisté au déclin de la boutique avec consternation, tout en se demandant secrètement pourquoi aucune personne entreprenante du coin ne voulait la reprendre. Quand Mary avait débarqué, avec son enthousiasme inquiet et sa verve rapide, il l'avait écoutée avec attention. Et il l'avait appelée par son prénom.

Elle rouvrait le magasin un mois plus tard.

« Non, répondit Mary, il n'est pas encore arrivé.
— Vous avez une idée de…
— Non. Aucune. Désolée. Revenez la semaine prochaine. »

Mme Sheedy marmonna quelque chose dans sa barbe et sortit. Elle était passée à la boutique tous les jours depuis deux semaines, en quête de la dernière vidéo de Daniel O'Donnell[1]. Le report systématique de sa sortie commençait à affecter sa santé, songea Mary. Elle paraissait plus maigre et plus fragile à chacune de ses visites, le visage oscillant entre espoir et crainte.

Avant d'ouvrir le magasin, Mary avait toujours pensé que Daniel O'Donnell était une pure création des médias. Il constituait une cible facile pour imitateurs paresseux et comiques de troisième zone. Il ne lui avait jamais traversé l'esprit que des gens puissent effectivement acheter ses disques. Et pourtant si. Sans parler des calendriers, des cassettes vidéo et des tasses à son effigie. Chaque fois qu'elle en emballait une en adressant un sourire forcé au client, elle se sentait mourir un peu. Pendant les premiers mois de son installation, elle avait répété à qui voulait l'entendre que sa boutique n'aurait rien à voir avec celle de Billy. Elle avait gardé ce nom ridicule, certes,

---

1. Daniel O'Donnell est un chanteur de musique traditionnelle irlandaise à l'eau de rose. *(N.d.T.)*

mais elle l'entendait au second degré ; Musique Boutique numéro deux allait être quelque chose de complètement nouveau et de complètement différent. Elle fut amèrement déçue de constater que pour chaque client qui voulait savoir quand le prochain album de Teenage Fanclub allait sortir, une dizaine de Danielettes trépignaient devant la caisse en lui agitant leurs billets sous le nez. Elles faisaient tourner le commerce, d'accord, mais elle se sentait quand même autorisée à leur en vouloir un tout petit peu.

Mme Sheedy était passée aux environs de dix heures et demie. Elle fut la seule cliente de toute la matinée. Ces creux réguliers de fréquentation terrifiaient Mary au début, mais elle se fit vite à l'idée qu'à peu près la moitié de son chiffre d'affaires était réalisée le samedi. Il était tout juste midi lorsque la porte s'ouvrit et que le deuxième client de la journée entra. C'était un garçon d'environ seize ans, vêtu d'un tee-shirt noir et d'un short gris effiloché inattendus pour la saison. Son tee-shirt portait l'inscription « Mon autre tee-shirt est au sale ». Mary se demanda pourquoi il n'était pas en cours mais s'abstint de tout commentaire.

« Bonjour », dit-elle alors qu'il avançait – qu'il dégringolait, plutôt – vers le comptoir. Il passa une main sous son tee-shirt et se gratta longuement le ventre avant de répondre.

« Ouais. Je cherche *Kill the Dead.*

— Pardon ? »

Il laissa échapper un profond soupir. « Cockstump ?

— Coq quoi ? »

Nouveau soupir. « Cockstump.

— Oui, j'avais bien entendu. C'est… un groupe ? »

Il détourna les yeux en gloussant. « Laissez tomber, dit-il. Je pensais pas que vous l'auriez. » Il pivota et redégringola en direction de la porte.

« Attendez ! s'écria-t-elle. Je peux le commander.

— Non, c'est bon, *never mind* ! » rétorqua-t-il sur le pas de la porte. Puis il se retourna et émit un ricanement comme seuls les adolescents savent le faire. « C'est aussi le titre d'un album[1]. Vous connaissez ?

— Espèce de petit con arrogant ! » lança-t-elle à la porte fermée.

Le client numéro trois déboula juste après la pause-déjeuner. Mary avait le regard perdu dans le vague à ce moment-là, se demandant si c'était vraiment une bonne idée d'écouter un disque aussi mélancolique que celui d'Emmylou Harris vu son état d'esprit.

« Bonjour, lança Finbarr Grealey tandis que la porte se refermait derrière lui. Pas une mauvaise journée, hein ?

— Pas mauvaise, non », reconnut Mary. Finbarr lui sourit avant de se tourner vers le rayon rock et pop.

---

1. En anglais, *never mind* signifie « tant pis », et c'est aussi le titre de l'album qui a révélé le groupe Nirvana en 1991. *(N.d.T.)*

À l'époque où il avait commencé à fréquenter la Musique Boutique, Mary lui faisait la conversation, comme à n'importe quel autre client. Il n'était jamais désagréable ni antipathique, mais il semblait physiquement mal à l'aise quand elle lui parlait. Pas un bavard, songea-t-elle simplement. Il se contentait de fouiller méthodiquement tous les bacs, en démarrant près de la porte par le rayon rock et pop – A et en terminant au centre du magasin par country et western – Z. Il ne repartait jamais les mains vides, jamais. Mary s'émerveillait de ses goûts incroyablement éclectiques (même si elle n'approuvait pas toujours ses choix) et le lui avait dit un jour. Il avait rougi jusqu'à la racine des cheveux et s'était quasiment enfui du magasin. Ce fut le dernier commentaire personnel qu'elle lui avait adressé. Il était un de ses meilleurs clients, et elle ne voulait pas le perdre. À partir de ce jour-là, ils s'en tinrent strictement à Bonjour, Combien je vous dois, Merci, Au revoir. Ce fut donc une sorte de choc lorsque Finbarr se tourna vers le comptoir, lui décocha un sourire forcé et lui demanda comment elle se portait.

« Comment je me porte ? répéta Mary.

— Oui, comment vous allez, quoi.

— J'avais compris. C'est juste que… Je vais bien, Finbarr. Et… et vous ?

— Fabuleux, dit-il en se replongeant dans les bacs. Je ne me suis jamais senti aussi bien. »

Mary sourit tout en réfléchissant à ce qu'elle

pourrait bien encore trouver à dire. Rien ne lui vint à l'esprit. Elle savait quelque chose sur la plupart de ses clients et pouvait toujours leur poser des questions sur leur famille ou leur travail. Mais Finbarr était un mur. Elle connaissait son nom, elle savait qu'il était retraité et qu'il vivait seul, point barre. Difficile d'engager une conversation intéressante avec ça. Elle était sur le point de faire un commentaire au sujet du temps lorsqu'il rompit lui-même ce silence gêné.

« Et comment va votre mari ? » s'enquit-il sans cesser de fouiller dans les CD.

Mary se raidit. Dans sa tête, elle revit Peter en train de sautiller à cloche-pied devant la machine à laver, grimaçant tout en essayant de s'extirper de ses vêtements pleins de vomi. C'était dans cet état qu'elle l'avait trouvé en rentrant de chez Valerie, et elle avait eu envie de rire et de pleurer à la fois. Surtout de pleurer.

« Il va bien lui aussi, répondit-elle. Vous connaissez Peter ? »

Finbarr haussa les épaules. « Seulement de vue. Je connais son visage, quoi. On s'est déjà croisés.

— Ah, d'accord.

— Moi, je me suis jamais marié. J'ai jamais rencontré la femme de ma vie. » Il se tourna vers elle, lui lança un sourire bizarre avant de se concentrer de nouveau sur les disques.

Mary ne savait vraiment pas quoi dire. C'était une véritable logorrhée par rapport à d'habitude.

« Eh ben ! vous ne ratez pas grand-chose, croyez-moi. »

Elle avait lancé ça comme une boutade, mais Finbarr n'eut pas l'air de le prendre sur ce ton. Il s'immobilisa, avant de pivoter lentement sur ses talons et de se diriger vers le comptoir. Il affichait une expression indéchiffrable.

« Pourquoi vous dites une chose pareille ? » demanda-t-il en croisant les bras.

Mary crut détecter une nuance de colère dans sa voix et recula inconsciemment d'un pas. « C'était juste une plaisan…

— Vous devriez vous estimer heureuse, coupa-t-il. Vous n'aimeriez pas vivre toute seule, si ? »

Mary avait une boule dans la gorge. « Non, bien sûr.

— Parce que c'est pas marrant, de vivre tout seul.

— J'en suis consciente. C'était juste…

— Vous devriez vous estimer heureuse », répéta-t-il.

Il y eut un silence pendant lequel ils se regardèrent dans le blanc des yeux. « Mais je m'estime heureuse », finit par dire Mary.

Il lui sourit si brusquement que Mary sursauta. « Je n'en ai jamais douté ! »

Elle lui sourit en retour, une pâle approximation de la béatitude qui avait envahi le visage de Finbarr.

Ce dernier se pencha soudain en avant, ce qui la fit sursauter de nouveau, et attrapa un magazine posé sur le comptoir. « Vous faites un peu de lecture pour passer le temps ? demanda-t-il en le retournant pour voir la couverture.

— Oui... », répondit-elle prudemment. Elle était déconcertée par cette nouvelle familiarité entre eux.

« *Mojo* », dit Finbarr en lisant le titre. Il prononçait *Mo-djo*. « C'est bien ?

— Ouais. C'est pour me tenir informée. »

Il le reposa sur le comptoir. « Y a tellement de magazines en circulation, de nos jours. Vous en lisez d'autres ? À part ceux de musique ? »

Il y avait quelque chose dans son regard qu'elle n'aimait pas trop. Tout d'un coup, elle songea qu'il était peut-être en train de la draguer. Elle se hérissa. « De temps en temps, répondit-elle nerveusement. Ça m'occupe.

— Mais il faut faire attention, non ? Une petite erreur d'inattention et hop, vous risquez de ne pas choisir le bon. » Il se gratta le bout du nez en souriant. « Vous voyez ce que je veux dire ? Avec tous ces magazines sexy qui traînent partout... »

Mary commençait à regretter qu'il n'y ait personne d'autre dans la boutique. Tout ça prenait décidément une tournure étrange. Son ventre se noua et, quand elle ouvrit la bouche, elle constata que sa voix tremblait. « Quoi, par exemple ? Qu'est-ce que vous voulez dire ? *Playboy* ? Je ne risque pas d'acheter *Playboy* par erreur, vous ne croyez pas ? »

Finbarr rit, ou du moins fit une tête bizarre et émit un son du fond de sa gorge. « Non, bien sûr, dit-il. Je parle des magazines féminins. Ils sont tous devenus un peu sexy, maintenant. Pas comme à mon époque. Avant, ils parlaient juste de mode et de recettes de cuisine, d'après ce que je pouvais en voir. Le genre de conneries qui intéressent les femmes, quoi. De nos jours, c'est plus que le sexe, le sexe, le sexe… »

Il eut l'air gêné en disant ça, et Mary se détendit un peu. C'était juste qu'il essayait de faire la conversation et qu'il manquait visiblement de pratique. Elle ne put s'empêcher de sourire. « Oui, vous avez raison, c'est vrai qu'ils évoluent tous dans ce sens-là. Tout fout le camp, qu'est-ce que vous voulez. *The times, they are a-changing.* »

Il ne releva pas la référence musicale, malgré le fait qu'elle lui avait vendu l'album de Dylan quinze jours plus tôt. Mais il parut content de sa réponse ; satisfait, presque. Il opina du chef, se retourna et attrapa un disque sans même le regarder.

« Je vais prendre celui-là », dit-il en lui tendant le CD de *True Blue*.

À présent, Mary voulait simplement qu'il s'en aille. Elle mit le disque dans un sac et encaissa l'argent sans un mot de plus.

# 10

« Ce n'est pas drôle, lança Peter à Mairéad. J'aurais pu me faire sérieusement mal. »

Elle plaqua ses deux mains sur sa bouche et secoua la tête. « Affreux. Affreux. C'est vraiment horrible.

— Hé ! Arrête de rire. D'ailleurs, *je me suis* fait sérieusement mal. Si ça se trouve, je ne pourrai plus jamais marcher normalement. J'aurais pu… »

Il fut interrompu par la sonnerie du téléphone. Mairéad s'efforça d'étouffer son envie de rire et laissa sonner plusieurs fois avant d'être en mesure de répondre. « Data Force, bonjour. Ah, salut, Fiona… Non, non, rien… Non… Non, c'est juste qu'on vient de me raconter un truc drôle, c'est tout… Ouais, il vient d'arriver… Ah, d'accord… Ne quitte pas, je te le passe. » Elle appuya sur un bouton et cria en direction du grand bureau : « David ! C'est Fiona ! Elle a perdu ses clés, à ce que j'ai compris. Ligne deux. » Puis elle se retourna vers Peter, un grand sourire aux lèvres. « Marche jusqu'au mur, pour voir. J'ai pas bien vu, tout à l'heure.

— Je ne suis pas ton jouet, tu sais. J'ai d'autres fonctions dans cette boîte. » Mais il s'exécuta quand même. Mairéad avait un rire léger et musical, que Peter aimait bien provoquer, même dans des circonstances pareilles. Il pivota prudemment et s'éloigna d'elle clopin-clopant, transférant tout doucement son poids d'un pied à l'autre. En atteignant le mur, il effectua un demi-tour acrobatique et revint en sens inverse, grimaçant tout du long. Elle éclata de rire de la même façon que lorsqu'elle l'avait vu entrer, mais cette fois elle eut au moins la décence de paraître sincèrement compatissante.

« Oui, c'est vrai que ça n'a pas l'air... drôle. Tu devrais peut-être aller voir un médecin. Je connais un bon spécialiste de l'aine, il pourra peut-être te rafistoler.

— Ah ah, très drôle.

— Je suis sérieuse. Si tu ne le fais pas pour toi, fais-le au moins pour Mary. Ça ne doit pas être marrant pour elle que tu sois hors service comme ça. »

Mairéad avait la cinquantaine, mais elle avait l'habitude de faire des allusions quotidiennes à la vie sexuelle de tout le monde au bureau. En général, ils lui répondaient sur le même ton. Quand elle vit que Peter n'était visiblement pas d'humeur, elle laissa son sourire s'estomper.

« Oh, je suis désolée, Peter. Ça doit faire vraiment mal. Terry s'est fait une déchirure de l'aine en jouant au foot un jour, et on aurait dit l'Antéchrist pendant une semaine. Va t'asseoir, je t'apporte une tasse de thé.

— Merci, Mairéad. Je crois que je serai mieux assis.

— Et je passerai à la boutique à l'heure du déjeuner pour donner à Mary le numéro de ce médecin. Au cas où elle n'en puisse plus d'attendre. »

Peter n'esquissa pas le moindre sourire. Mairéad haussa les épaules et alla lui chercher un thé. « Tu as perdu ton sens de l'humour, lança-t-elle par-dessus son épaule. Tu es en train de déguster, c'est pas des chichis. »

David et Pat-le-chef étaient assis autour d'une vaste table ovale dans le grand bureau lorsque Peter fit son entrée en boitant. Ils appelaient ça « le grand bureau » pour le différencier du seul autre bureau, une pièce de la taille d'un placard que Pat occupait quand il n'était pas en rendez-vous extérieur pour racoler des clients. À part la table de réunion, la pièce comportait deux bureaux, un pour Peter, un pour David, ainsi que des montagnes d'ordinateurs, de claviers, de moniteurs, de souris et d'imprimantes au rebut. Certains de ces appareils étaient définitivement irréparables, d'autres avaient simplement besoin d'un peu d'amour et d'attention. D'autres encore marchaient parfaitement bien. Au moins une fois par semaine, Pat se jurait d'essayer de savoir lesquels.

« La vache, s'exclama Peter en constatant leurs mines d'enterrement. Quelqu'un est mort ? »

David releva la tête, fit la grimace. « Ouais, la grand-mère de Pat. »

Peter ravala sa salive. « Tu plaisantes ? »

David secoua lentement la tête.

« Merde, dit Peter. Je suis désolé, Pat, je ne savais pas. Mairéad aurait pu me le dire, quand même. »

Pat se pencha en avant pour apercevoir la minuscule aire de réception où Mairéad travaillait. « Mairéad ! » hurla-t-il dans sa direction.

Elle se trouvait toujours à la cuisine, et sa voix leur parvint atténuée. « Oui ?

— J'ai oublié de te dire. Ma grand-mère est morte, hier soir. »

Elle déboula dans la pièce en moins de deux secondes. Peter, qui lui tournait le dos, se dit qu'elle avait dû escalader son bureau.

« Oh, non, dit-elle en s'appuyant contre le chambranle de la porte. Je suis désolée. Je ne savais pas qu'elle était malade. »

Pat se laissa retomber contre le dossier de sa chaise. On aurait dit, comme d'habitude, un gros adolescent dégarni qui aurait emprunté le costume de son père. « Elle n'était pas vraiment malade, en fait… Elle est juste morte. Pendant une coupure publicitaire du télé-achat. Enfin, c'est ce qu'on m'a dit.

— La pauvre », soupira Peter.

Pat sourit à cette évocation. « Elle adorait le télé-achat. Elle trouvait qu'il y avait quelque chose de réconfortant dans le sourire du présentateur. Elle m'en avait parlé la dernière fois que je suis allé la voir dans sa maison de retraite. Elle disait qu'elle ne comprenait jamais rien aux objets qu'il montrait, mais qu'elle ne pouvait pas s'empêcher d'admirer ses dents. Elle prenait le contrôle de la télécommande tous les dimanches soir et les obligeait tous à regarder. Tous les vieux. Je crois qu'elle avait un petit faible pour lui, en fait. »

Tout le monde hocha la tête en silence.

« Elle a bien profité de la vie, cela dit. Quatre-vingt-deux ans. »

Nouveaux hochements collectifs. Il y eut un moment de gêne. Puis le téléphone sonna et Mairéad repartit répondre. « Toutes mes condoléances, lança-t-elle par-dessus son épaule.

— Enfin bref, conclut Pat. La vie continue. Le problème, c'est que les obsèques ont lieu mercredi, donc je ne peux absolument pas aller à Dublin pour ce truc. Il va falloir qu'un de vous deux y aille à ma place. »

Peter et David échangèrent un regard, puis se tournèrent de nouveau vers Pat. Ce « truc » était un séminaire de deux jours d'initiation à Microsoft Windows 2000. Ils assistaient à cinq ou six colloques de ce genre dans l'année ; ou plutôt, l'un d'entre eux y assistait avant d'informer les deux autres sur les nouveautés du logiciel en rentrant. C'était en général Pat-le-chef qui s'y collait, en partie parce que Peter et David étaient invariablement trop occupés avec de vrais clients qui rapportaient de l'argent, en partie parce qu'il était le seul des trois sur qui l'on pouvait compter pour réellement écouter et prendre des notes. Les cours étaient le plus souvent sans intérêt et toujours ennuyeux au plus haut point.

« Moi, je ne crois pas que je pourrai y aller, indiqua David avant que Peter n'ait le temps de dire quoi que ce soit. J'ai beaucoup de boulot, cette semaine. Surtout mercredi. Ça s'annonce très mal pour moi, mercredi. Et jeudi, pas tellement mieux. »

Peter se creusa la tête pour trouver une bonne raison de ne pas y aller lui non plus. C'était trop… Il avait un… Il n'y avait pas de… Il avait mal à…

« À toi de jouer, alors, déclara Pat-le-chef alors que l'esprit de Peter ruminait encore. Et n'oublie pas de piquer des stylos. »

# 11

« C’est un pion, Seamus, pas un fou.

— Ah bon ?

— Oui, je t’assure. Fais-moi confiance. »

Le père Grehan approcha la pièce de son visage et l’examina à la lumière du feu à travers ses lunettes triple épaisseur. « Ben ouais, t’as raison, admit-il. Désolé. Attends voir que je réfléchisse…

— Prends ton temps, répondit le père Duff en se carrant dans son fauteuil. On n’est pas pressés. »

Le père Grehan étudia l’échiquier en se frottant le menton. « Voyons voir… » Au bout d’une minute, il désigna le fou qui lui restait, et qui était demeuré inerte dans un coin du plateau depuis un bon moment. « Celui-là, c’est un fou, non ? »

Le père Duff acquiesça. Bon sang, il aurait bien fumé une clope. « Oui, celui-là est un fou. Mais tu n’es absolument pas obligé de bouger un fou à ce tour-là, Seamus. Tu peux aussi bouger d'autres pièces. Ta reine, par exemple. »

Comme toujours, le père Grehan avait délogé sa reine de son abri au dernier rang à la première occasion. Le père Duff lui avait alors fait remarquer pour la centième fois peut-être qu'un tel déplacement était une erreur tactique qui ne pouvait que se terminer dans les larmes. Mais le vieil homme l'avait rabroué d'un revers de la main, jurant avec sa délectation habituelle que, ayant ainsi le champ libre, sa pièce allait « faire un massacre » sur l'échiquier. En réalité, le père Duff aurait pu lui prendre sa reine trois fois au cours des dix premiers coups, mais il préféra faire semblant d'ignorer son existence. Il avait compris depuis belle lurette que l'unique intérêt de jouer aux échecs avec le père Grehan consistait à voir combien de temps on pouvait s'arranger pour épargner ses pièces sans que ça paraisse suspect.

« Ma reine ? répéta le père Grehan d'un air dédaigneux. Elle est très bien là où elle est. »

Le père Duff laissa échapper un soupir. Son coup précédent venait une fois de plus de placer la reine blanche en danger immédiat de se faire manger (ou « croquer », comme disait le père Grehan). Il n'avait aucune intention de le faire, bien entendu. Il espérait juste que son adversaire verrait la menace et réagirait. Il savait que de telles parades excitaient le père Grehan, qui aimait à se considérer comme un joueur d'une grande finesse stratégique.

Prudemment, le père Grehan déplaça son fou d'une case vers le centre. Puis il se frotta les mains avec un grand sourire, comme s'il venait de tendre un piège maléfique. Le fait que son fou était maintenant en position d'être mangé par le même cavalier noir qui menaçait déjà sa reine lui passa complètement au-dessus de la tête. Le père Duff poussa un soupir d'incrédulité avant de déplacer un pion inoffensif, espérant prolonger la partie de quelques minutes encore. Il avait découvert les échecs six mois auparavant et s'y adonnait depuis avec un zèle de converti, puisant ses connaissances dans un livre emprunté à la bibliothèque, d'abord les règles de base étonnamment simples, puis quelques éléments de stratégie élémentaire. Le seul problème était de trouver un adversaire. Il y avait bien un club d'échecs en ville, mais il avait envie de jouer dans de bonnes conditions, confortablement installé dans son fauteuil préféré, pas sur un tabouret en plastique de la salle communale. Il aurait pu acheter un jeu d'échecs électronique, bien sûr, mais où était l'intérêt ? C'était censé être un jeu de société. Du coup, après avoir lui-même retenu les rudiments, il s'était mis à harceler le père Grehan, qui ne promettait pas de savoir jouer mais accepta d'apprendre, visiblement par pure gentillesse. Cependant, il devint bientôt accro lui aussi, même si ses inquiétudes initiales sur ses capacités étaient plus que fondées. Ce n'était pas seulement sa vue déclinante. Il semblait congénitalement incapable de suivre le déroulement du jeu. C'était comme si sa mémoire était remise à zéro toutes les cinq secondes. Il lui arrivait souvent de ne bouger les pièces qu'une seule fois, comme si, après avoir interrompu leur sommeil il se devait de les laisser tranquilles pour le restant de la partie. Ses « attaques », quand elles avaient lieu, étaient des manœuvres de destruction aveugle, chaque pièce imprudemment précipitée dans la bataille pour finir raflée selon le bon vouloir du père Duff. Sa conception du jeu défensif consistait à bouger frénétiquement son roi d'une case à l'autre dans n'importe quel recoin bizarre de l'échiquier où il l'avait piégé lui-même, jusqu'à ce que son adversaire s'impatiente et lui porte le coup fatal.

Malgré tout, le père Duff appréciait leurs parties. Il avait toujours bien aimé le père Grehan sur un plan personnel, et son respect pour lui ne s'en trouvait que renforcé après chaque victoire inévitable. Il n'avait jamais rencontré personne qui croie aussi sincèrement au vieux dicton : « L'important n'est pas de gagner, c'est de participer. » Il aurait bien voulu faire une vraie partie – il n'avait jamais joué contre personne d'autre – mais c'était la vie, songeait-il. Inutile de se lamenter.

Après une longue hésitation, pendant laquelle il examina l'échiquier à une distance d'environ dix centimètres, le père Grehan jeta son dévolu sur une pièce du deuxième rang et la fit glisser avec précaution sur quatre cases en diagonale.

Le père Duff secoua la tête en souriant pour lui-même.

« C'est un pion, Seamus. Pas un fou. »

La partie s'acheva peu après, lorsque le père Duff décida que c'était le moment. Comme toujours, Grehan se montra philosophe dans la défaite.

« Il m'a manqué un peu de place pour manœuvrer, dit-il. Je suis sûr que je t'aurai, la prochaine fois. »

Après quoi ils s'absorbèrent dans la contemplation du feu, chacun perdu dans ses propres pensées. Le père Grehan affichait un léger rictus qui se transformait régulièrement en sourire béat. Il rejouait la partie dans sa tête, pensa le père Duff, élaborant des plans pour la prochaine fois, jurant de ne pas commettre les mêmes erreurs. Les pensées du père Duff étaient ailleurs. Avec le garçon et ses stigmates.

« Je suis tombé sur un jeune homme étrange, l'autre jour au collège, dit-il d'un ton détaché.

— Ah bon ?

— Un grand gaillard, quatorze ou quinze ans. Différent des autres gamins de sa classe, ça se voyait tout de suite. Plus sérieux, peut-être, ou plus mûr. Mais différent, en tout cas. »

Le père Grehan hocha la tête.

« On était en train de discuter du sacerdoce et tout ça. Les questions habituelles, tu vois. Et puis ce jeune lève la main. Comment je peux supporter d'être prêtre, il me demande, en sachant pertinemment que les gens ne connaissent même pas les dix commandements.

— Arrête. Quel culot !

— Bref, je lui ai répondu, il avait l'air intéressé par ce que je racontais, et c'était tout, je me suis dit. Mais ensuite hier, je me préparais pour la messe de dix heures, et devine qui je trouve planté devant l'église en train de demander aux gens qui entrent s'ils peuvent lui citer les dix commandements ? Il faisait un sondage, qu'il me dit.

— Le petit con !

— Du coup je suis allé lui parler et, pour résumer, euh… il a essayé de me faire gober qu'il était stigmatisé. »

Le père Grehan croisa les bras sur sa poitrine. « Tu rigoles ? Qu'est-ce qu'il t'a dit ?

— Il n'a rien dit. Il avait de l'encre ou du ketchup ou je sais pas quoi sur les mains. Il m'a montré ses paumes et il s'est enfui en courant. »

Le père Grehan remonta ses lunettes sur son nez en reniflant. « Alors ça, c'est la meilleure. À quoi il joue, à ton avis ?

— Aucune idée. Il s'appelle Umberto McKeown. Tu connais sa famille ?

— McKeown, McKeown… Il y en a quelques-uns dans le coin. C'est quoi, ce nom, Umberto ?

— C'est italien, mais lui ne l'est pas. J'ai entendu

quelqu'un de sa classe le vanner sur ses parents. Des *chtarbés*, il a dit. »

Le père Grehan acquiesça. « C'est peut-être le petit-fils de James McKeown, alors. Il a une fille un peu excentrique dont on entend régulièrement parler.

— Et tu ne sais pas où ils habitent, par hasard ? J'irais bien leur toucher un mot.

— Je ne sais pas, mais ça ne doit pas être dur à trouver. Tu es inquiet pour lui, Miles ? Est-ce que tu dirais qu'il est un peu… dérangé ? »

Le père Duff fit la moue. « Non, dérangé non. Pas comme tu l'entends, en tout cas. Mais il y avait quelque chose de bizarre chez lui, la façon dont il insistait, la façon dont il me regardait. Il était… *intéressé*. J'aimerais bien lui parler.

— Intéressé ? Par quoi ?

— Un boulot, peut-être. Je crois qu'on pourrait en faire un prêtre. »

## 12

Il se pourrait fort, songea Peter dans son lit le lundi soir, que je sois en train de devenir cinglé. Son inquiétude provenait du fait que ses mécanismes de pensée d'ordinaire fiables et rationnels s'étaient fissurés et fractionnés au point qu'il en était à entendre littéralement des voix dans sa tête. Des voix qui se disputaient. Et Peter avait l'impression de les écouter en simple auditeur, sans jouer aucun rôle.

Ce n'est pas parce que quelqu'un dit quelque chose que c'est forcément la vérité, disait l'une des voix. Ça tombe sous le sens, non ? On n'est pas obligé de croire quelqu'un juste parce qu'il a formulé une phrase. Et si ce quelqu'un prétendait que Mary se comporte comme ça parce que tu n'es pas bon jardinier, ou parce que tu as mauvais goût dans le choix de tes chaussettes ? Ça ne serait pas la vérité, n'est-ce pas ? Tu en rigolerais. De même que tu devrais rigoler des autres propositions.

Cette voix était calme et autoritaire. Peter la trouva convaincante. L'espace d'un instant. Puis la seconde voix prit la parole, stridente et passionnée.

Peut-être, rétorqua-t-elle. Mais tu as ressenti quelque chose, non ? Tu as senti quelque chose bouger dans ton ventre, les deux fois, avec Finbarr et avec David. Un petit pincement. Un petit pincement de reconnaissance. Tu savais qu'ils pouvaient avoir raison, l'un comme l'autre.

Oh, je t'en prie, répliqua la première voix. « Un petit pincement. » Je n'ai jamais entendu une connerie pareille. C'était de *l'orgueil*, imbécile. Aucun homme n'a envie de laisser penser qu'il ne sait pas s'y prendre avec les femmes, au lit ou ailleurs. N'importe quel type à qui ils auraient émis cette hypothèse aurait eu des doutes, ne serait-ce qu'un instant. Grandis un peu.

La seconde voix devint légèrement hystérique. Et quand elle a vu que tu boitais et que tu lui as expliqué que tu t'étais fait mal à l'aine ? Tu lui as sorti ta superblague. « Je suis foutu, tu lui as dit avec ta voix de Soldat Courage (une de tes meilleures imitations, au passage). Continue sans moi. » Et elle, qu'est-ce qu'elle a répondu ? « Classique. »

Et alors ? demanda la voix numéro un.

Soupir de la voix numéro deux. Pas besoin de s'appeler Sigmund Freud, putain ! Tu lui dis que tu as des problèmes d'entrejambe, et elle te répond « classique ».

Peter attendit que la première voix rétorque. Mais rien. La seconde voix avait maintenant le vent en poupe et ne comptait pas s'arrêter en si bon chemin.

Ensuite tu as essayé d'engager une conversation au sujet de votre anniversaire. Non seulement elle ne voulait pas en parler, mais l'idée même semblait la mettre physiquement mal à l'aise. Regarde la réalité en face, Peter. Il y a un problème grave.

« Merde », dit-il tout haut. Mary murmura dans son sommeil et s'écarta encore un peu plus de lui.

# 13

Chaque année depuis la mort de ses parents, Finbarr s'offrait quelque chose pour Noël. Il n'y avait personne d'autre pour le faire à sa place et puis il avait été sage la plupart du temps, alors pourquoi pas ? Le plus marrant, c'était de se faire la surprise, ce qu'il trouvait relativement facile : il lui suffisait de se prendre une cuite monumentale, de tituber jusqu'au centre-ville, de choisir un cadeau et de courir chez lui pour l'emballer avant de commencer à dessoûler. Le matin de Noël, il descendait à la cuisine sur la pointe des pieds et déchirait son paquet les yeux encore gonflés de sommeil, impatient de découvrir ce qu'il s'était acheté. En règle générale, il était toujours ravi de son choix : un bon pull d'hiver, peut-être, ou un nécessaire de bureau.

Une fois, cependant, c'était en 1998, il avait été amèrement déçu quand il s'était rendu compte qu'il avait acheté une chaîne hi-fi. C'était un cadeau parfaitement inapproprié. Primo, il n'en avait pas vraiment les moyens vu qu'il venait de prendre sa retraite de facteur. (« Je suis un homme de lettres », avait-il l'habitude de dire.) Mais surtout, il ne s'intéressait guère à la musique. Ses parents aimaient bien écouter la radio tandis qu'ils construisaient en silence leurs châteaux de cartes nocturnes, mais Finbarr n'avait jamais compris à quoi tout ça rimait. La musique n'était rien d'autre que du bruit, chaque chanson quasiment indifférentiable de la précédente. Pourquoi son subconscient avait-il soudain décidé de s'y mettre à ce moment-là ? Mystère. Il joua quand même le jeu et passa la période des fêtes à se balader au hasard sur la bande FM. À son grand étonnement, il y prit du plaisir. Quand c'était de la musique, bien sûr ; les animateurs le rendaient fou avec leurs jeux-concours pathétiques et leurs opinions non sollicitées. Il n'était pas fana non plus des publicités à répétition. La solution s'imposait donc. Dès que les magasins rouvrirent, il se rendit tout droit chez Musique Boutique et dépensa plus d'argent qu'il n'était censé se le permettre. Ses premières acquisitions furent *Fear of a Black Planet* de Public Enemy et *Songs for Swingin' Lovers !* de Frank Sinatra. Il les adora tous les deux, et très vite il se mit à acheter au moins un CD par semaine, plus ou moins au hasard (bien qu'il eût un penchant pour les couvertures très colorées). Il maudissait chaque fois sa prodigalité, mais oubliait le prix sitôt qu'il appuyait sur la touche Play. Les cordes et les cuivres, les graves et les aigus ! Finbarr était transporté, invariablement. Un matin pluvieux du mois de février, il s'était présenté à la caisse du magasin avec une sélection plus chargée qu'à l'ordinaire : *Ten* de Pearl Jam, les *Greatest Hits* de Loretta Lynn, et *Le Meilleur Album dance de tous les temps, volume II*. La jeune McKeown lui avait souri en disant qu'il était en train de devenir son meilleur client. Finbarr l'avait pris comme un compliment ; le quatrième de sa vie, d'après ses calculs.

*True Blue* était le premier de tous les albums qu'il s'était offerts qui ne lui plut pas. Il le trouvait pas mal, sans plus. Le son était un peu trop… plastique. Papier glacé. Ou peut-être était-il juste déprimé ce jour-là, à cause du pauvre Peter Ford. (Finbarr était souvent déprimé. Il avait passé des semaines entières au lit, autrefois. Ce n'était pas si dramatique une fois qu'on attrapait le coup.) Il était tellement désolé pour lui. L'expression sur le visage de la petite quand il avait fait allusion à ces magazines… Ça ne faisait aucun doute, elle avait bien eu ce genre de lectures. Et maintenant, voilà qu'il lui venait de drôles d'idées.

Quand le disque se termina, il se leva pour aller se préparer une tasse de thé. Il aimait son thé très fort et le faisait dans une tasse avec trois sachets, chacun pressé comme un citron. Sa tasse portait l'inscription « De l'autre côté », avec une photo de vaches en dessous. En l'honneur de quoi ? Finbarr n'en avait pas la moindre idée. C'était sa tasse attitrée pendant ses dernières années au bureau de poste. Son thé était toujours une grande source d'hilarité parmi ses collègues. « On pourrait presque faire tenir une petite cuillère, là-dedans », lui avait dit un jour Liam Sweeney. Liam était un des rares qui avaient de temps en temps un mot pour Finbarr, et ce dernier le regretta amèrement lorsqu'il partit vivre au Canada.

Quand l'eau de la tasse fut devenue quasiment opaque, il retira les sachets de thé et les jeta dans le sac en plastique blanc qui lui servait de poubelle. Après quoi il ajouta une goutte de lait. Juste une goutte. Il avança les lèvres et aspira bruyamment le bord de la tasse avant d'émettre un grand Ahhhhh de satisfaction, digne des meilleures pubs télé.

Elle ne devait même pas s'abaisser à faire du thé à son pauvre Peter, celle-là. Ce serait trop vieux jeu, pas vrai ? Ce serait rentrer dans le moule de la gentille épouse. Non, elle devait préférer s'enfermer dans la chambre pour lire ce qu'elle ratait. Finbarr savait bien comment ça se passait. Et la prochaine étape n'allait pas tarder : une liaison. Sûrement qu'elle avait déjà repéré quelqu'un, songea-t-il. Le temps de l'évaluer, de le comparer à ce que racontaient les magazines…

C'était triste à pleurer. Et tellement typique des femmes.

Avec qui elle aurait une liaison, voilà la question qui se posait. Elle était séduisante, en tout cas, et n'aurait sans doute que l'embarras du choix. Un client, peut-être, ou un VRP esseulé. Peter était fou d'elle, ça crevait les yeux. Il serait anéanti quand il apprendrait la vérité. Finbarr aurait voulu pouvoir le mettre en garde d'une manière ou d'une autre, lui annoncer ce qui l'attendait s'il ne partait pas la tête haute tant qu'il en était encore temps. C'était ce qu'on faisait, pour un ami.

Il n'avait pas de preuves, cela dit. Juste son instinct viscéral. C'était largement suffisant pour Finbarr, mais ça ne tiendrait pas debout aux yeux de Peter. Ce qu'il lui fallait, c'était quelque chose de tangible, un élément concret qui balaierait le moindre doute. Il pourrait la suivre, par exemple. Avec un appareil photo. Ce serait pas mal, pour commencer. Mais ça représentait beaucoup de travail. Et puis, elle n'en était peut-être pas déjà là. Elle en était peut-être encore au stade de la préméditation.

C'est alors qu'une ampoule s'illumina dans la tête de Finbarr. Il pouvait faire gagner beaucoup de temps à tout le monde, et beaucoup de chagrin à Peter, en aidant un peu les choses lui-même. De toute façon, elle irait voir ailleurs un jour ou l'autre. Pourquoi ne pas en finir le plus vite possible ? Tant qu'il n'y avait pas d'enfants en jeu. Ce serait un peu comme retirer un sparadrap d'un coup. Il n'y avait aucune chance pour qu'il puisse lui-même provoquer sa première infidélité, bien sûr – Finbarr était tout sauf un doux rêveur –, mais il pouvait jouer les admirateurs anonymes. S'il faisait une approche déguisée, elle pourrait être tentée. Lui envoyer des fleurs avec un mot. L'inviter à le retrouver dans un endroit romantique et prendre des photos à cette occasion.

Non. Une photo d'elle en train d'attendre ou de regarder sa montre dans un petit recoin sombre ne signifierait rien du tout. Elle pourrait aussi bien avoir rendez-vous avec une amie ou n'importe qui. Et, connaissant sa veine, à tous les coups elle le verrait. S'il pouvait faire en sorte qu'elle lui écrive une lettre ou qu'elle lui laisse un message quelque part… Ouais, voilà ! Un message téléphonique. Un aveu de sa propre bouche.

Le seul problème, c'était que Finbarr n'avait pas de téléphone, encore moins de répondeur. Il n'en avait jamais vu l'utilité, pour la même raison qu'il n'avait jamais vu l'utilité de décorer sa maison. C'était une urgence, cela dit. Il fallait savoir faire des exceptions. Et puis d'ailleurs, est-ce qu'il n'avait pas fantasmé récemment sur ces jeunes gens insouciants dans les publicités pour les téléphones portables, qui passaient leur temps à rire, papoter et organiser leurs soirées ? N'était-ce pas pile le prétexte qu'il lui fallait ? Et peu importe que personne ne l'appelle jamais. Le simple fait de posséder un tel objet ne pouvait qu'être bon pour le moral.

Et au diable l'avarice. Peter ne ferait-il pas exactement la même chose pour lui, si les rôles avaient été inversés ?

## 14

James et Elizabeth vinrent en visite le mardi soir. Peter en fut informé au moment où la porte sonna. C'était une des premières phrases que Mary lui adressait ce soir-là.

« Ah, oui, dit-elle, j'avais oublié. Mes parents doivent passer ce soir. »

Il était sur le canapé, en chaussettes, zappant d'une chaîne à l'autre en se gratouillant. « Quoi ? s'exclama-t-il en se redressant. Pour quoi faire ? »

Mary haussa les épaules. « Pour nous voir. »

Leur présence ne le dérangeait pas. Au contraire, même, depuis que ses propres parents étaient partis vivre dans le Donegal. Mais d'habitude, il était prévenu un peu à l'avance. Mary était allée leur ouvrir et les avait fait entrer avant même que Peter n'ait eu le temps de remettre ses chaussures. Il était encore aux prises avec elles lorsque le trio déboula dans le salon. Mary continua sa route jusqu'à la cuisine en bredouillant quelque chose au sujet d'un thé et de gâteaux. James et Elizabeth, comme toujours, restèrent plantés sur le pas de la porte, attendant qu'on les invite à s'asseoir.

« J'espère que tu ne remets pas tes chaussures à cause de nous », lança James.

Peter releva la tête en souriant. « En temps normal ça me serait égal, mais aujourd'hui j'ai des trous à mes chaussettes. »

James sourit, ou plutôt accentua son froncement de sourcils. Puis il agrippa la main de Peter et la secoua avec énergie trois fois de suite, comme à l'accoutumée.

« Alors, comment ça va ? demanda Peter. Asseyez-vous, asseyez-vous.

— Nous allons très bien, je te remercie », répondit Elizabeth en s'asseyant délicatement sur le bord d'un fauteuil. Pour une raison que Peter avait du mal à cerner, sa belle-mère s'adressait parfois à lui comme quelqu'un qui aurait appris l'anglais avec une méthode sur cassettes. « Tu travailles beaucoup, en ce moment ? s'enquit-elle.

— Ouais, c'est un peu la folie, ces derniers temps. Et je dois aller suivre un cours à Dublin, demain et après-demain.

— Un cours ? s'étonna James. Quel genre de cours ? Je croyais que tu étais déjà un expert. » Par opposition à Elizabeth, James s'était enfoncé si profondément dans son fauteuil que son cou avait disparu. Cette posture conférait à ses mots un certain ton menaçant, mais Peter savait que ça ne partait pas d'une mauvaise intention. Il était habitué à la manière dont lui parlait James, et la considérait comme une sorte de compliment. C'était bien mieux, par exemple, que la façon dont il parlait à Jeff.

« Juste une petite mise à jour, James, expliqua-t-il. Les choses changent très vite, en informatique. On est obligé de…

— Dis-moi une chose, l'interrompit James. Qu'est-ce qui s'est passé avec cette histoire de bug du millénaire, finalement ? Tu m'as foutu les boules avec ça à Noël dernier. Tu t'en souviens, Elizabeth ? Il ne parlait que de ça.

— Surveille ton langage, lui rétorqua sa femme. Nous sommes chez des gens.

— Oui, je me souviens qu'il ne parlait que de ça, intervint Mary, qui revenait avec un plateau. Les avions qui allaient tomber du ciel, les coupures d'électricité, les ruptures d'approvisionnement dans les magasins, et le fait qu'on serait tous obligés de… »

Peter préféra écourter. « Heureusement, les professionnels avertis de l'industrie des technologies de l'information ont su réagir à temps et sauver le monde. *Ouf !* »

Il avait dit ça avec un sourire, mais il n'avait pas pu s'empêcher de paraître un peu sarcastique. Elizabeth s'avança davantage vers le bord de son fauteuil, au point qu'elle risquait réellement de tomber par terre, à présent. James, lui, se carra encore plus profondément dans le sien et se mit à regarder fixement ses genoux.

« Un vrai héros », commenta Mary en repartant à la cuisine.

Peter vit James et Elizabeth échanger un regard nerveux.

« Alors, comment va cet orteil, James ? s'empressa de demander Peter tout en servant le thé. Ça cicatrise ? »

James s'était récemment fait tomber un marteau sur le gros orteil du pied gauche. Ce n'était pas une blessure grave – aucun os de cassé – mais il avait quand même appelé Mary quatre fois depuis pour la tenir au courant en temps réel de l'évolution de la situation.

« Je me demande ce qui retient encore cet ongle à mon doigt, répondit-il avec gravité. L'habitude, sans doute. C'est comment, Elizabeth ? Dis-lui. »

Sa femme haussa les épaules. « Ça a l'air très douloureux.

— Mais dis-lui de quelle couleur c'est. »

Elizabeth laissa échapper un soupir. « C'est violet.

— Violet, mon cul ! C'est noir.

— Violet foncé, oui.

— C'est noir ! Regarde… »

Mary revint avec le pot de lait qu'elle avait oublié, au moment où James défaisait rageusement son lacet. « On enlève nos chaussures, maintenant ? lança-t-elle.

— C'est ton père qui nous montre son orteil,

expliqua Peter en essayant de prononcer cette phrase du ton le plus détaché possible.

— Pour l'amour de Dieu…, se contenta de dire Elizabeth en se cachant les yeux.

— Noir », répéta simplement James. Il avait retiré sa chaussure et s'attaquait prudemment à sa grosse chaussette marron. Les yeux écarquillés de concentration, il la fit glisser jusqu'au bout de son pied, tressaillant légèrement.

« Ça te fait encore mal, papa ? demanda Mary en s'asseyant sur un fauteuil.

— Horriblement, admit James. J'ai à peine fermé l'œil cette nuit. »

Elizabeth haussa les sourcils derrière le rebord de sa tasse. « Tu faisais semblant de ronfler, alors ? »

James ne répondit pas. Il finit d'ôter sa chaussette et tendit la jambe pour que tout le monde puisse profiter du spectacle. L'orteil en question était enveloppé dans une boule de coton grise attachée avec du ruban de Noël. Le ruban était décoré de petits bonshommes de neige.

« Oh, papa, protesta Mary, qu'est-ce que c'est que ça ? Tu ne pouvais pas aller chez le médecin ? Te faire soigner correctement ? Ou au moins acheter de quoi faire un vrai bandage ?

— Ou au moins du ruban uni, renchérit Peter.

— Pourquoi dépenser de l'argent pour rien ? » rétorqua James. Mary lança un regard désespéré à sa mère, qui lui répondit par un haussement d'épaules.

Le ruban et le coton faisaient comme une chapka autour de l'orteil. James la retira avec précaution, poussant de petites expirations saccadées en grimaçant.

« Regardez-moi ça », dit-il.

Tout le monde, sauf Elizabeth, se pencha en avant pour admirer la chose. Son pied imberbe était du même gris que le coton et gigotait sur la moquette comme un poisson sorti de l'eau. Peter ne put s'empêcher de renifler sans s'en rendre compte. Ça n'empestait pas à proprement parler, mais ça sentait les pieds comme il se devait. Aucun des orteils de James n'avait l'air très en forme. Ils étaient tous remarquablement longs, comme des doigts miniatures, et arboraient un certain nombre d'égratignures et de cicatrices. Ses ongles, à l'évidence, étaient laissés en jachère depuis un bon moment. Ils se recroquevillaient au bout, emprisonnant un film de poussière. Mais ces imperfections mineures n'étaient rien comparées au carnage de son gros orteil, qui avait doublé de volume et paraissait palpiter de douleur.

« Nom d'un chien ! s'exclama Mary.

— Tu l'as dit. Et encore, c'était bien pire que ça, rétorqua James, visiblement satisfait de sa réaction. C'est beaucoup moins noir qu'avant. »

D'après ce que Peter pouvait voir, ce n'était même plus noir du tout. Mais les couleurs en présence étaient cependant tout à fait spectaculaires dans leur genre.

Elizabeth se pencha à son tour pour jeter un coup d'œil et opina du chef dans son coin. « Violet foncé », marmonna-t-elle.

James se tourna vers elle. « Qu'est-ce que tu racontes ? souffla-t-il. C'est noir ! Sous l'ongle ! Noir ! Regarde, bon sang ! »

Elizabeth ne dit rien et détourna la tête.

« T'es devenue aveugle, ma parole ! »

Mary tapota gentiment le genou de son père. « C'est bon, papa, calme-toi et bois ton thé.

— Calme-toi, mon cul ! Je pourrais perdre mon pied qu'elle ne broncherait pas ! »

Elizabeth regarda Peter en penchant légèrement la tête sur le côté et en se mordant la lèvre inférieure. C'était un geste pour s'excuser au nom de son mari. Peter lui sourit afin de lui signifier qu'il n'y avait pas de quoi s'excuser.

« Tu sais bien que ce n'est pas vrai, papa, répondit Mary. Remets ta chaussette et on va… »

James l'interrompit par un grognement et brandit sa boule de coton. « Il faudrait que je perde une jambe pour qu'elle *commence* à s'inquiéter. Il faudrait que j'arrive un jour à cloche-pied en portant ma putain de jambe coupée sous le bras pour qu'elle…

— Et quel est le sujet de ton cours d'informatique, Peter ? » demanda poliment Elizabeth.

James se tourna vers Mary tout en montrant du doigt Elizabeth comme un enfant cafardeur. « Tu as vu ça ? Tu as vu comme elle fait exprès de m'ignorer quand ça l'arrange ? C'est exactement le genre de truc qui me rend cinglé. Ça me rend cinglé ! »

Peter se demanda s'il fallait qu'il réponde à la question d'Elizabeth. Il était toujours en train d'y réfléchir lorsqu'elle secoua la tête en disant : « Est-ce que tu as déjà rencontré au cours de ta vie quelqu'un d'aussi hypocrite ? C'est lui qui passe le plus clair de son temps à m'ignorer ! » Elle s'adressait à Peter, comme si James n'était pas là.

Il y eut un moment de tension dans l'air. Peter se rendit compte qu'il était agrippé à ses genoux, les doigts crispés. Même s'il avait l'habitude de les entendre se chamailler ainsi, l'ambiance était en général plutôt bon enfant. Là, ça prenait des allures de véritable dispute. Pourtant, cela cessa aussitôt.

« Chhht ! Tu n'as rien entendu, Mary ? demanda James avec un clin d'œil. Il m'a semblé entendre un bruit par là-bas. Quelqu'un a parlé ? »

Elizabeth lui donna une petite tape sur l'épaule. « Quel comédien, celui-là, soupira-t-elle. J'ai épousé un comédien. »

James continua à faire semblant de chercher l'origine du bruit, ignorant ostensiblement Elizabeth. « Ça recommence ! Tu as entendu, cette fois, Peter ? »

Tout le monde rit de bon cœur, sauf Mary.

Ils restèrent un peu plus d'une heure, ce qui était une visite exceptionnellement longue pour eux.

« On va y aller, annonça James après avoir vidé sa troisième tasse de thé. On vous laisse tranquilles.

— Écoutez-moi ça, répliqua Elizabeth. La vérité, c'est qu'il veut rentrer à la maison avant le début de *Friends*.

— N'importe quoi ! protesta James en se levant. Tu serais capable de passer toute la nuit ici, si je ne t'en empêchais pas. Dans leurs pattes.

— Je ne sais pas pourquoi tu ne veux pas simplement admettre que tu aimes cette série. Ou plutôt, les filles de cette série, devrais-je dire. »

James croisa puis décroisa les bras. Et les recroisa encore. « C'est très bien écrit, dit-il d'un air hésitant. C'est très intelligent.

— Monica ou Rachel ? » demanda Peter.

James regarda ses pieds. « Phoebe », marmonna-t-il.

Plus tard, après avoir débarrassé, Peter et Mary se retrouvèrent assis en silence sur le canapé.

« Qu'est-ce qui te fait sourire ? » finit par demander Mary.

Le sourire de Peter s'accentua. « Ton père et ta mère.

— Et qu'est-ce qu'ils ont de si drôles, mon père et ma mère ? »

Il fut dérouté par son ton accusateur. « Je ne me moque pas d'eux, Mary. Je les trouve juste amusants.

— Ah oui ? Et qu'est-ce qu'il y a de si amusant ? Amusant comment ?

— Tu as revu *Les Affranchis*, ou quoi ?

— Hein ?

— Laisse tomber. Tu es juste gênée parce que ce sont tes parents ; à part toi, tout le monde les trouve tordants. Et c'est une superpub pour le mariage. »

Elle se redressa vivement. « Tu plaisantes ? Si ça, c'est une superpub, je n'aime mieux pas en voir une mauvaise.

— Écoute, ils rigolent encore ensemble, ils sont toujours en train de se chamailler et de plaisanter. » Il marqua une pause. « Je trouve que c'est... encourageant. »

Elle ne répondit pas. Peter comprit qu'une fois de plus il avait dit quelque chose qu'il ne fallait pas, mais il commençait à se familiariser à ce sentiment. Aussi laissa-t-il le silence s'installer. Lorsqu'il le fut au point de devenir inconfortable, Peter se mit à chercher la télécommande.

« Voyons ce qu'il y a à la téloche », grommela-t-il.

Le tube cathodique se réchauffa et le lieutenant Worf apparut à l'écran.

« Merde, s'exclama Peter en changeant de chaîne. Encore un épisode de *Star Trek*. Ça passe cinq fois par jour, ou quoi ? Je me demande bien ce que les gens y trouvent. Vraiment, je me demande. »

Mary se leva sans rien dire et monta se coucher.

De bonne heure, encore une fois.

# 15

D'aussi loin qu'il s'en souvienne, les parents d'Umberto l'avaient toujours mis en garde contre un groupe de gens peu recommandables appelés les philistins. C'était la lie de l'humanité, ces gens-là, et s'il s'aventurait ne serait-ce qu'à leur adresser la parole une seule fois, il était voué à une existence de malheur et d'ennui. Les philistins, lui avait-on expliqué, étaient non seulement profondément ignorants et antipathiques en eux-mêmes, mais c'était aussi à ça qu'ils voulaient que tout le monde ressemble.

Enfant, Umberto écoutait la leçon avec attention, hochant la tête avec toute la gravité qu'il pouvait rassembler et jurant formellement qu'il s'enfuirait en courant s'il en croisait un sur son chemin. Valerie et Jeff ne le savaient pas, mais leurs recommandations étaient vaines. Umberto n'avait pas tout à fait saisi le message, hélas, et grandit par conséquent avec une peur irrationnelle des *Flintstones*. Il avait onze ans lorsqu'il comprit son erreur, mais encore à présent la seule vue de Fred et Wilma Pierrafeu le faisait blêmir et frissonner d'effroi[1].

Au grand étonnement de leur entourage, Valerie et Jeff ne voyaient pas d'objection majeure au média qu'était la télévision. Il y avait quelques émissions sur l'art qu'ils ne rataient jamais, bien sûr. Si on comptait parmi les invités un artiste alcoolique, une féministe controversée et au moins un poète en colère, ils jubilaient devant leur poste. Mais ils aimaient aussi regarder n'importe quelle émission accueillant des membres du grand public, ou « les benêts », comme ils disaient. *Une famille en or* était une de leurs préférées. Valerie encourageait vivement son fils à faire de même, affirmant que c'était la vitrine parfaite de tout ce qui n'allait pas dans le monde. « Non seulement c'est complètement creux et futile en soi, disait-elle, mais c'est à se demander comment certaines personnes réussissent à mettre leur chaussure au bon pied tous les jours. Regarde, et retiens. C'est la quintessence de ce que tu ne veux pas devenir. » Umberto faisait son maximum pour être aussi enthousiaste que ses parents. Mais non. Il trouvait juste ça débile. Alors pourquoi regarder ?

Il était en train de zapper négligemment d'une

---

1. *The Flintstones*, en français *La Famille Pierrafeu*, est un dessin animé qui met en scène une famille de la préhistoire, dont les parents se prénomment Fred et Wilma. *(N.d.T.)*

chaîne à l'autre aux environs de sept heures et demie, en songeant à ça et à d'autres choses encore, lorsque la sonnette du Cottage retentit. Il lâcha la télécommande et traversa la maison en chaussettes, se demandant qui ça pouvait bien être. Ses parents étaient sortis, et lui-même recevait peu de visites ; ils habitaient trop loin pour les démarcheurs et les sondeurs. Il ouvrit donc la porte avec lenteur et suspicion.

« Bonsoir, Umberto, lança le père Duff avec un grand sourire. Comment vont les stigmates du Christ ? »

La première réaction d'Umberto fut de se pencher au-dehors pour voir s'il n'y avait personne. Sa réputation était déjà assez mauvaise, ce ne serait vraiment pas de pot que Mask McGuiney ou un autre bourrin de sa classe passe juste à ce moment-là en route pour la cueillette aux champignons magiques. La visite du curé du coin leur fournirait encore des munitions contre lui, ça suffisait comme ça.

« Comment vous m'avez retrouvé ? » demanda-t-il en reculant à l'intérieur sans toutefois inviter son hôte à entrer.

Le père Duff éclata de rire. « C'est une toute petite ville, dit-il. Je n'ai pas eu de mal.

— Vous n'avez pas contacté l'école, j'espère ? Parce que…

— Non, Umberto, je n'ai pas contacté l'école. J'ai eu du flair, c'est tout. Tes parents sont là ? »

Sous sa frange, Umberto écarquilla les yeux.

« Qu'est-ce que vous leur voulez ? De toute façon ils sont sortis dîner. Qu'est-ce que vous leur voulez ?

— Tu te répètes, petit. Et je ne leur veux rien de spécial. C'est toi que je suis venu voir.

— Pourquoi ? Pour m'engueuler ? »

Le père Duff éclata de rire à nouveau. « On est obligés d'avoir cette conversation sur le paillasson ou tu me laisses entrer ? »

Umberto jeta un deuxième coup d'œil dehors. Puis il se retourna pour regarder dans la maison. Ses parents ne devaient pas être de retour avant plusieurs heures, mais il ne pouvait pas prendre le risque. Et si le restaurant était complet et qu'ils décident de rentrer plus tôt ?

« On peut faire une promenade, suggéra-t-il, hésitant.

— Très bonne idée, approuva le père Duff en se tapotant le ventre. Un peu d'exercice ne me fera pas de mal. »

Umberto marchait vite et le père Duff avait du mal à suivre.

« Tu marches toujours à cette allure ? » demanda-t-il, haletant, balançant les bras pour garder l'équilibre.

Umberto haussa les épaules. « Quitte à aller quelque part, pourquoi ne pas vouloir y aller le plus vite possible ?

— Mais on ne va *nulle part*. On se promène ! C'est un but en soi.

— P't-être.

— Tu ne marches jamais juste pour le plaisir ? »

Umberto songea à ses fréquentes excursions désespérées à travers champs pour aller chez Peter et Mary. « Je marche, ouais. Mais pas pour le plaisir. Bon, écoutez, pourquoi vous êtes là ? Qu'est-ce que vous voulez ?

— Pourquoi ma présence te met aussi mal à l'aise ?

— Pourquoi est-ce que vous répondez à une question par une question ?

— Pourquoi pas ?

— On ne vous a jamais dit que c'était mal élevé ?

— Parce que tu crois que les prêtres sont tous bien élevés ?

— Parce que vous croyez que je m'intéresse à l'éducation des prêtres ?

— Pourquoi as-tu essayé de te faire passer pour un stigmatisé ? »

Umberto s'arrêta. « Ah, c'est pour ça que vous êtes là. Je le savais. »

Le père Duff le rejoignit en se dandinant et s'arrêta aussi. « C'était une idée intéressante, Umberto. En tout cas on ne m'avait jamais fait ce coup-là. »

Il sourit, et Umberto comprit qu'il n'était pas en colère.

« Vous n'êtes pas tombé dans le panneau, alors ? demanda-t-il.

— Tombé dans le panneau, non. Mais ça m'a intrigué. C'était quoi, de l'encre ? »

Umberto regarda à nouveau d'un côté et de l'autre du chemin, sans bien savoir ce qu'il cherchait. « Des capsules de faux sang. Des trucs de Halloween. Peut-être qu'avec de l'encre, ça aurait mieux marché.

— Non, non, c'était parfait. Tu m'as impressionné.

— Mais vous n'avez pas cru que c'était possible. »

Ils se remirent à marcher, le long du chemin effilé qui suivait l'orée du bois. Le rythme était plus lent, à présent.

« Disons-le plutôt comme ça : je n'ai pas cru que c'était *plausible.* »

Umberto ricana.

« J'ai dit quelque chose de drôle ? demanda le père Duff.

— Je ne vois pas bien qui serait mieux placé qu'un prêtre pour trouver l'idée parfaitement plausible.

— Pourquoi tu dis ça ?

— On recommence le jeu des questions ?

— Tu veux ?

— Et vous ? »

Le père Duff secoua la tête en riant.

Umberto réussit à s'arracher un sourire. « Ne me répondez pas par une question, cette fois : si je vous disais que j'avais vu une apparition de la Vierge Marie, vous me croiriez ?

— La Vierge Marie t'est apparu, Umberto ?

— C'est encore une question !

— OK, d'accord. Ça dépendrait.

— De ?

— Des preuves.

— Parce que maintenant il vous faut des preuves ? Où sont les preuves pour Fatima ? Ou Lourdes ? Ou l'autre, là, Medgy-quelque chose.

— Medjugorje. Et ce n'est pas pareil.

— En quoi ce n'est pas pareil ? »

Le père Duff se remit en route et Umberto le suivit.

« On a beaucoup de témoignages, sur tout ça. Il y a eu des guérisons, et…

— Oh, arrêtez ! Le nombre de soi-disant guérisons à Lourdes, comparé au nombre de visiteurs, est statistiquement insignifiant. Ces gens-là auraient guéri de toute façon, même en restant tranquillement chez eux.

— Mais c'est en grande partie une question de foi, non ?

— Je ne crois pas dans la foi », rétorqua Umberto. Puis il détourna la tête, se demandant si ce qu'il venait de dire avait un sens.

« C'est vrai ? Si c'est vrai, je suis désolé pour toi.

— Disons que ça peut avoir une place, d'accord. Mais ça vient *après*… après les faits, quoi. Une personne peut croire ce qu'elle veut, ça m'est égal, du moment que ça ne contredit pas ce qu'elle *sait*. Hume a dit beaucoup de choses intéressantes, là-dessus. Vous devriez y jeter un œil.

— Qui, Hume ? John Hume[1] ? »

1. Cofondateur et leader du Parti travailliste social-démocrate irlandais, John Hume est l'un des principaux artisans de la paix en Irlande du Nord.

Umberto laissa échapper un ricanement. « *David* Hume. Le philosophe[1].

— Tu as l'air d'en connaître un morceau sur le sujet. Pour quelqu'un de ton âge, c'est… peu courant. Tu as lu beaucoup de choses ?

— Ouais, pas mal. *Hume pour les nuls*, si vous voulez savoir. Et alors ? Qu'est-ce qui vous fait rire ?

— Donc tu t'intéresses à tout ça. Tu es… curieux.

— Peut-être que je… oh. Ohhhh. Je viens de piger. *Putain*. Vous recrutez ! » Il partit d'un grand éclat de rire, puis fit demi-tour et se remit en route vers la maison.

Le père Duff le suivit en silence, à la traîne de plusieurs mètres derrière. Il commençait à faire sérieusement nuit. Au bout de quelques secondes, Umberto reprit la parole.

« Et si mes parents avaient été là ? Vous leur auriez sorti un dépliant, ou quoi ? Parce que, je vous le dis tout net, c'est perdu d'avance avec eux. »

Le père Duff pressa le pas pour rattraper le garçon. « Non, pas du tout. Je n'aurais pas voulu te mettre mal à l'aise, Umberto. Et je sais que tes parents ne

---

Ses négociations avec les dirigeants du Sinn Féin, la vitrine légale de l'IRA, ont été déterminantes pour l'obtention d'une trêve dans les attentats terroristes au milieu des années 90. Hume a également joué un rôle essentiel dans la conclusion de l'accord de paix historique de 1998. Il a reçu aux côtés de David Trimble le prix Nobel de la paix la même année. *(N.d.T.)*

1. David Hume est un philosophe écossais du XVIIIe siècle. *(N.d.T.)*

sont pas croyants. J'espérais qu'ils ne seraient pas là, pour être honnête. Sinon, j'aurais inventé une excuse.

— Genre ?

— Rien de bien original. J'aurais dit que je m'étais perdu, que je cherchais mon chemin. »

Umberto gloussa. « Ça fait combien de temps que vous officiez à Drumshanagh ?

— Que *j'officie* ? J'officie ici depuis sept ans, à peu près.

— Pas terrible, comme excuse, non ? Vous habitez ici depuis sept ans et vous vous perdez encore ? »

Le père Duff haussa les épaules. « Je ne suis peut-être pas aussi doué que toi pour jouer la comédie, soupira-t-il.

— Merci, je le prends comme un compliment. Et si en me regardant vous voyez en moi un futur curé, c'est que vous n'êtes pas très doué non plus pour juger les gens. Et puis, de toute façon, c'est pas interdit, ce que vous faites ? Venir embêter les gens comme ça ? J'ai peut-être l'air d'un fou, mais je sais ce que je fais. Je n'aime pas avoir l'impression de me faire manipuler comme un pion. Alors je vous... »

Le père Duff s'immobilisa brusquement et joignit les deux mains. « Attends ! Une minute. Tu joues aux échecs ?

— Quoi ?

— Les fous, les pions. Tu sais jouer aux échecs ? »

Umberto croisa les bras, sur la défensive. Ils étaient arrivés en vue du Cottage, à présent, et l'espace d'un instant il hésita à rentrer s'enfermer chez lui en courant. Mais l'instant passa. « Peut-être. Pourquoi ?

— Moi aussi ! Moi aussi ! Tu joues bien ? »

Le cerveau d'Umberto se mit à bouillonner, s'efforçant de deviner la métaphore lourdingue qui se cachait sans doute derrière cette histoire d'échecs. *Jésus prend toujours les blancs*, peut-être, ou *Dieu te demande de roquer avec le roi qui est dans ton cœur.*

« Je ne suis pas mauvais », finit-il par dire.

Le visage du père Duff s'illumina littéralement. Il dansait presque sur place. « Umberto, je vais te demander un service. Oublie tout le reste, je ne vais pas t'embêter plus longtemps, comme tu dis, ni avec les stigmates ni rien. Mais je t'en supplie, est-ce que tu voudrais bien faire une partie avec moi un jour ? Où tu veux. Quand tu veux. S'il te plaît.

— Je ne crois pas, non.

— S'il te plaît, Umberto. S'il te plaît. Je suis débutant, j'ai besoin d'un adversaire pour progresser. »

Umberto faillit se laisser tenter. Il était peut-être un peu rouillé, mais il était sûr de pouvoir battre le prêtre. Ce serait marrant. Mais non, c'était évidemment un piège. En plein milieu de la partie, l'autre se mettrait à lui sortir son baratin sur la vie religieuse, la joie d'aider son prochain, la certitude du salut.

« Je vais y réfléchir », dit-il, sans la moindre intention de le faire. Puis il courut jusqu'au Cottage et referma la porte derrière lui.

À clé.

## 16

Mercredi était le jour de repos de Mary, et Musique Boutique était alors confiée aux mains compétentes quoique légèrement sous-informées de Fidelma Hughes. Fidelma était une vieille amie d'école de Mary et avait obtenu le poste sur ce critère. Certainement pas pour ses goûts musicaux, dont l'étendue allait à peu près de Bryan Adams à Bryan Adams.

En dépit de, ou peut-être grâce à son intérêt limité pour la musique, Fidelma était bien plus douée que Mary pour gérer les clients du genre de Mme Sheedy. Le samedi, quand il y avait suffisamment de monde pour mobiliser deux personnes à la caisse, elles faisaient leur possible pour se répartir les clients en fonction de leur style. C'était un accord tacite, mais qui fonctionnait bien. Mary prenait les ados crasseux et boudeurs qui demandaient des trucs qu'elle n'avait pas en stock mais pouvait commander, tandis que Fidelma s'occupait des BCBG. Mary avait de la chance de pouvoir compter sur elle. Il n'y avait pas tellement de gens prêts à travailler seulement deux jours par semaine et en cas de crise ponctuelle. Et la grasse matinée du mercredi était un luxe hebdomadaire dont elle n'aurait pu se passer.

Peter partit pour Dublin aux aurores, avec la voiture. Il était d'abord resté longuement agenouillé près du lit, exposant à Mary une interminable description des avantages comparés de ce mode opératoire. Les premiers bus ne démarraient pas avant sept heures et demie, expliqua-t-il, et bien que son cours ne commence pas avant dix heures et demie, ça risquait d'être un peu juste. Elle avait toujours pensé qu'il prendrait la voiture, et fut blessée qu'il éprouve le besoin de se justifier. Puis elle comprit qu'il était en train de prendre des gants avec elle, craignant sans doute de s'attirer à nouveau les foudres de sa colère. Elle fut prise d'un accès de culpabilité qui la saisit au ventre et ne la lâcha plus. Pendant que Peter se relevait et finissait de préparer ses petites affaires, elle se rendit compte qu'elle avait les larmes aux yeux. Il allait partir pour deux jours, et peut-être qu'il ne l'appellerait même pas. C'était ce qu'elle ferait, à sa place. Pourquoi tendre le bâton pour se faire battre ?

Il fredonnait, tout en se déplaçant dans la chambre, une mélodie qu'elle ne reconnaissait pas. C'était juste pour faire du bruit, elle le savait bien ; pour rompre le silence. Elle avait envie de dire quelque chose. Mais que pouvait-elle dire ? Qu'elle s'était mise à le trouver agaçant à cause de mille petites choses ? Que ce sentiment était monté en elle si lentement, sur une durée de tant de semaines ou de mois, qu'elle venait tout juste elle-même de mettre le doigt dessus ? Qu'elle était incapable d'imaginer leur vie ensemble dans dix ou même cinq ans, parce qu'elle n'était pas sûre de ne pas l'avoir assassiné bien avant ?

La soirée de la veille n'avait pas arrangé les choses. Le numéro de Grand Guignol d'attaque et de contre-attaque auquel s'étaient livrés ses parents n'avait fait que renforcer ses inquiétudes. Était-ce là le destin qui l'attendait ? Finir dans le rôle de la rabat-joie dans un duo pathétique, où chacun des deux en a plus que marre des petites manies de l'autre mais est trop vieux et fatigué pour essayer d'en sortir ? Et le fait que Peter les ait trouvés touchants n'était pas bon signe.

Donc, finalement, elle ne dit rien. Elle demeura allongée immobile, incapable de discerner ce qu'il fredonnait, et plus tard ce qu'il marmonnait. Lorsqu'elle finit par ouvrir un œil, elle s'aperçut que la pièce était vide et supposa qu'il avait dû lui dire au revoir.

Comme rien ne l'obligeait à se lever, elle paressa au lit jusqu'à onze heures passées, somnolant sans toutefois se rendormir. Après avoir enfin réussi à s'extirper de sous la couette, elle prit une douche vite fait mais ne se donna pas la peine de s'habiller vraiment, optant à la place pour son uniforme du dimanche. Cette attitude mollassonne était une entorse à ses habitudes. Mary savait qu'un jour de congé pouvait vous filer entre les doigts si vous ne faisiez pas un minimum d'efforts pour vous activer. En général, elle était déjà sortie à cette heure-là, à faire du shopping, ou du jardinage. Si elle se sentait d'humeur particulièrement sociable, il lui arrivait même d'aller rendre visite à Valerie pour se tenir au courant de ses dernières opinions en date. Valerie était drôlement calée en opinions. On pouvait frapper à sa porte à n'importe quelle heure du jour et de la nuit, elle était toujours prête à démarrer au quart de tour, toute remontée au sujet du dernier Wim Wenders ou autre. Ce jour-là, cependant, Mary avait plutôt envie de rester couchée sur le canapé à contempler le plafond. Ce qu'elle fit.

Il y avait une petite tache noire, juste à côté du luminaire. Elle avait la forme d'une larme, quatre ou cinq centimètres de long. Elle passa une bonne vingtaine de minutes à la regarder, en se demandant d'abord comment elle avait fait pour ne pas la remarquer plus tôt, puis comment diable elle avait bien pu atterrir là. La tache présentait une familiarité irritante ; Mary avait déjà vu quelque chose de tout à fait semblable, elle en était sûre. Lorsque la réponse lui apparut, elle claqua les doigts et se sentit immédiatement ridicule d'avoir des gestes aussi prévisibles.

C'était une trace de chaussure. Il y en avait d'autres dans la maison, à hauteur de cheville. La faute à Peter, bien entendu. Il avait un penchant pour les gros godillots noirs et elle se demandait parfois s'il les contrôlait tout à fait. C'était comme si leur poids lui faisait balancer les pieds trop fort, éraflant les murs et les portes qui avaient le malheur de se trouver sur son chemin. Ce qui n'expliquait toujours pas la tache en question, à moins de carrément bousculer les lois de la gravitation universelle. À la grande stupeur horrifiée de Mary, Peter avait un jour formulé son admiration pour la chanson de Lionel Richie *Dancing on the Ceiling*[1], mais, autant qu'elle sache, il était encore soumis à la gravité lui-même.

Il n'y avait en réalité qu'une seule explication possible. Il avait dû jeter une chaussure au plafond à un moment ou un autre. Mais pourquoi ? Sur quoi ? Une mouche ? Ouais, ça se tenait. Il détestait les mouches. Les détestait viscéralement, à vrai dire. Au fil des ans, il avait réuni quelques données précises sur le sujet, qu'il délayait régulièrement en une mini-conférence intitulée « Les mouches et leurs manies dégoûtantes ». Dans la même série, il y avait aussi « La reconnaissance vocale est le Saint-Graal de l'informatique moderne » et « L'Irlande est une nation de rancuniers ». Mary les connaissait par cœur.

1. Le titre de ce tube de Lionel Richie (1986) signifie littéralement « Danser au plafond ». *(N.d.T.)*

Le scénario de la mouche était facile à reconstituer. Peter court à travers la pièce avec un journal à la main dont il donne des coups violents et maladroits en poussant des jurons. La mouche va se réfugier au plafond. Peter perd son sang-froid et cherche un objet lourd à lancer en l'air.

Merde. Il aurait pu prendre un livre ou quelque chose. Quelque chose qui ne laisse pas de trace. Mary passa encore une heure à contempler le plafond.

Vers l'heure du déjeuner, elle en était venue, sans vraiment savoir comment, à penser aux safaris. Valerie et Jeff allaient en faire un pendant l'été et ne contenaient plus leur excitation. (Umberto devait rester avec Peter et elle ; il disait que c'était mal élevé de partir en vacances dans des endroits où les habitants sont tous plus pauvres que les touristes.) Mary n'avait pas d'objection morale contre l'idée en elle-même, mais elle n'en voyait pas l'intérêt non plus. Il ferait chaud, ce serait poussiéreux et inconfortable. Et on pouvait très bien voir des animaux au zoo.

Elle fut tirée de sa rêverie par la sonnerie du téléphone. C'était Fidelma.

« Qu'est-ce qui se passe ? » demanda Mary, inquiète. Fidelma ne la dérangeait jamais pendant son jour de repos, sauf si quelque chose avait sérieusement mal tourné.

« Rien, répondit Fidelma. Enfin, rien de grave,

pour être exacte. Mais il est quand même arrivé quelque chose. »

C'était sa façon de parler que de laisser planer ce genre d'assertions, invitant son interlocuteur à lui tirer les vers du nez. Mary mordit à l'hameçon.

« Vas-y, dit-elle. Je suis tout ouïe.

— Quelque chose est arrivé pour toi au magasin, roucoula Fidelma. Une livraison, il y a dix minutes. »

Elle marqua une pause. Cette fois, Mary refusa de jouer le jeu.

Fidelma céda au bout de quelques secondes. « Des fleurs, poursuivit-elle. On t'a livré des fleurs. Interflora. »

Mary s'agrippa au combiné. « C'est vrai ? »

Elle était bien obligée de rendre justice à Peter, finalement. Même après toute la rancœur des jours précédents, il ne l'avait pas laissée tomber. Des fleurs, cela dit. Beurk.

« Qu'est-ce qu'il y a écrit sur la carte ? » demanda-t-elle.

Fidelma baissa la voix. « Il y a écrit “De la part d'un admirateur”. En fait, il y a écrit “De part d'un admirateur”. Coquille. Et il y a aussi un numéro de téléphone. Qui ne m'est pas familier. Peter a changé de portable ? »

Mary s'habilla et se rendit au magasin à pied en moins de vingt minutes. Il n'y avait alors qu'un seul client, un jeune homme débraillé qu'elle ne connaissait pas.

« Des roses rouges, annonça Fidelma en sortant le bouquet de sous le comptoir. Pas très original, mais on s'en fout. »

Mary contempla son cadeau en silence avant de détacher la carte de l'emballage. Elle la lut et la mit dans son sac.

« Je sais que c'est pas mes oignons, murmura Fidelma, mais tu as une idée de qui ça peut être ?

— Pas la moindre.

— Mais pas Peter ?

— Non.

— Peut-être que c'est quelqu'un du coin. Tu devrais aller demander chez les fleuristes, ils pourront peut-être te renseigner. Chez La Fine Fleur, je commencerais par là à ta place. »

Cette possibilité avait déjà traversé l'esprit de Mary. « À supposer que j'aie envie de savoir », dit-elle.

Fidelma se pencha vers elle. « Mais tu as envie, non ? Je veux dire, ne serait-ce que par curiosité. »

Mary haussa les épaules. Puis une deuxième fois. « Peut-être », dit-elle.

# 17

Le séminaire de Peter était organisé par une boîte dénommée Formation Informatique Ltd, située sur Fitzwilliam Square. Sur la route, il essaya en vain d'imaginer la réunion au cours de laquelle les fondateurs avaient décidé de baptiser leur entreprise de formation informatique Formation Informatique Ltd. Cela dit, il fallait reconnaître que ce n'était pas vraiment pire que sa Data Force, qui résonnait un peu comme un titre de série télé des années soixante-dix sur un groupe de robots-policiers.

Bien qu'il trouvât absolument redoutable l'ensemble du processus des cours de formation, il y avait un rituel en particulier que Peter appréhendait encore plus que le reste : le verre de l'amitié. Personne n'appelait ça comme ça, évidemment, mais c'était en gros de ça qu'il s'agissait. Rester planté là avec un café offert par la maison à scruter les badges des gens et à se déclarer enchanté de faire la connaissance d'un représentant de Micro-ceci ou Info-cela. C'était l'impression de jovialité forcée qui l'exaspérait. Les rires étaient toujours trop forts et les sourires trop éclatants. C'était comme si les participants tâchaient de se convaincre les uns les autres, et peut-être eux-mêmes, que leur présence dans un endroit aussi mortellement ennuyeux n'entachait en rien leur statut d'Êtres Humains Pétillants et Intéressants.

Le verre de l'amitié de Formation Informatique Ltd eut lieu dans une petite salle de réception au rez-de-chaussée. C'était un espace sans fenêtres, ce qui entraîna immédiatement chez Peter une sensation d'ennui et d'assoupissement. À son arrivée, on lui remit un formulaire d'inscription, et un badge sur lequel il inscrivit son prénom en grosses lettres. Il n'avait pas fini qu'un type souriant dans un costume froissé se précipita vers lui, main tendue.

« Bonjour… Peter, lança-t-il, radieux. Gerard Mullen. Je suis le professeur de ce cours, je le confesse.

— Bonjour », répondit Peter. La vache. Ce type avait mis un point d'exclamation après son prénom sur son badge. C'était mauvais signe. Ça laissait deviner de l'enthousiasme. À coup sûr, il faisait partie de ces profs qui attendaient de leurs élèves non seulement de demeurer conscients pendant tout le cours, mais d'écouter pour de vrai.

« Vous avez fait beaucoup de chemin ? » demanda

Gerard, toujours aussi béat. L'espace d'un instant, Peter crut qu'il parlait du formidable cheminement de la vie. Il était sur le point de dire quelque chose au sujet de ses rêves et de ses espoirs lorsqu'il se rendit compte que c'était une question toute bête.

« J'arrive du Monaghan, dit-il. Drumshanagh. C'est à environ six…

— Ah ça, pour une coïncidence ! Ma bourgeoise est du Donegal, j'ai dû passer mille fois par Drumshanagh. Avec la grande place, là, et l'église ? Je connais comme ma poche. »

Peter lutta pour trouver quoi répondre. La seule chose qui lui vint fut « Oui ». Ils s'observèrent pendant un moment en gardant le silence.

« Ah, voilà d'autres arrivages, finit par dire Gerard en regardant par-dessus l'épaule de Peter. Je vais faire les salamalecs. Allez vous servir un thé ou un café, mon grand, ne soyez pas timide. »

Peter sourit aussi sereinement qu'il le put et se dirigea vers la table où un jeune homme à la mine contrariée servait des boissons chaudes. Il fit bonjour de la tête à certains de ses petits camarades au passage, sans s'arrêter suffisamment longtemps pour leur permettre d'engager la conversation.

« Un thé, s'il vous plaît », dit-il au jeune, qui n'avait même pas l'air en âge de se raser. Un stagiaire, peut-être. Ce qui pouvait expliquer le regard haineux qu'il avait en versant une dose de liquide grisâtre dans une tasse Formation Informatique Ltd avant de la faire glisser sur la table en direction de Peter.

« Du lait ? soupira-t-il en ajoutant du lait.

— Oui, répondit Peter. Ça tombe bien.

— Pardon ?

— Rien. Merci. »

Le jeune fronça les sourcils et marmonna quelque chose. Peter fut brusquement agacé. Qu'est-ce que ça lui aurait coûté de sourire ? D'être gentil ? Ou de faire semblant, si nécessaire ? C'était quoi, leur problème, à tous ces gens ? Mais sa colère s'évanouit aussitôt. Il ne savait pas ce qui pouvait se passer dans la vie de ce garçon et il n'avait pas le droit de le juger. Si ça se trouve, il venait de perdre son chien. Ou sa mère, ou sa copine. Ou peut-être qu'il était malade. Ou désespérément seul. C'était souvent comme ça avec le malheur des autres. On ne pouvait pas en deviner la raison. S'ils décidaient de ne pas en parler, alors c'était tout, vous ne sauriez jamais. Point final.

Il s'éloigna de la table pour se réfugier dans un recoin de la pièce particulièrement sombre et se mit à siroter son thé en se demandant si Mary était déjà levée. Dix heures et quart. Probablement déjà sortie de la maison. Pas du genre à traîner sans rien faire, Mary. C'était l'une des choses qu'il admirait chez elle. Personnellement, il pouvait traîner sans fin. Comme elle le lui faisait parfois remarquer. Avec le sourire, cela dit ; elle le lui faisait remarquer avec le sourire.

Il sentit son visage se rembrunir et se rendit compte qu'il était allé se coller aussi loin dans l'angle qu'il était physiquement possible de le faire. Mauvais réflexe. Il n'avait peut-être pas envie de se socialiser, mais c'était encore pire de se démarquer comme le grincheux solitaire de service avant même le début du cours. Il promena son regard à la recherche d'une cible conversationnelle potentielle et jeta son dévolu sur un groupe de trois hommes, pile au milieu de la pièce. Alors qu'il s'avançait vers eux, il se trouva entravé dans son élan par une femme agile qui surgit soudain, telle en embuscade, de derrière un pilier.

« Peter Ford ! grésilla la femme en rebondissant sur la pointe des pieds. Mon Dieu, tu continues à grandir ? »

À l'image de nombre de ses camarades de fac, Peter souffrait d'une maladie chronique connue sous le nom de syndrome Regina Clarke. C'était ainsi que lui l'appelait en tout cas. Les autres l'appelaient peut-être le virus Regina Clarke, la clarkitis, le complexe Regina, ou quelque chose du genre.

La maladie n'avait qu'un seul symptôme : une peur panique de tomber par hasard sur Regina Clarke. Elle se manifestait en général dans les endroits publics. Les crises de Peter avaient tendance à se déclarer quand il faisait des courses, par exemple. Pas tellement à Drumshanagh, où il se sentait relativement à l'abri, mais dans d'autres villes ou pays, où n'importe quelle petite rue sombre pouvait se transformer en cachette d'où la Clarke risquait de jaillir subitement. C'était une peur irrationnelle, bien sûr, comme la peur de l'avion. Tous les aérophobes savent bien que d'après les statistiques ils sont plus en sécurité dans un avion que dans un train ou une voiture. Mais savoir et sentir sont deux choses différentes. Durant les deux années qui suivirent son diplôme, Peter n'avait même pas aperçu ne serait-ce que l'ombre de Regina, pourtant il se mettait à trembler chaque fois qu'il voyait une jeune femme se déplaçant rapidement avec une masse incontrôlable de bouclettes noires. C'était seulement une question de temps, il le savait, avant que leurs chemins se croisent et qu'il se retrouve dos au mur, acculé à s'entendre expliquer pendant des heures ses nombreux défauts et la façon d'y remédier.

Maintenant que le moment était venu, c'était presque un soulagement. Presque.

« Regina ! parvint-il à couiner. Ça fait une paye ! »

*Ça fait une paye* était une expression que Peter méprisait. Il en voulait à Regina de l'avoir poussé à l'utiliser mais s'efforça de lui faire bon accueil malgré tout. Elle lui décocha son sourire habituel en retour, dents écartées et cils frémissants.

« Oui, c'est vrai que ça fait longtemps, répondit-elle. Tu es là pour le cours ?

— Ouaip. Et toi ?

— Ben à ton avis ? Tu crois que je suis là pour m'amuser ? »

Peter hocha la tête. « Tu n'as pas changé, dit-il, signifiant par là que c'était tout à fait conforme à l'image de la Regina qu'il connaissait de se moquer de lui pour avoir posé la même question polie mais idiote qu'elle venait juste de lui poser elle-même.

— Tu es assez reconnaissable toi aussi, répliqua-t-elle. Le front un peu plus dégarni, peut-être. »

Peter fit semblant de rire en disant « Ha ha » tout en renversant la tête en arrière.

« Alors, tu travailles où, finalement ? demanda-t-il. Je crois me souvenir que tu avais des propositions de boulot avant même qu'on ait nos diplômes. » Il se souvenait aussi de la soirée arrosée au bar du bureau des élèves, où lui et plusieurs de ses amis s'étaient donné la main et avaient prié ensemble pour qu'elle prenne celui de San Francisco.

« À Cork », indiqua Regina avec une emphase dans la voix. À sa façon de le dire, on aurait pu croire que Cork était une ville quelque part dans le sud de la France. « Je suis responsable du système d'information de gestion dans un laboratoire pharmaceutique. Un laboratoire très prestigieux. »

Peter ne pouvait pas résister. « Tu peux me dire SIG, tu sais, Regina. Je sais ce que ça veut dire. »

Elle n'hésita pas une seconde. « Dans mon cas, ça veut dire une Golf GTI et un sublime appartement au bord du fleuve. Et toi, qu'est-ce que tu deviens depuis tout ce temps ? J'espère que tu as fini de devenir, d'ailleurs. »

Peter refit le coup du « Ha ha » en se demandant pourquoi il n'y avait jamais un instrument contondant à portée de main quand on en avait besoin.

« Je travaille pour une petite boîte dans ma ville natale. On fait de l'installation et de la maintenance pour les entreprises du coin. Rien d'extraordinaire. »

Regina pencha la tête sur le côté en se mordant la lèvre. « Ne t'en fais pas, dit-elle. Je suis sûre que tu finiras par réussir. »

Heureusement, songea Peter a posteriori, que Gerard choisit cet instant pour inviter tout le monde à entrer en classe. Instrument contondant ou pas, il lui restait toujours ses mains.

La salle de classe était typique en tout point, étriquée et surchauffée, munie de longs bancs sur lesquels les élèves se mettaient à deux autour d'un PC. Les ordinateurs, sur lesquels ils testeraient plus tard leur nouveau savoir-faire, étaient vieux et crasseux. Leurs claviers étaient noircis par les ans et leurs écrans semblaient avoir été récemment utilisés comme paravents contre les éternuements. À chaque place était posé un dossier contenant le polycopié du cours, ainsi que du papier et des stylos. Il y avait un tableau blanc et un autre PC à l'avant de la salle, pour le professeur. Cet ordinateur-là était connecté à un vidéoprojecteur afin que tout le monde, y compris ceux tout au fond de la classe, puisse voir à quel point le sujet était prodigieusement ennuyeux.

Peter s'assit à côté de Regina, surtout parce qu'il ne voyait pas comment faire autrement.

« Bonjour, tout le monde, lança Gerard. Vous êtes tous les bienvenus à ce cours d'initiation à Microsoft Windows 2000. »

Ce fut la dernière phrase que Peter écouta de ses deux oreilles. Il était à peu près certain de pouvoir s'initier à Microsoft Windows 2000 en dix minutes avec le manuel, et ne voyait pas l'intérêt de gaspiller un précieux espace de stockage mental avec les menus détails. Il prit bien soin cependant de hocher la tête d'un air pénétré lorsque Gerard regardait dans sa direction. Il feignit même de prendre des notes en écrivant régulièrement ses nom et adresse dans les marges du polycopié.

« Tu nous fais une petite crise d'identité ? chuchota Regina quand elle s'en aperçut.

— Je teste le stylo, répondit-il. Il a l'air de bien marcher.

— Tu as une écriture d'enfant. On ne te l'a jamais dit ? »

Peter dut lutter pour maintenir sa voix à hauteur d'un murmure. « Si, Regina. Tu me l'as déjà dit. Plusieurs fois. »

Peter avait vu son premier ordinateur en 1983, chez son ami Daniel. C'était un Sinclair ZX Spectrum, un petit rectangle noir avec des touches en caoutchouc bleues. En plus des lettres et des chiffres habituels, certaines touches comportaient des symboles étranges et des demi-mots imbitables comme TAN et CLS. Daniel disait qu'il était « pas mal, mais pas top ». Il n'avait pas vraiment envie de jouer avec et trouvait qu'ils feraient mieux d'aller dehors jeter des pierres contre quelque chose. Peter ne pouvait que secouer la tête en silence, le regard absorbé par le Futur. Daniel finit par sortir jouer tout seul et abandonner Peter à lui-même dans la chambre. Peter se disait que c'était sans doute malpoli, mais n'arrivait pas à s'arracher de là.

Un Spectrum coûtait 129 livres, une somme absurde, pensait-il, probablement hors de portée de ses parents. Son père était mécanicien – « humble mécanicien », disait-il lui-même – et même si Peter n'avait aucune idée de ce qu'il gagnait, il imaginait que le Spectrum devait facilement revenir à une semaine de salaire, voire plus. Il passa plusieurs nuits d'insomnie, se demandant quel petit garçon serait égoïste au point de soumettre ses parents à une telle pression financière simplement pour pouvoir faire des jeux et s'entraîner à taper son nom. Mais ses scrupules s'évanouissaient toujours au matin quand il prenait son petit déjeuner derrière un numéro ostentatoire du *Sinclair Magazine* tout en déployant de grandes tirades philosophiques sur le passage du temps. Ça alors, on aurait dit qu'il avait fêté son anniversaire la veille et, incroyable, voilà que la date approchait pourtant à grands pas.

Se rendant compte qu'il n'y avait pratiquement aucune chance pour que ses parents risquent la faillite personnelle afin d'offrir un jouet à leur fils unique, il saisit les moindres occasions de souligner les bienfaits sociopédagogiques que leur procurerait nécessairement l'acquisition de ce qu'il appelait « un puissant techno-outil ». La clé de la réussite, songeait-il, consistait à insister sur le fait qu'il s'agirait d'un ordinateur *familial*. Non seulement il propulserait instantanément Peter au rang de premier de la classe, mais il gérerait également les finances du ménage et aiderait sa mère à consigner ses recettes de cuisine. Dans un moment de désespoir, il s'entendit dire à son père qu'on pouvait aussi jouer au poker dessus. Sûrement. Pour prix de tous ses efforts, il ne reçut aucune promesse au-delà de « On verra ».

Son anniversaire tombait un samedi et commença comme d'habitude par une remise de cartes et des embrassades. Ou du moins, sa mère l'embrassa ; son père lui tapa sur l'épaule en disant : « C'est bien, fiston. » Ils ne mentionnèrent aucun cadeau d'aucune sorte, encore moins un ordinateur. Peter se dit que c'était bon signe et joua le jeu. Il traîna dans la maison toute la matinée, souriant et feignant d'avoir complètement oublié cette histoire d'ordinateur et qu'il était simplement heureux de faire partie d'une famille aussi formidable. Après déjeuner, son père lui annonça une surprise : il les emmenait au cinéma à Armagh. Le film était *War Games*, avec Matthew Broderick. Les espoirs de Peter, déjà haut placés, s'envolèrent au-delà de toute limite. *War Games* parlait d'un petit génie de l'informatique qui pénétrait par hasard dans une installation militaire et manquait de déclencher la Troisième Guerre mondiale. C'était le meilleur film que Peter ait jamais vu, et, assis là dans le noir, il se sentit presque gêné par le brusque élan d'affection qu'il éprouva pour ses parents. Est-ce qu'ils croyaient que c'était subtil ? Qu'il n'avait pas deviné ? C'était tellement *mignon* de leur part. Sa mère avait traîné dans la maison au moment de partir. « Mais qu'est-ce qu'elle fabrique ? » avait dit son père dans la voiture, pianotant impatiemment contre le volant. Peter savait très bien ce qu'elle fabriquait. Elle posait son nouvel ordinateur sur la table de la cuisine pour qu'il le trouve en rentrant.

Sur le chemin du retour, Peter les remercia avec profusion pour le film. Il vit des sourires satisfaits illuminer leur visage et ne put s'empêcher d'ajouter : « C'est le meilleur anniversaire de toute ma vie ! », tel un petit garçon de télévision.

Il ne lui vint jamais à l'esprit, pas une seule seconde, qu'ils aient pu le laisser tomber. Il y avait un Sinclair ZX Spectrum posé sagement sur la table de la cuisine. Il en aurait mis sa main à couper.

Le temps qu'ils arrivent à la maison, ses jambes s'étaient transformées en compote. Il essaya frénétiquement de se rappeler s'il y avait quelque chose de bien à la télé à cette heure de la journée. Il allait devoir la réquisitionner pour l'ordinateur… à moins qu'ils n'aient acheté aussi un écran portable ! Non. Il en demandait trop. L'ordinateur était déjà amplement suffisant.

« J'ai bien envie d'une tasse de thé, lança sa mère en introduisant la clé dans la serrure. Pas vous ?

— Je n'ai jamais refusé une tasse de thé de ma vie entière, rétorqua son père, et je n'ai pas l'intention de commencer aujourd'hui. »

Peter ne répondit rien. Il était tellement excité qu'il ne pouvait pas parler. Mme Ford s'engouffra dans la cuisine, suivie par son mari. Peter prit une grande inspiration et leur emboîta le pas. Le jour tombait et la cuisine était plongée dans l'obscurité. Personne ne disait rien. Peter garda la tête baissée jusqu'à ce que quelqu'un allume la lumière.

Puis, pour son plus grand embarras, il se mit à pleurer. Pas à cause de son nouvel ordinateur. Mais pour la prévisibilité de l'amour parental.

Ce cadeau d'anniversaire avait été le premier pas sur une route qui le conduisit directement à l'institut technique régional de Dundalk et à un diplôme en science informatique, puis à son poste chez Data Force et maintenant ici, sur ce foutu siège en plastique à côté de Regina Clarke.

D'ordinaire, cela réjouissait le cœur de Peter de se retourner pour contempler le chemin parcouru, de se demander avec un frisson où il serait à présent si ses parents l'avaient laissé tomber. Peu avant la pause-déjeuner, cependant, au moment où Regina se pencha vers lui pour lui proposer de dîner ensemble, cet anniversaire mémorable entre tous lui apparut soudain comme le premier pas sur la route des enfers.

# 18

La Fine Fleur n'était pas le seul endroit où acheter des fleurs à Drumshanagh, de même que Musique Boutique n'était pas le seul endroit où acheter des disques. Mais il drainait pratiquement toute la clientèle, et il semblait donc logique de commencer par là.

Les deux magasins étaient situés quasiment l'un en face de l'autre des deux côtés de la place. Mary laissa Fidelma dans un état d'excitation avancée – elle adorait le scandale sous toutes ses formes – et se mit à traverser la place d'un pas déterminé avant de s'arrêter tout net à mi-chemin. Elle était idiote. Ce serait une erreur, peut-être même une grave erreur, que de fourrer son nez là-dedans. D'un autre côté… Mais bon… À supposer que…

Un café. Elle avait besoin d'un café et d'un moment de réflexion.

C'était pile l'heure du déjeuner et Mary eut de la chance de trouver une table libre au fond du salon de thé Tea for Two. Elle commanda un cappuccino et un beignet, tout en balayant la salle du regard. Des vieilles dames, pour la plupart, et quelques étudiants. Un homme seul assis près de la vitrine contemplait tristement l'*Irish Times*. Il dut sentir qu'elle le regardait car il releva la tête. Ils échangèrent un sourire. Puis il se replongea dans son journal.

Ça pouvait être lui, songea-t-elle. Ça pouvait être n'importe qui. Ça pouvait même être Peter qui se foutait de sa gueule et voulait voir si elle aurait le culot d'appeler un numéro inconnu. Il l'attendrait au bout du fil avec une de ses imitations de voix. Ouais, c'était bien son genre. D'essayer de créer une intrigue pimentée sans même se rendre compte qu'il était en train de tendre un pauvre piège à sa propre femme.

Non. Elle était injuste. Encore une fois. Jamais il ne serait aussi fourbe. Si Peter avait bien une qualité, c'était la franchise. Et depuis le début de leur relation. Les tout premiers mots qu'il lui avait adressés étaient : « Tu es jolie. Je peux te faire un smack ? » Il fallait préciser qu'il avait seize ans à l'époque, et trois pintes et demie de cidre dans le sang, mais quand même. Pas du genre machiavélique.

Tu es jolie. Je peux te faire un smack ?

Nan. Mais je veux bien danser avec toi.

C'est ainsi que tout avait commencé, dans la boîte de nuit du Rugby Club, en septembre 1989. Ils ne s'embrassèrent pas ce premier soir, bien qu'il collât sa bouche en ventouse contre son cou pendant le quart d'heure américain avant d'émettre un claquement sonore avec les lèvres. Les gens normaux faisaient ça sur le ventre de leur bébé, à la rigueur. Peter Ford, lui, y avait recours comme tactique sexuelle. Lorsqu'elle se laissa finalement embrasser, deux samedis plus tard, elle fut agréablement surprise. Ses seules expériences de baiser précédentes avaient été la conséquence regrettable de parties d'Action ou Vérité, mémorables uniquement par la mauvaise haleine étonnante de ses partenaires et leur incapacité à s'arrêter de rire. L'un d'entre eux avait même tenté de la tripoter au passage, devant tout le monde. Peter, quant à lui, respecta non seulement la gravité du moment mais en plus il avait dû consommer plusieurs centaines de Tic-Tac tandis qu'elle avait le dos tourné. Il ne dégageait pas tant une fraîcheur mentholée qu'une chaleur torride. Elle apprécia néanmoins le geste et accepta de le revoir une autre fois. Puis une autre. Puis encore une autre. Il se mit à s'autoproclamer sa « Ford escorte ».

Ils ne tardèrent pas à être connus parmi les jeunes du coin. C'était du jamais vu pour des gens de leur âge de rester ensemble plus de quelques mois. Quand Peter et Mary franchirent la barre des deux ans, plus personne n'éprouvait même le besoin de faire des commentaires. Qu'y avait-il à dire ? Ils étaient « partis pour le mariage », ça crevait les yeux. Peter et Mary…

Même leurs prénoms paraissaient être faits l'un pour l'autre, tel un couple heureux mais sexuellement conservateur sorti tout droit d'un manuel conjugal catholique.

Et puis il partit à l'institut technique de Dundalk. Leur statut de couple suscita de nouveau l'intérêt des foules. Ce n'était qu'une question de temps, expliquaient à Mary ses amis bienveillants, avant qu'il revienne à Drumshanagh un week-end et lui annonce la nouvelle : il y avait cette fille dans sa classe, tu comprends…

Mais cela ne se produisit pas. Au contraire, ils devinrent encore plus proches. Il lui téléphonait et lui écrivait le plus souvent possible. Et il prenait le bus pour rentrer tous les vendredis. Pile à la fin de *Cheers*, la sonnette retentissait et il était là, souriant, sur le pas de la porte. Il lui tenait toujours la main dans l'allée mais ne l'embrassait jamais avant qu'ils aient tourné le coin de la rue, à l'abri des regards. Il avait l'air vieux jeu comme ça, même s'il savait que les parents de Mary l'aimaient bien tous les deux. S'ils n'étaient pas là, alors bien sûr il se précipitait sous son chemisier et sur la fermeture de son jean en moins de deux minutes. Elle but une gorgée de cappuccino en souriant, presque malgré elle, à ce souvenir.

Sa première année à Dundalk coïncida avec le baccalauréat de Mary. Les résultats furent bons – meilleurs que ceux de Peter – mais elle décréta qu'elle n'avait pas envie de faire d'études supérieures. Aucune matière ne l'intéressait, en fait. Elle ne s'en était même pas rendu compte avant de recevoir les dossiers d'inscription. Philosophie ? Archéologie ? Français et allemand ? Pourquoi avait-elle fait des demandes dans ces départements, déjà ? Elle ne s'en souvenait pas. Ses professeurs étaient désespérés. Tout ce temps et ces efforts… Ses parents adoptèrent une attitude plus détendue. Elle ne partait pas pour Londres embrasser les arts, c'était le principal. Et elle pourrait facilement trouver du travail à Drumshanagh, lui dit sa mère, en attendant son heure jusqu'à ce que quelqu'un « lui tape dans l'œil ». Certaines de ses camarades de lycée s'en étaient tenues là également, de sorte qu'elle n'était pas toute seule. Encore mieux, Peter passait toutes ses vacances à la maison, alors que ses nouveaux amis s'envolaient pour Londres, Munich ou New York. En général son père lui trouvait du travail au garage, et sinon il y avait toujours des boulots de serveur. De temps en temps, elle culpabilisait, comme si elle avait l'impression de lui voler sa liberté. Mais il était heureux. Ce n'était pas le genre de bonheur qu'on pouvait simuler. Elle le ressentait aussi.

Ils firent l'amour pour la première fois pendant les vacances de Noël de sa deuxième année d'études. Le jour de la Saint-Stéphane, pour être exact. Vers quatre heures de l'après-midi. Les parents de Mary étaient sortis. Il n'y avait rien à la télé.

« Je m'ennuie, dit-il. Pas toi ? »

Ils en avaient parlé des dizaines de fois, bien entendu, le plus souvent bourrés. Elle s'était toujours défilée. Elle avait peur. Non pas d'avoir mal, ou de tomber enceinte. C'était le concept en lui-même qui l'effrayait. Qu'est-ce que ça voudrait dire ? Est-ce que ça voudrait dire quelque chose ? En y repensant, elle trouvait ça très, très embarrassant. Ils étaient ensemble depuis plus de *trois ans*, bon sang. Ils étaient tous les deux adultes. Les gosses d'aujourd'hui ne tournaient certainement pas autour du pot comme ça. Elle les entendait au magasin, discuter des différentes positions et du point G. Parfois elle était consternée. Parfois elle enviait leur décontraction.

Ça n'avait pas été terrible, la première fois. Peter avait bavardé nerveusement pendant tout le processus, la phase de déshabillage précipité, les doutes de dernière minute, les ratés dans le déroulage de la capote (il en avait une sur lui « par hasard »). Il n'arrêtait pas de lui demander si ça allait, si elle préférait arrêter. Non. Et lui ? Sûrement pas ! Il ne poussa pas la chansonnette cette fois-là – c'est une habitude qu'il prit bien plus tard, après leur mariage – mais il trouva quand même le temps de lui raconter une blague.

« Toc toc, dit-il entre deux halètements.

— Qui est là ? » ahana-t-elle. Mais il ne répondit pas. Il était trop occupé à gémir et à suffoquer. Ça ne dura pas longtemps.

Elle ne sut jamais qui avait frappé.

En 1994, ils étaient déjà ensemble depuis cinq ans. Il avait vingt et un ans, elle en avait un de moins. Ils commencèrent, visiblement à la même période, à trouver leur couple bizarre. Si seulement l'un d'entre eux pouvait avouer une passade éphémère. Une intense liaison charnelle avec une danseuse ou un poète de passage aurait été l'idéal, mais un pelotage aviné avec un boutonneux du coin aurait suffi. Mais non, rien. Ils se mirent à se poser des questions. Ce n'était pas normal, pas authentique, ce niveau de constance chez des gens de leur âge. Des cygnes, voilà à quoi ils faisaient penser. Ils essayèrent d'en rire. Ce n'était pas facile.

La fin des études de Peter ne fit qu'augmenter la pression. Ils n'étaient plus en attente, désormais. Ils étaient tous les deux adultes. En cinq ans, ils n'avaient jamais parlé de mariage. Jamais sérieusement, en tout cas. À leur âge, on ne se mariait pas, c'était ridicule. Comme l'était toute leur histoire, semblait-il. Les semaines suivant la remise de diplôme de Peter ne ressemblèrent à rien de ce qu'ils avaient vécu ensemble. Ils connurent leurs premiers silences gênés.

Mary fut la première à évoquer la possibilité d'un break. Ils étaient chez lui, dans le salon. Un vieil épisode des *Monty Python* passait à la télé. Elle avait dit ça comme ça, incidemment, et il lui répondit incidemment. Il n'y eut pas d'injures, pas de portes claquées en hurlant. Ils en discutèrent comme des hommes d'affaires considérant avec calme la possibilité de licencier une partie du personnel. Ce fut une conversation brève, brève à pleurer, étant donné le sujet. Le chômage de Peter leur fournit un prétexte. Ils avaient toujours su qu'il allait devoir quitter Drumshanagh pour trouver du travail dans le secteur des technologies innovantes. Comme une bosse incontournable qui les attendait sur la route. À présent c'était un mur de brique qui se dressait devant eux. Il allait s'installer à Dublin et ils verraient « comment ça se passerait ».

La séparation dura un peu plus de dix-huit mois, durant lesquels Peter travailla au centre informatique de l'Allied Irish Bank et partagea une maison avec deux collègues dans le quartier de Drumcondra. Il eut trois petites amies. La meilleure des trois lui dura deux semaines. Mary eut quatre petits copains. Le meilleur des quatre lui dura soixante-douze heures.

Ils gardèrent plus ou moins le même niveau de contact par téléphone et par lettres, et allaient boire un verre ensemble chaque fois que Peter rentrait à Drumshanagh. Mary alla même lui rendre visite à Dublin à plusieurs reprises. Au bout d'un an, ils commencèrent à plaisanter en disant que finalement rien n'avait changé, à part qu'ils ne couchaient plus ensemble. Ils se tournèrent autour encore quelques mois avant que Peter ne finisse par suggérer qu'autre chose avait changé : ils étaient tous les deux malheureux. La séparation s'acheva dans le bruit et la sueur au cours d'un week-end à Dublin pendant lequel ils ne quittèrent la chambre que pour aller aux toilettes et commander des pizzas.

Aucun des deux ne regrettait la coupure. Elle avait prouvé quelque chose d'essentiel : qu'ils ne pouvaient pas se passer l'un de l'autre. Qu'est-ce que ça pouvait faire, qu'ils se soient rencontrés à seize ans dans une boîte de nuit ? Est-ce que ce n'était pas justement l'étoffe des comédies romantiques, toutes ces histoires de premier amour ? Pas de quoi avoir honte. Ils envisagèrent la possibilité que Mary vienne s'installer à Dublin. Elle n'aimait pas beaucoup la vie citadine, mais ils ne voyaient pas d'autre solution.

C'est alors qu'ils apprirent une chose intéressante. Il y avait à Drumshanagh un type du nom de Pat O'Donnell. Pat n'avait jamais étudié officiellement l'informatique – son vrai boulot consistait à réparer des alarmes – mais c'était un petit génie et il en connaissait un rayon. Et tout le monde à Drumshanagh savait qu'il en connaissait un rayon. Lorsque les entreprises du coin avaient besoin d'un conseil ou d'une assistance technique, elles l'appelaient lui plutôt qu'un inconnu à Dundalk ou Armagh. Pat s'était rendu compte récemment qu'il gagnait plus d'argent avec les ordinateurs qu'avec les alarmes, et il avait laissé tomber les secondes au profit des premiers. La rumeur disait que les affaires marchaient bien et que

Pat cherchait de l'aide. Peter téléphona à David, qui vivait à Galway et travaillait aussi dans l'informatique. Ils n'étaient pas brouillés mais s'étaient progressivement perdus de vue depuis le lycée. David connaissait Pat O'Donnell par l'intermédiaire de son frère aîné et lui assura qu'il avait bien la tête sur les épaules. Il passa un coup de fil, et du jour au lendemain Peter fut de retour à Drumshanagh. Encore mieux, David aussi. Les affaires de Pat ne faisaient pas que bien marcher ; elles explosaient. Apparemment il y avait des centaines d'ordinateurs dans la région, et presque aucun en état de marche. Il y passait douze heures par jour et devait quand même refuser du travail. Avec du personnel, il pourrait s'agrandir, prendre un vrai bureau, échafauder des projets. Data Force fut une réussite dès le début.

Avec le sort qui leur souriait ainsi, comment Peter et Mary auraient-ils pu repousser l'inévitable ? Ils en discutèrent un quart d'heure avant de se déclarer fiancés.

Ils nageaient dans une béatitude absurde. Tous les deux.

Mary cligna des yeux et s'aperçut que son cappuccino était froid. L'homme à l'*Irish Times* était parti. Elle attrapa sa veste et rentra chez elle en essayant d'oublier le fleuriste et de penser plutôt à la curiosité et aux chats.

# 19

Regina Clarke avait dû être victime d'un de ces rares dommages cérébraux dont on parle parfois dans le supplément du dimanche. Peter lui parlait et elle l'écoutait, c'était manifeste, acquiesçant même de temps à autre, sauf qu'elle n'avait pas l'air de comprendre ce qu'il lui disait.

« Sincèrement, Regina, dit-il, je ne crois pas que j'aie tellement envie.

— Un chinois, ça me dirait bien, répliqua Regina. Hmm. Tu as déjà mangé chinois, Peter ? Je parie que ça te plairait. Il ne faut pas avoir peur d'essayer de nouvelles choses.

— Je suis un peu fatigué, tu sais, avec la route, la journée de cours, tout ça…

— Ou peut-être un indien. Je connais un bon indien à Ballsbridge. Très fréquenté, cela dit. Ce serait un coup de bol qu'on trouve de la place.

— Une autre fois, peut-être, quand je serai moins…

— Vers huit heures, huit heures et demie, disons. Ça nous laisse le temps de prendre une douche et de nous détendre un peu. Et je suis sûre que tu ne veux pas rater *Alerte à Malibu* à la télé, ou quelque chose d'aussi épouvantable. »

Ils se tenaient sur le trottoir devant le bâtiment de Formation Informatique Ltd. Les cours étaient finis pour la journée. Ça n'avait pas été seulement *ennuyeux* ; ç'avait été au-delà de l'ennui, une sorte de nouvelle tendance supra-soporifique pour laquelle Peter n'avait pas de mot. Si quelque chose de simplement ennuyeux s'était soudain produit, il aurait agité les bras en l'air en poussant des cris de joie comme un gosse sur des montagnes russes. Et ils n'en étaient encore qu'à la moitié. Il n'aspirait maintenant qu'à prendre un bon bain chaud et à se faire monter à dîner dans sa chambre. Peut-être passer un coup de fil à Mary pour voir de quelle humeur elle était. Une soirée peinarde.

« Regina…

— Je parie que tu n'as même pas fait un vrai déjeuner. Tu sentais la bière quand tu es revenu. À tous les coups, tu as passé ton temps à papoter avec ton copain dans un pub au lieu de manger un bon repas chaud. Pas étonnant que tu sois aussi maigrichon. »

La première fois qu'elle lui avait proposé de dîner ensemble, Peter en avait été tellement secoué qu'il l'avait littéralement fuie à la pause-déjeuner, prétextant un rendez-vous avec un copain. En réalité, il avait passé l'heure tout seul dans un pub, sirotant une bière et grignotant un club-sandwich tout en jetant des regards affolés autour de lui tel un animal traqué, persuadé qu'elle l'avait suivi. Plus tard, au moment de la pause-café en milieu d'après-midi, il paniqua et coinça Gerard dans un coin plutôt que d'offrir à Regina l'occasion de s'étendre sur l'idée du dîner. C'était une erreur. Gerard lui avait demandé ce qu'il pensait du cours jusque-là, et Peter était sûr que sa réponse brumeuse (« C'est… bien ») n'avait laissé aucun doute à son professeur quant à son degré d'intérêt, proche du zéro. Par rapport à son degré d'intérêt pour le dîner avec Regina, cependant, c'était une exaltation frénétique.

« C'est juste que je n'ai pas trop envie ce soir, Regina. Honnêtement. Pas ce soir. »

Il sembla se faire comprendre, cette fois. Regina se hissa un bref instant sur la pointe des pieds, avant de se détendre à nouveau. Pour la troisième ou quatrième fois, il la surprit en train d'observer sa main gauche.

« Quel est le problème, Peter ? demanda-t-elle. Tu as peur que quelqu'un te surprenne en compagnie d'une ravissante jeune femme qui n'est pas ton épouse ?

— Ravissante ? dit-il. Tu as invité quelqu'un d'autre ? »

Il était satisfait de sa réponse et pensait avoir été drôle. Vraiment. Et pendant qu'elle rirait, il espérait s'éclipser discrètement. Au lieu de ça, elle se paralysa, horrifiée. Il y eut un silence. La circulation parut se figer dans la rue. Peter entama dès lors un processus de conciliation. Il lui décocha son plus beau sourire, puis haussa les sourcils l'un après l'autre, d'abord le gauche, puis le droit, avant de les rabaisser en même temps tout en accroissant simultanément la puissance de son sourire. C'était son personnage inspiré du comique anglais Cheeky Chappie, qui lui avait sauvé la mise plus d'une fois avec Mary. Comme le jour où elle s'était fait des mèches ultra-blondes qui partent en un shampooing et qu'il lui avait dit qu'elle avait l'air d'une prostituée. Sans les effets lénifiants du bon vieux Cheeky Chappie, elle aurait sans doute été en colère contre lui.

Comme Regina ne réagissait pas, il envisagea de lui dire que c'était une blague. Mais il se ravisa aussitôt. Prendre les devants en disant qu'il plaisantait reviendrait à reconnaître formellement l'existence de l'autre possibilité, à savoir qu'il ne plaisantait pas. C'était quoi, son problème ? Est-ce qu'elle ne savait pas qu'il ne se permettrait jamais de dire une chose pareille si elle était effectivement moche ? Non pas qu'il fantasmait sur elle ni rien. Elle n'était pas désagréable à regarder, mais… Bon sang. Toute la journée, il s'était demandé quel effet ça ferait de flanquer une bonne gifle à Regina, de lui renvoyer dans la gueule un de ses commentaires acérés. Marrant, peut-être, sans que ça en vaille franchement la peine. Il avait tapé en plein dans le mille, apparemment.

Un souvenir lointain lui revint en mémoire, telle une mise en garde pas tout à fait subliminale. C'était une image de son cousin Tony, âgé de six ans, venu du Donegal avec ses parents et sa grande sœur pour les vacances. Tony s'amusait à pincer les gens, à l'époque. Il n'était pas bien méchant et ne faisait pas vraiment mal. C'était juste un jeu, tout agaçant qu'il fût. Il se glissait derrière sa victime, la pinçait et s'enfuyait en criant, provoquant une course poursuite. Tout le monde se prêtait au jeu, y compris Peter. Il avait quatre ans de plus que Tony et il était suffisamment mûr (se félicitait-il) pour tolérer un geste d'irrespect aussi grossier sous son propre toit.

Lorsque les invités s'en allèrent à la fin de la semaine, les deux familles se rassemblèrent dans l'allée pour les embrassades et les poignées de main d'usage. Tony se jeta sur Peter et lui décocha une dernière salve d'honneur, un magnifique pinçon sur l'avant-bras. Il riait aux éclats, et Peter rit aussi ; comme d'habitude, ça ne faisait pas mal. Il n'y avait pas de méchanceté dans l'esprit de Peter quand il attrapa le poignet de Tony et lui administra la plus douce des brûlures indiennes. Dans la demi-seconde où sa décision fut prise, cela lui sembla une bonne manière de conclure les vacances. Et pédagogique, en plus : Tony apprendrait, sans grande douleur, qu'on ne peut pas pincer impunément les gens sans qu'ils finissent par réagir. Ça mériterait même un « merci », songea Peter sur le moment.

Le garçon se mit à crier comme un putois et s'effondra immédiatement au sol. Peter était abasourdi. Il l'avait à peine touché. À présent son oncle et sa tante allaient sûrement lui mettre une sacrée dérouillée. Et s'ils n'osaient pas, ses parents le feraient. Il fut à la fois étonné et soulagé lorsque son oncle ramassa Tony, lui dit de la mettre en sourdine, le fit monter dans la voiture et démarra à toute vitesse. Peter ne reçut même pas un regard de travers et comprit que tout le monde était d'accord : son cousin l'avait bien cherché. Ce qui ne lui enleva pas son sentiment de culpabilité.

« Comme tu veux, finit par dire Regina. C'était simplement une invitation à dîner. Je m'efforçais juste d'être *gentille.* »

Et voilà. Il était libre de sa soirée. Il lui suffisait désormais de conclure par un commentaire neutre qui n'engageait à rien – « À demain » aurait très bien fait l'affaire – et c'était fini. Mais la tête qu'elle faisait ! C'était la même tête que celle de Tony dans la voiture qui l'emportait au loin. Blessé, mais encore plus que ça. Éberlué.

Il serra les poings dans les poches de sa veste en se

demandant quand la médecine allait mettre au point la conscience-ectomie.

« C'est quoi, l'adresse du restaurant ? » soupira-t-il.

Peter dînait très rarement dehors, et ce depuis toujours. La faute à ses parents. Ce n'était pas leur genre. Autant qu'il sache, ils n'avaient jamais mangé au restaurant de toute leur vie, mis à part pour les mariages (et les enterrements ; certaines personnes faisaient des festins aux enterrements). Son inexpérience le conduisait à penser que les restaurants ethniques étaient toujours fidèles au stéréotype culturel adéquat. Dans le cas du Balti Palace, il s'attendait à trouver des tigres empaillés et des poignards incrustés de pierres précieuses. La musique, s'il y en avait, prendrait à tous les coups la forme d'un sitar nasillard, joué par un brahmane assis en lotus qui énoncerait des mantras éclairés entre chaque morceau. Les serveurs, eux, seraient affublés de turbans.

Lorsqu'il arriva et découvrit la réalité, il s'en voulut de ses propres préjugés. Peut-être était-ce ainsi que les racistes commençaient leur carrière. Un jour on cherchait des brahmanes dans un restaurant indien, le lendemain on essayait de bloquer les ports.

« Tu es impressionné, lâcha Regina une fois qu'on les eut placés à une table. Je le vois sur ton visage.

— C'est très joli, ouais. Tu viens souvent ?

— Quand je suis à Dublin. Mais je n'ai pas

l'occasion de venir autant que je le voudrais. Je t'assure, ils ne peuvent pas se passer de moi, au boulot. »

Peter avait conçu une stratégie pour le dîner. Il resterait aussi taciturne que possible, n'offrant rien de plus substantiel à la conversation que des relances quand ce serait nécessaire. La laisser parler d'elle et de son intelligence supérieure tant qu'elle le voudrait, et sous aucun prétexte n'être tenté de… faire des commentaires. Ainsi, il pourrait éviter le conflit et plus ou moins faire la sourde oreille.

« C'est une grosse boîte ? demanda-t-il.

— Énorme. ÉNORME. J'ai une équipe de huit techniciens et on s'occupe, attends voir… d'environ deux cents ordinateurs. Tous des bons à rien, évidemment. Les techniciens, pas les ordis. Je n'en ai même pas trouvé un à qui je pouvais faire confiance pour venir à ce séminaire. Parce que moi, j'ai autre chose à faire, crois-moi. Quelquefois j'envie les gens comme toi. Un petit boulot pépère, pas de pression, des journées de huit heures maxi. Il y a des soirs où je ne quitte pas le bureau avant huit ou neuf heures. Honnêtement. Ne sois pas jaloux. Quelqu'un comme toi est aussi bien loti chez… comment ça s'appelle ? »

Et voilà, songea Peter. « Ça s'appelle Data Force. »

Regina n'essaya même pas de s'empêcher de rire. « Ça s'appelle *comment* ? »

Il supposa que c'était une question rhétorique et ne répondit rien.

« Vous êtes quoi, des super-héros, c'est ça ? ricana-t-elle. Est-ce que vos clients projettent un gros logo scintillant dans le ciel quand leur souris s'arrête de marcher ?

— Ce n'est pas moi qui ai choisi. Le patron aime bien. J'y peux rien.

— Je suis désolée, je sais que je ne devrais pas rire. J'oublie parfois à quel point j'ai de la chance. Alors, dis-moi, c'est comment ta journée type ? Raconte.

— Je ne préfère pas.

— Ah ? Pourquoi ? »

Parce que tu t'en balances complètement, de ma journée type, eut-il envie de répondre. Tu veux juste un prétexte pour te foutre de ma gueule. Comme s'il te fallait un prétexte…

« Parce que je trouve les conversations de boulot ennuyeuses, voilà. »

Regina fit la moue et se laissa retomber contre le dossier de sa chaise. « OK. Conversation perso, alors… Parle-moi de ta petite femme. Comment elle s'appelle, pour commencer ?

— Mary.

— Hmm, c'est joli et, euh… simple. Ordinaire. Peter et Mary… Ça sonne bien. Sans histoires. »

Peter serra les dents. Elle était à portée de main. Il lui suffisait de tendre le bras, de l'attraper par la gorge… Pour la deuxième fois de la journée, elle échappa à une mort certaine grâce à l'intervention d'une tierce personne, en l'occurrence un serveur.

Français, à en juger par son accent. Le serveur leur distribua les menus, prit la commande pour les boissons et repartit.

« Attends un peu ! s'exclama Regina une fois qu'ils furent à nouveau seuls. Ne me dis pas que c'est la même fille avec qui tu étais si lié à la fac ! Elle s'appelait Mary aussi, non ? »

Si *lié* ?

« Oui, dit-il. C'est la même fille. Pourquoi ? Quel est le problème ?

— Il n'y a pas de problème en soi, c'est juste que…

— C'est juste que quoi ?

— Eh bien, corrige-moi si je me trompe…

— Compte sur moi.

— … mais est-ce que ce n'était pas ta… comment dire ? Est-ce que ce n'était pas ta petite amie d'origine ? Si tu vois ce que je veux dire. »

Peter ouvrit son menu et fixa les lignes des yeux sans le lire. « Non, je ne vois pas. Qu'est-ce que tu entends par "d'origine" ? Le contraire d'imitation, c'est ça ? Tu connaissais des gens avec de fausses petites copines, à la fac ? Ils les ont fait expertiser et ils ont eu un choc terrible, c'est ça ? »

Il s'enlisait et il en était conscient. C'était la colère qui lui faisait cet effet. Le serveur revint avec les boissons. Une bière pour lui, une eau gazeuse pour elle.

« Je veux dire d'origine, par opposition à deuxième,

répliqua Regina. Cette Mary, c'était ta première petite copine, non ? Ce qui signifie que vous êtes ensemble depuis toujours, depuis… mon Dieu, depuis le lycée ? C'était elle, non ? La nana avec qui tu sortais au lycée ? Tout le monde était au courant, dans la classe. On trouvait déjà ça bizarre à l'époque.

— Primo, ce n'est pas une nana. C'est une femme. Et secundo, quoi ? Où tu veux en venir ?

— Rien. Nulle part. Mais avoue que ce n'est pas courant, non ? D'être aussi… fidèle.

— Bon sang. Je croyais que les femmes aimaient la fidélisation.

— La fidélité, Peter. On dit "fidélité". Oui, on aime la fidélité à l'intérieur d'une relation, c'est sûr.

— Quoi ?

— Oh, laisse tomber, Peter. Ce n'est pas courant, point. Oublie ce que j'ai dit. Alors, qu'est-ce qu'on mange ? »

Il se remémora sa stratégie et décida de laisser tomber, en effet. Le menu était long et, pour Peter, presque intégralement incompréhensible. Il reconnaissait des mots comme « poulet » et « bœuf », mais pas grand-chose d'autre. S'il avait été seul ou avec Mary, il aurait sans doute pris un curry de poulet dans la mesure où il savait ce que c'était : du poulet avec du curry. Mais il pressentait que c'était un choix inintéressant et que Regina ne raterait pas cette occasion pour lui faire la morale sur son manque d'originalité. Il scruta donc le menu à la recherche du plat le plus obscur qu'il pourrait dénicher. Il était toujours en pleine scrutation lorsque le serveur réapparut.

« Vous êtes prêts à commander ? demanda-t-il sur le ton enjoué de celui qui vit pour entendre ce que les gens ont envie de manger.

— Je vais prendre des samosas aux légumes en entrée », déclara Regina. Le serveur rayonna et se mit à se balancer légèrement sur ses talons. Il avait l'air enthousiasmé. « Et un curry de poulet. » Double rayonnement et griffonnage sur carnet. Il lui reprit la carte.

Zut, songea Peter. Le curry de poulet n'était peut-être pas si inintéressant, finalement. Peut-être que c'était cool. Mais, de toute façon, il ne pouvait plus le commander. Elle lui ferait la morale sur son manque d'autonomie. Le rayonnement du serveur était clairement dirigé vers lui, à présent.

« Euh… Je crois que je vais prendre… euh… »

Trente secondes s'écoulèrent. Regina pianotait sur la table. « Il ne sort pas souvent, le pauvre, dit-elle au serveur, qui hocha la tête avec empathie.

— Je peux revenir plus tard », suggéra-t-il. Peter releva la tête pour voir s'il se moquait de lui. Apparemment pas.

« Non, non, rétorqua Peter. Je vais prendre… euh… ceci en entrée. » Il désigna une série de mots qu'il n'avait jamais vus de sa vie. « Et… ce plat de… d'agneau. » À la grande surprise de Peter, le serveur parut tout aussi enchanté de son choix que de celui de Regina. Ça devait faire partie du boulot, alors.

« Vous désirez quelque chose sur la carte des vins ?

— Certainement, répondit Regina. Choisis, Peter. Quelque chose de fruité. »

Peter avala sa salive avec difficulté. Est-ce qu'elle voulait dire quelque chose d'efféminé ? Sans doute pas. Il considéra la liste des vins. Ça lui parlait encore moins que le menu.

« Je ne suis pas vraiment un fin connaisseur, hésita-t-il. Euh… »

Regina lui arracha le menu des mains. « Apportez-nous une bouteille de merlot 96 », dit-elle après dix secondes de réflexion. Le serveur laissa échapper un gémissement de plaisir, griffonna encore et repartit.

Au fil du dîner, Peter se détendit. La nourriture était sensationnelle et la stratégie fut payante : Regina ne cessa de parler d'elle, ne s'interrompant qu'en de rares occasions pour le critiquer. (« Tu mâches n'importe comment. ») Le vin joua un rôle important. Peter remplissait leurs verres toutes les deux ou trois gorgées, espérant insinuer une certaine torpeur en lui-même et accroître la loquacité de Regina. Cela fonctionna à merveille ; il chronométra un de ses monologues à douze minutes et en ressentit à peine les effets. Il commanda une deuxième bouteille avant que la première ne fût terminée, mais surveilla ses propres limites à partir de cet instant. La dernière chose qu'il voulait, c'était bien d'être ivre…

Par-dessus tout, il ne voulait pas répéter le scénario Finbarr. S'il perdait le contrôle de lui-même et se mettait à déballer ses soucis devant Regina, il n'aurait pas fini d'en entendre parler. Elle serait capable d'écrire un livre ou de produire une série télé sur la variété et l'étendue de ses défaillances conjugales. Mais que voulait-elle dire avec sa remarque sur la fidélité ? Merde. Il aurait dû insister tant que le sujet était sur le tapis. Ce serait dangereux de l'interrompre maintenant. Elle était lancée à plein débit, palabrant sur le nouveau canapé qu'elle avait acheté. Il était très cher. Très difficile à trouver. Très confortable. C'était un objet d'une rare beauté. Et cetera. S'il la coupait, elle risquait de devenir méchante. Encore plus méchante. « On aime la fidélité à l'intérieur d'une relation », avait-elle dit, avec une emphase particulière sur « à l'intérieur ». Ce qui signifiait ? Que les femmes n'aimaient pas la fidélité à l'extérieur d'une relation ? Non. Ça n'avait aucun sens. Mais quoi, alors ? Il ne serait pas tranquille tant qu'il n'aurait pas compris.

« Regina ?

— … design italien… Quoi ? Je suis en train de raconter quelque chose, là.

— Qu'est-ce que ça voulait dire, cette remarque sur la fidélité ? »

Elle adopta une mine perplexe. Une mine perplexe

évidemment factice. Il semblait peu probable que Regina puisse jamais oublier ses propres mots. « Quand ça ?

— Tu sais, ce soir. Tout à l'heure. Je disais que la fidélité était une bonne chose et tu m'as répondu que c'était une bonne chose seulement “à l'intérieur d'une relation”. »

Là, elle se mit à simuler la lente prise de conscience. « Ah… d'accord. Oui. Je vois. Et ?

— Ben… Qu'est-ce que tu voulais dire par là ? Ça ne veut rien dire. Comment peut-on être fidèle en dehors d'une relation ? »

Elle secoua la tête en le regardant comme s'il était simple d'esprit. « On ne peut pas. Ce n'est pas de ça que je parlais. Je voulais dire que la fidélité, c'est bien quand tu en es le bénéficiaire. Dans ce cas… elle s'appelle comment, déjà ? »

Elle le savait très bien. Pourquoi faisait-elle semblant du contraire ? « Mary, dit-il.

— Ouais. Mary. Je suis sûre que Mary trouve que le niveau flippant de fidélité que vous avez l'air d'avoir tous les deux est génial. C'est normal, non ? Puisqu'elle en est la bénéficiaire. Mais…

— Je pense que le mot “flippant” est…

— Je parle du point de vue de la femme extérieure. Moi, en l'occurrence. Vu de l'extérieur, c'est totalement antisexe. C'est tellement *ennuyeux*… »

La mâchoire de Peter se décrocha toute seule. Il avait eu raison ; l'histoire du canapé était mieux.

« Qu'est-ce qui te fait croire que j'essaye d'être *sexe* avec toi ? Tu crois que je veux te sauter ? »

Elle gloussa. « Non. Je suis sûre que non. Bien sûr que non. Je disais ça comme ça, c'est tout.

— Parce que je ne veux sauter personne, que ce soit bien clair.

— J'espère quand même que tu essayes de sauter ta femme ! »

Le cœur de Peter fit un saut périlleux. Ses doigts se tendirent involontairement et il les regroupa en serrant les poings. Sa voix, quand il réussit à articuler une phrase, était calme et posée. « Je crois, Regina, que le territoire sur lequel nous nous égarons est un tantinet trop personnel. D'accord ? Peut-être que je devrais te raconter ma journée type, finalement. »

Il était quasiment allongé sur la table, à présent, le visage tout proche de celui de Regina. Il vit ses lèvres s'incurver imperceptiblement vers le haut.

« Oh, zut, dit-elle. Je crois que j'ai touché un nerf. »

La stratégie paraissait de plus en plus bancale. Peter parvint tant bien que mal à élaborer un sourire à partir des ruines de sa grimace antérieure.

« Ne le prends pas mal, Regina, mais nous ne sommes pas des amis proches, d'accord ? Nous n'étions déjà pas des amis proches à la fac. Et toute cette conversation sexuelle me met mal à l'aise. C'est de ma faute, tu as le droit de me le reprocher, je n'aurais pas dû rebondir sur cette histoire de fidélité.

S'il te plaît, reprenons une conversation normale du genre : “Comment ça va depuis tout ce temps ?” »

Elle secoua la tête, d'un air de tristesse plus que de défi. « Pauvre Peter. Je me rends compte à quel point tu as besoin de quelqu'un à qui parler.

— Regina. Je n'ai pas besoin de quelqu'un à qui parler. Point final.

— Je ne suis pas psychanalyste, Peter…

— *Putain…*

— Mais c'est la deuxième fois maintenant que tu t'emportes alors que je te parle de ton mariage.

— Je n'en crois pas mes oreilles…

— N'aie pas peur. Ça aide, de parler, tu sais.

— C'est une blague ?

— Et j'ai une grande qualité d'écoute, depuis toujours.

— Non mais dites-moi que je rêve.

— Écoute-toi parler. Tout dans la négation. Tu es dans le déni, Peter. Ouvre-toi. Laisse entrer quelqu'un. Tu te sentiras mieux, je te le garantis. »

Elle tendit le bras et posa une main moite sur la sienne. C'était sa main gauche. Pas d'alliance. Elle lui serra doucement les doigts et il releva la tête. Dans l'esprit de Peter, une certitude se fit jour.

Cette horrible bonne femme lui faisait du rentre-dedans.

# 20

Kurt Cobain était allongé sur une scène quelque part, en train de triturer sa guitare et d'agiter faiblement en l'air ses pieds chaussés de baskets sales. Un pied de cymbale bascula et s'écrasa juste à côté de sa tête. Il ne parut pas s'en rendre compte.

« Ah, c'est le pauvre Kurt, dit Valerie, très sobrement. Tragique. Tragique. »

Dans le fauteuil à côté d'elle, Umberto se contracta. Il zappait et était tombé par hasard sur MTV. Le temps qu'il réalise de quel groupe il s'agissait, c'était trop tard. Elle était lancée. *Je n'oublierai jamais où j'étais quand j'ai appris…*

« Je n'oublierai jamais où j'étais quand je l'ai appris. Ça me semble encore hier. Tu étais chez ta tante Mary pour l'après-midi, tu t'en souviens ? J'étais dans la voiture pour aller te chercher, parfaitement légère et insouciante. Et puis j'ai allumé la radio… Ils ont annoncé ça comme n'importe quelle autre nouvelle. Comme une grève, ou un résultat de foot. Ils ne se rendaient pas compte. Pas du tout. »

Sa voix s'effilocha. À la télé, Kurt était de nouveau sur pied, fracassant joyeusement sa guitare contre le sol.

« Il avait une telle énergie », se pâma-t-elle.

Umberto réprima un soupir et lâcha la télécommande. Pour l'instant, il était condamné à regarder cette connerie. Il s'estimait heureux, cependant, car au moins son père n'était pas là : parti faire des photos à Carlingford pour la journée. La simple mention de Kurt Cobain (ou Bob Dylan, ou Paul Simon) pouvait à tout moment lui donner envie d'attraper sa guitare, et ce n'était pas joli joli à voir. Ou, en l'occurrence, à entendre.

« Mary a cru que j'avais eu un accident, tellement j'étais dans un état… Je pouvais à peine parler. Je tremblais. J'étais en état de choc, j'imagine. Tu t'en souviens ? Umberto ? »

Il hocha mollement la tête, espérant que ce serait la version courte, et pas l'intégrale.

« Quand je me suis calmée… »

Super. C'était la version courte. Dans l'intégrale, Valerie citait la liste exhaustive de toutes les autres hypothèses que Mary avait émises tandis que sa sœur pleurait et tremblait. Jeff avait eu un accident. Leur mère avait eu un accident. Leur père avait eu un accident. Peter avait provoqué un accident.

« … et que j'ai pu retrouver mon souffle pour

expliquer, elle n'en avait rien à secouer. Elle a juste haussé les épaules en disant qu'elle était soulagée. Elle croyait que c'était quelque chose de grave. De grave ! Elle n'a jamais rien compris. Pas simplement Kurt, mais tout le truc. »

Umberto ne comprenait pas non plus. À sa connaissance, sa mère frisait déjà la trentaine, à l'époque. Elle n'avait pas du tout le bon profil. Il se félicitait d'avoir été trop jeune pour être embarrassé sur le moment. Le *grunge*, par pitié ! Un nom horrible, une musique horrible. Son truc à lui, c'était plutôt S Club 7. La brunette, en particulier.

« Et maintenant elle prétend être une autorité en musique ! Elle n'y connaît strictement rien. Demande-lui de te citer tous les membres du Velvet Underground. Elle en serait bien incapable. Oh, bien sûr, elle a appris par cœur les noms de quelques groupes et les titres de quelques albums incontournables, mais c'est à peu près tout. »

Umberto était impressionné. Elle cavalait vraiment à toute allure. Elle avait laissé de côté tout le passage où elle serrait Umberto dans ses bras en pensant à la pauvre petite Frances Bean, la cérémonie d'allumage des bougies et sa signification multiforme, et la fameuse réplique sur certaines étoiles qui brillent un peu trop fort. Directement à l'apothéose de l'histoire, et à sa véritable raison d'être : l'ignorance musicale de Mary.

« Ou les Clash. Demande-lui de te citer trois

éléments clés à propos des Clash. Impossible. Moi *j'y étais*… Peu de temps après. »

Quand elle parlait de quoi que ce soit même vaguement connecté à ses années londoniennes, elle avait tendance à prononcer deux ou trois mots avec un léger accent cockney. Dans le cas présent, elle prononça « de t'dire ». Umberto se demandait parfois pourquoi elle faisait ça. Il se demandait aussi pourquoi sa mère s'intéressait tellement aux connaissances musicales de Mary, ou à ses lacunes, plus précisément. Était-elle jalouse du succès du magasin ? Est-ce qu'elle regrettait de ne pas y avoir pensé la première, ou quoi ? C'était bizarre. D'un autre côté, cela lui fournit une bonne occasion pour aborder le sujet.

« Elle va bien, en ce moment, tu crois ? demanda-t-il.

— Qui ?

— Mary.

— Comment ça ?

— En général. Est-ce qu'elle est en forme ?

— Pourquoi elle ne le serait pas ?

— Ch'sais pas. Comme ça. Elle était bizarre quand je l'ai vue l'autre jour. Et elle avait l'air un peu taciturne quand elle était ici dimanche.

— Ah bon ? Bizarre comment ? Elle ne t'a rien dit *à toi*, quand même ? Bon sang… »

Il y avait une certaine tension dans sa voix. Ça pouvait être du soupçon ; ça pouvait être de la colère. Valerie faisait de fréquentes allusions au fait que son fils et sa sœur étaient « copains comme cochons », et dans un moment d'inattention elle avait même décrit un jour Mary comme « ta deuxième mère ». Umberto savait que ces remarques n'étaient pas des plaisanteries.

« Elle ne m'a rien dit sur quoi ?

— À toi de me le dire.

— Parce qu'il y a quelque chose à dire ?

— Comment veux-tu que je le sache ? C'est toi qui es dans la confidence. »

Putain, c'était comme la conversation avec le prêtre. Circulaire, vaine, des questions en guise de réponses. Apparemment, elle n'était pas disposée à lui confier ce qui se passait.

« Du moment qu'elle va bien.

— Ça va aller. Elle traverse une petite crise, c'est tout. Pas de quoi s'exciter.

— Quel genre de crise ? Ça a rapport avec Peter, pas vrai ? »

La bouche de Valerie dessina un O parfait. Puis un trait d'union. « Comment tu sais ça ?

— J'ai observé son comportement l'autre soir quand je suis passé chez elle. Peter n'était pas là, et elle était… de mauvaise humeur. Je lui ai demandé ce qui n'allait pas, mais elle n'a pas voulu me répondre. J'ai deviné tout seul que c'était à cause de Peter, vu la façon dont elle se comportait. Je ne suis pas débile, tu sais, j'ai deux yeux et deux oreilles. Qu'est-ce qui se passe ?

— T'occupe.

— Mais…

— Mais rien. C'est des histoires d'adultes. Et tu n'es pas encore tout à fait adulte. Alors même si tu crois tout comprendre, tu peux parfois te tromper. Maintenant, écoute, on n'est que tous les deux pour dîner ce soir, tu veux que j'aille chercher une pizza en vitesse ? Tu sais comment est ton père quand il a un appareil photo entre les mains, il ne va pas rentrer avant qu'il fasse nuit noire. »

Des histoires d'adultes ? Tu peux te tromper ? Nom d'une pipe en bois, Peter trompait Mary ! Le *salaud*…

« Umberto ? Tu m'entends ?

— Ouais, parfait. Une pizza. Génial. »

Sitôt qu'elle fut partie, il prit le téléphone et composa le numéro de Mary. Mais il raccrocha avant qu'elle ait le temps de répondre, ne sachant pas très bien ce qu'il cherchait à faire. Il ne pouvait rien dire qui soit susceptible d'arranger les choses et, en plus, il n'était même pas censé être au courant. Mieux valait ne pas s'en mêler, en tout cas pour l'instant.

Mais quand même, la vache. Une tromperie… c'était plus grave que ce qu'il croyait. Si on lui avait demandé quel était le problème à son avis, il aurait dit que c'était par rapport aux enfants. Il avait souvent entendu sa mère dire que Peter et Mary ne seraient jamais « finis » tant qu'ils n'auraient pas d'enfants. Ou

# 21

Le nouveau téléphone portable de Finbarr sonna pour la première fois le mercredi soir. Il était alors vautré sur son lit, en pleine sieste. Le bruit qui le réveilla lui parut d'abord tout à fait énigmatique. Bipiripi, bipiripi, bipiripi, de rapides bips sonores qui se succédaient indéfiniment. Il demeura allongé, l'oreille tendue vers la porte de la chambre, passant en revue une liste de possibilités qui allaient de la sonnette (peu probable) à la télé (pas allumée) en passant par les fantômes (pas possible). Lorsque la vérité lui apparut, il bondit du lit et dégringola les marches, laissant échapper une flopée de jurons. Dans la pénombre de la cuisine, le portable était tout illuminé, telle une sorte de balise de navigation, entre le grille-pain et la bouilloire. Il s'en empara et posa un doigt tremblant sur le clavier, se demandant ce qu'il fallait faire pour parler dans ce truc. La fille du magasin lui avait proposé de lui montrer comment ça marchait, mais il avait refusé. Il était pressé, avait-il dit. En réalité, il voulait se tirer de là le plus vite possible. Elle lui avait posé un tas de questions personnelles : allait-il plutôt s'en servir le jour ou la nuit, combien d'appels pensait-il passer, etc. Ça le rendait nerveux, comme un agent secret intercepté à un check-point.

Bipiripi, bipiripi. Ah, merde. Aucune des touches ne disait « Répondre » ou quoi que ce soit dans le genre. Sur l'une d'elles, il y avait cependant un dessin d'un petit téléphone vert. C'était peut-être ça. Il était sur le point d'appuyer dessus quand il se souvint qu'il voulait un message enregistré, pas une conversation. Il fallait le laisser sonner. Les yeux écarquillés, pantelant, il attendit la fin des bipiripis. Ce qui prit des plombes.

« C'est la fille, murmura-t-il. N'oublie pas d'attendre le bip sonore… »

Il resta immobile une ou deux minutes, essayant d'imaginer sa voix. Hésitante, mais excitée. Remerciant son mystérieux admirateur, se demandant qui il pouvait bien être. Lui proposant un rendez-vous, avec un peu de chance. Alors là, ce serait la cerise sur le gâteau, en plein dans le mille, la Coupe du monde. Il se sentait fébrile, tout d'un coup. Voilà que c'était en train de se produire sous ses yeux. Ç'avait marché. Il tenait sa preuve. Mais qu'allait-il *dire* à Peter, exactement ? Comment présenter les choses ? Il n'était pas très doué avec les mots. En même temps, il n'aurait pas besoin de tellement s'étendre. Un bref résumé des faits suffirait. Le message ferait le reste. Attends un peu…

« Merde, lâcha-t-il. Comment on fait pour écouter ses messages ? »

Pour un appareil de cette taille, le téléphone portable était accompagné d'une impressionnante somme de littérature. Finbarr dénombra huit fascicules différents, d'épaisseurs et de couleurs variées. Certains semblaient n'être rien d'autre que des pubs pour d'autres cochonneries que l'on pouvait acheter : étuis, chargeurs et autres kits mains libres. L'un d'entre eux atteignait un total de soixante-quatre pages, un véritable mode d'emploi pour construire son propre jet privé. Un autre était consacré à l'utilisation du téléphone à l'étranger. Finbarr n'avait jamais mis les pieds à l'étranger et espérait bien ne jamais avoir à le faire. Il les jeta tous à la poubelle.

*Guide de l'utilisateur du Simon C25*, lut-il sur la couverture du candidat suivant. Ah, voilà qui pouvait se révéler utile. Mais non. C'était trente pages de baratin incompréhensible sur la façon d'envoyer des SMS (qui sait ce que ça pouvait bien être) et de remplacer le bipiripi par Dieu sait quoi, cocorico peut-être. C'est en parcourant le sommaire de cette publication que Finbarr se rendit compte que Simon n'était pas Simon mais Siemens. Il rigola tout seul pendant deux bonnes minutes. On n'était pas obligé d'être sérieux tout le temps.

Ensuite venait un fascicule intitulé le *Guide de référence de poche*. Il était d'une minceur encourageante. Les espoirs de Finbarr renaquirent… Renvoi d'appels, Changement de mot de passe, Signal d'appel… bingo ! Réception des messages. Cela s'avéra être assez facile. Composez le 121 et appuyez sur la touche téléphone vert. Finbarr prit une grande inspiration et s'exécuta.

Il y eut une série de bips, puis une sorte de bourdonnement. « Vous avez… UN… nouveau message », annonça une voix. Finbarr avait les mains moites.

« C'est parti », dit-il.

La voix du message était masculine et complètement inconnue. Un accent de Dublin. « Salut Keith. C'est Eamo. Écoute, j'avais plus de batterie tout à l'heure mais maintenant c'est bon, j'ai rechargé, tu peux me rappeler. À l'heure que tu veux, pas de problème, mais après neuf heures ce serait mieux. Bon, OK. À plus, alors. »

Finbarr était dégoûté. « BORDEL DE MERDE », déclara-t-il. Une putain d'erreur. Tant pis. Il fallait rester calme. La patience était la clé de la réussite, dans ce genre d'affaire. Elle était encore en train de se poser des questions, bien sûr. Peut-être attendait-elle que Peter sorte pour appeler.

Finbarr pouvait attendre. C'était même une de ses spécialités.

## 22

*Eleanor Rigby* était un des rares 45 tours que possédaient les McKeown lorsque Mary était enfant, et le seul des Beatles. (« Certaines de leurs chansons ont un tempo sympa, se souvenait-elle d'avoir entendu dire son père, mais c'était une bande de drogués irrécupérables. On ne pouvait pas les aimer, ces types-là. »)

Elle était tombée dessus un dimanche après-midi en fouillant dans leur collection de disques, quelque peu incongru entre les ballades de Roger Whittaker et la country de Tammy Wynette. Mary ne se rappelait pas l'âge qu'elle avait alors ; huit ou neuf ans, sans doute, vu qu'elle n'avait pas encore de disques à elle et que Valerie était déjà partie pour Londres. La première fois qu'elle avait entendu la chanson, elle avait été impressionnée. C'était une jolie mélodie et il avait une belle voix, ce mec. Pas aussi belle que celle du chanteur des Monkees, mais pas mal. Elle n'avait pas écouté attentivement les paroles au premier passage. À vrai dire, il lui avait semblé que c'était une chanson d'amour. Sitôt le disque terminé, elle souleva l'aiguille et le remit au début, cette fois en prêtant attention au texte autant qu'à la musique. À la fin de cette deuxième écoute, elle avait envie de vomir. Pourquoi ? Elle l'ignorait. Elle le passa une troisième fois. Et là, il la fit carrément pleurer, bien que le disque ait sauté à deux reprises, d'abord à la phrase sur le visage dans le pot, puis à celle sur les gens seuls. Elle courut s'enfermer dans sa chambre.

Allongée sur son lit, elle s'efforça de comprendre pourquoi cette chanson l'avait autant dérangée. Elle avait déjà entendu des chansons tristes sur les amours perdues, les premières amours et les amours non réciproques, et elle les avait comprises, du moins pour l'essentiel. Mais elles n'avaient pas eu de véritable effet sur elle. C'étaient des chansons tristes, point à la ligne, de petites histoires qu'on pouvait oublier dès qu'elles étaient finies. En quoi celle-là était-elle différente ?

Il lui fallut un bon moment avant de comprendre. *Eleanor Rigby* parlait d'adultes qui étaient malheureux, en général. Rien à voir avec l'amour. Avant ça, il n'était jamais venu à l'esprit de Mary que les adultes puissent être tristes. Jusque-là, elle avait imaginé qu'ils n'avaient pas à s'en faire. Ils avaient de l'argent, ils pouvaient aller se coucher à l'heure qu'ils voulaient, ils n'avaient pas de parents pour leur dire qu'ils avaient les mains sales ou que leur jean ne leur allait pas. Ils étaient tirés d'affaire. Mais tout ça, apparemment, c'étaient des conneries. Les adultes pouvaient très bien être aussi malheureux que les enfants. Et peut-être même plus, à en croire la chanson qui disait qu'ils pouvaient subir non seulement une solitude écrasante et des vies vaines et ratées, mais aussi une mort brutale. Le désespoir pouvait toucher ses parents.

Peut-être les avait-il déjà touchés.

« Qu'est-ce qu'il y a ? Qu'est-ce qui se passe ? » demanda son père, affolé, lorsqu'elle franchit la porte de la cuisine ce mercredi soir. Il était assis dans son fauteuil préféré près du poêle, l'*Evening Herald* étalé sur les genoux. Le gros titre, ne put s'empêcher de remarquer Mary, hurlait quelque chose sur des immigrants assassins.

« Je suis ravie de te voir, papa, répondit Mary. Qu'est-ce qui te fait dire qu'il se passe quelque chose ? »

Il replia son journal et joignit les deux mains sur sa poitrine. « J'ai rêvé, ou nous sommes venus te voir chez toi hier soir ? Deux visites en deux jours, c'est tout ce que je dis.

— Quel accueil !

— Ah, tais-toi. Tu es toujours la bienvenue. Allez, rends-toi utile et mets la bouilloire à chauffer.

— On est toujours aussi bien reçu, ici. Alors, tu es tout seul ?

— Elle est à confesse.

— Ah bon ? Qu'est-ce qu'elle a fait ? »

Il agita un doigt dans sa direction. « Dites donc, mademoiselle, un peu de respect. Ça ne te ferait pas de mal d'y aller de temps en temps. »

Une fois la bouilloire posée sur le feu, Mary s'assit dans le fauteuil en face de son père, de l'autre côté du poêle. « Mais j'y vais. Souvent. Non pas que j'aie des choses à confesser… »

À moins que ? songea-t-elle. Non. Non, non, non. Noooon.

« Brave fille. Je suis sûr que non. Mais tu devrais peut-être glisser un mot à l'oreille de ta sœur, pour essayer de la faire aller dans la même direction. Ou à la messe, au moins. Ne serait-ce que pour son fils, si elle ne le fait pas pour elle.

— Quel fils ? »

Il pinça les lèvres mais ne dit rien pendant un moment. C'était un petit jeu entre eux. Mary avait entendu son père prononcer le nom d'Umberto peut-être une dizaine de fois tout au plus. Chaque fois, il se mettait à loucher et manquait de s'étouffer. Il l'appelait la plupart du temps « le fils de Valerie », ou « mon petit-fils » ou, devant lui, simplement « fils ». Mary était persuadée qu'Umberto en était parfaitement conscient, et par ailleurs qu'il s'en foutait royalement.

« Kevin, je crois qu'il s'appelle. Ou peut-être

Declan. Ou Michael, David ou Anthony. Quelque chose comme ça. Un nom tout à fait banal.

— Tu es sûr que ce n'est pas Umberto ?

— Sûr et certain. Je suis sûr que c'est même pas un nom.

— Le *déni*, papa, tu sais ce que c'est ? »

Il se frotta le menton. « C'est un fleu…

— Et ne me dis pas "C'est un fleuve en Égypte ?".

— Langue au chat, alors. »

Ils échangèrent un sourire et elle se releva pour faire le thé.

« Alors, et cet orteil ? demanda-t-elle lorsqu'ils furent confortablement installés.

— Toujours pareil », répondit-il d'un air triste, en se penchant en avant pour atteindre son lacet.

Mary frissonna. « Ça va, je ne tiens pas à le voir.

— Je suis juste…

— Non. Vraiment. Une fois, ça m'a suffi amplement. »

Il se redressa et but une gorgée de thé. « Tu es bien la fille de ta mère, en tout cas. »

Mary sentit ses sourcils se froncer de leur propre initiative. « Ce qui veut dire ?

— Ce qui veut dire qu'elle s'en moque comme de sa première chemise.

— C'est vraiment ce que tu penses ? Qu'elle s'en moque ? »

Il haussa une seule épaule. « Ch'sais pas.

— Tu ne *sais pas* ? »

Elle comprit à la façon dont il la regardait qu'elle lui avait parlé sèchement. C'était le même regard que celui que lui portait Peter, ces derniers temps. Elle se demanda quand exactement ç'avait commencé, cette incapacité à contrôler le ton de sa voix.

« Qu'est-ce qu'il y a, Mary ? » l'interrogea-t-il.

Elle cligna des yeux. « Rien.

— Hmm… Ça m'étonnerait. Je te connais depuis un bout de temps. Je connais ma Mary. Tu n'es pas dans ton assiette, ces temps-ci. Il y a quelque chose qui te travaille…

— Nan.

— Ta mère aussi l'a remarqué. »

Elle avala une gorgée de thé en évitant son regard.

« Tu faisais déjà ça quand t'étais gamine. Je me rappelle.

— Je faisais quoi ?

— Ça. Dire "Nan". Quand quelque chose te tracassait mais que tu ne voulais pas en parler, tu venais chercher ta mère ou moi et tu traînais dans nos pattes jusqu'à ce qu'on te tire les vers du nez. Et quand je dis "tirer les vers du nez", c'était bien ça. Parfois, ça prenait la journée. Tu étais déjà forte pour dire "Nan", à l'époque. »

Il marqua une pause, espérant visiblement en avoir assez dit pour la faire céder. Elle resta muette. Il poursuivit.

« Comme la fois où Valerie est partie à Londres et où tu as eu cette minicrise. Tu t'en souviens ? »

Elle secoua la tête.

« Je suis sûr que si, dit-il en baissant le menton contre sa poitrine. Si moi je m'en souviens, je suis sûr que toi aussi. »

Bien sûr, qu'elle s'en souvenait. C'était juste qu'elle n'avait pas envie d'en parler. L'été 82. Peu avant la révélation *Eleanor Rigby*. Quand Valerie avait annoncé qu'elle partait, la maison McKeown avait été plongée dans un état de choc, et pas seulement parce que tout ça était tellement inattendu. Même enfant, Mary sentait bien que Valerie était une anomalie dans cette famille, et que son absence serait significative. Sans elle, ils deviendraient... ordinaires. Elle ne pouvait pas espérer remplir elle-même le vide laissé par Valerie. Elle jouait encore à se déguiser, pour vous dire ! Il faudrait sans doute très peu de temps avant que ses parents ne prennent conscience de ce vide et se mettent à lui en vouloir. Très peu de temps ? Cela se produisit immédiatement. Ils devinrent distraits, distants, dès le jour de son départ. Sa mère errait dans la maison en silence, arrosant les mêmes plantes indéfiniment. Son père restait assis devant la télévision, regardant des soap operas. Il détestait les soap operas. Mary ricochait de l'un à l'autre, égrenant des banalités. Ils lui répondaient par des demi-sourires et peu de mots. En désespoir de cause, elle essaya même de les intéresser à ses devoirs.

Cela les rendit perplexes. Elle ne leur en voulait pas vraiment. Comment sa rédaction d'une page sur *Le Plus Beau Jour de ma vie* pouvait rivaliser avec, par exemple, la sculpture en papier mâché de Valerie représentant un homme pourvu de trois seins, et d'un pénis qui touchait presque le sol (elle l'avait intitulée *Demain*) ?

À mesure que le temps passait, ses efforts devinrent de plus en plus frénétiques. Un soir, elle inventa une nouvelle danse. Bras gauche écarté, jambe droite écartée, bras droit écarté, jambe gauche écartée, on rassemble, sautez ! Bras gauche écarté… Elle ne fit pas un tabac. « Oh », dit sa mère. « Ah », dit son père.

Au bout d'une semaine, sa mère la fit asseoir à la table de la cuisine et lui demanda s'il y avait un problème. Elle se rappelait avoir secoué la tête et tourné les yeux vers la fenêtre. Et peut-être bien qu'elle avait dit « Nan », elle ne s'en souvenait pas bien. Puis son père les avait rejointes, s'adossant à l'évier, les bras croisés. Est-ce qu'elle était sûre que ça allait ? Elle se comportait « bizarrement ».

Mary se rappelait avoir pensé que c'était quand même un peu fort. Si quelqu'un se comportait bizarrement dans cette maison, c'était plutôt eux, avec leurs regards dans le vide et leurs soupirs appesantis. Comme elle ne réagissait pas, son père se lança dans un discours inhabituel. Au sujet du départ de Valerie, des « choix que les gens font dans la vie », de la façon dont « les choses changent mais restent toujours identiques ». Ça lui passait complètement au-dessus de la tête, mais elle acquiesça tout du long quand même. Sa mère acquiesçait aussi, assise à la table, les doigts noués. Puis elle demanda à Mary si elle savait que ses parents l'aimaient. Elle était gênée – en règle générale, ils n'avaient pas ce genre de conversations – mais elle répondit que oui. Sa mère enchaîna par une autre question. Pensait-elle qu'ils l'aimaient plus, moins, ou pareil qu'avant parce que Valerie était partie ? Elle répondit pareil. Ça semblait être la bonne réponse. Ils lui sourirent et la prirent dans leurs bras chacun à leur tour. Et ce fut tout.

« Peut-être que ça me dit quelque chose, finalement », dit Mary.

Son père avala une formidable gorgée de thé. « Alors… Est-ce que tu vas me dire ce qui se passe, maintenant ?

— Il ne se passe rien, papa. Franchement. Je vais bien. »

Il opina du chef. « Et avec Peter, ça va ?

— Pourquoi ça n'irait pas ?

— Comme ça. On vous a juste trouvés un peu… tu sais… hier soir.

— *On ?*

— Ta mère et moi.

— Alors ça, c'est la meilleure !

— Pourquoi ?

— Parce que vous avez passé votre temps à vous chamailler.

— Pas du tout !

— Bien sûr que si ! Vous êtes toujours en train de vous lancer des piques. Chaque fois que je vous vois, vous vous disputez. Si ce n'est pas à propos de ton orteil, c'est sur la bonne manière de faire des œufs brouillés, ou sur qui jouait quoi dans les vieux films. Vous ne vous laissez jamais en paix, tous les deux.

— C'est la première fois que je t'entends dire ça.

— Oui, euh… parce que je viens de m'en rendre compte.

— Mais tu sais bien qu'on plaisante ! »

Elle y réfléchit un moment. « Parfois je me demande… »

Il y eut soudain des bruits de pas derrière la porte de la cuisine. Puis sa mère entra en dénouant son écharpe.

« Ah, bonsoir, Mary, dit-elle. Deux jours de suite ! Quelque chose ne va pas ? »

Elle s'attarda encore une petite demi-heure. À son grand soulagement, son père abandonna le fil de leur conversation antérieure. Ils bavardèrent de choses et d'autres, du temps qu'il faisait, et si Mary et Peter devaient s'acheter une deuxième voiture. James pensait que oui ; Valerie et Jeff disaient que ça leur avait changé la vie. Elizabeth trouvait que c'était une extravagance inutile. Mary dit qu'elle aimait marcher, car ça lui laissait du temps pour penser. Ce propos lui valut des regards en coin de ses deux parents.

« À une époque, la confession du mercredi était bondée, fit observer sa mère un peu plus tard. Vous devriez voir ça, maintenant. Cinq ou six personnes, maximum. Et que des vieux comme moi. Tu y vas toujours, n'est-ce pas, Mary ?

— *Oui.*

— Eh bien je suis contente de l'apprendre. La plupart des jeunes s'en contrefichent.

— Ça n'aura pas duré longtemps, en tout cas, rétorqua James. Tu n'es pas sortie depuis une demi-heure que déjà tu recommences à dire des gros mots.

— Des gros mots ? Quels gros mots ? Qu'est-ce qui te prend, tout d'un coup ?

— Tu as dit "contrefichent". C'est un gros mot.

— Non.

— Si.

— Je te dis que non.

— Et moi je te dis que oui.

— Mary, dis-lui.

— Je ne sais pas, répondit Mary. Qu'est-ce que ça peut faire, de toute façon ?

— Enfin bref. J'ai eu le père Duff. Il est… »

James toussota. « Et ça continue !

— Quoi ?

— Tu nous dis qui tu as eu en confession. Tu ne devrais pas. C'est censé être un secret. Tu vas devoir le confesser la prochaine fois.

— Tu inventes ! Il fait toujours ça, Mary, tu as remarqué ? Il invente ses propres règles religieuses quand ça l'arrange. Il n'est même plus catholique, à ce compte-là, il est autre chose qu'il s'est fabriqué lui-même. Bref. J'avais donc… » Elle lança un regard à son mari. « … LE PÈRE DUFF. Il était bavard comme une pie. Il voulait tout savoir sur toute la famille, comment tout le monde allait. Je ne pensais pas qu'il nous connaissait comme ça. J'ai toujours cru qu'il n'était pas ce genre de prêtre. Pas comme le père Fleming, Dieu ait son âme, qui connaissait tous les habitants de la ville par leurs noms.

— Il connaissait aussi toutes les marques de whisky par leurs noms », glissa James.

Elle ignora son intervention. « Il m'a demandé après toi, Mary, et après Valerie.

— Ah bon ?

— Oui. Et après Umberto.

— Hein ? D'où est-ce qu'il connaît Umberto ?

— Pas la moindre idée. En tout cas sûrement pas de la messe, ni par Valerie. Ça, j'en suis sûre. »

James se redressa, l'air inquiet. « J'espère que ce n'est pas un… un de ces… tu sais…

— James !

— Ben…

— Bien sûr que non, enfin ! Il voulait juste être gentil ! Dans quel pays vit-on si un prêtre ne peut pas prendre des nouvelles d'un jeune homme sans être diflammé par un vieux bouc comme toi ?

— *Diffamé*. Je le diffame. »

Elizabeth roula des yeux et secoua la tête. Mary remarqua que son père regardait dans sa direction. Est-ce qu'il se chamaillait délibérément avec sa mère pour voir si ça la dérangeait ? Apparemment oui. Eh bien elle n'allait pas s'éterniser si c'était pour assister à ce spectacle !

« Je vais y aller, dit-elle en se levant.

— Déjà ! s'exclama sa mère. Tu ne veux pas une autre tasse de thé ?

— J'en ai déjà bu deux. »

Elizabeth donna une tape sur le bras de James. « Regarde ce que tu as fait ! Elle s'en va, maintenant ! Personne n'a envie de rester là à t'écouter *diffamer* les gens. J'espère que tu es content de toi.

— Je vais te déposer, proposa James.

— Ça va, je peux marcher.

— Tu ferais mieux de marcher, approuva Elizabeth. Il est à moitié miro et il ne veut pas aller chez l'obstétricien.

— L'opticien », soupira James.

Elle lui donna une autre petite tape. « Je *sais*, andouille ! C'était juste pour voir si tu ne dormais pas. »

Mary les regarda tour à tour, consternée, avant de leur dire au revoir et de s'en aller. Elle rentra à pied, en compagnie de Paul McCartney qui gémissait langoureusement dans sa tête.

# 23

Tommy « Mask » McGuiney lança à Umberto un regard mauvais tout en traversant la cour de récré. Du moins Umberto pensait-il que le regard lui était adressé. Il pouvait aussi bien viser Dessie Doherty, assis à côté de lui sur les marches du labo de chimie. On ne pouvait jamais savoir avec Mask, dont les yeux s'entrouvraient rarement de plus d'un millimètre ou deux.

Umberto l'avait vu maintes fois fusiller d'autres élèves de ce même regard. En général, c'était le prélude à une forme ou une autre de violence. Il espéra qu'il en serait ainsi cette fois encore. Il avait beaucoup réfléchi à Mary et Peter, et à la possibilité de mêler le prêtre à tout ça. En conséquence de quoi il était de très mauvaise humeur. Non pas parce qu'il pensait que l'idée ne marcherait pas. C'était, il fallait bien l'admettre, une excellente idée. Il était de mauvaise humeur, à vrai dire, précisément *parce que* c'était une bonne idée. Cela signifiait qu'il allait devoir y donner suite, par respect pour sa conscience, et aller demander son avis au prêtre. Il tenta de se consoler en songeant au succès garanti de son plan.

Mask mit fin à sa distribution de mauvais regards et leur décocha un hochement de tête en arrivant devant eux, comme s'ils étaient tous copains. Rien n'aurait pu procurer plus de plaisir à Umberto que de taper sur le crâne de ce petit con pour l'enfoncer progressivement dans le sol, comme dans les dessins animés. Mask mesurait un mètre cinquante et devait peser quarante kilos. Non seulement ce serait marrant, mais facile, même pour quelqu'un comme Umberto qui n'avait jamais délibérément frappé aucun autre être humain de toute sa vie.

« Salut, les filles, lança Mask en plantant un pied sur la marche entre Umberto et Dessie. Il fait beau, non ? »

Umberto et Dessie soupirèrent en chœur d'un air résigné avant de détourner la tête chacun de leur côté. Dessie n'était pas un géant non plus, mais il n'avait pas peur de Mask. Le truc, c'est que personne n'avait peur de lui, en tout cas physiquement. Et tout le monde le savait, sauf Mask. Il se pavanait, les pouces coincés dans les coulants de son pantalon satiné, faisant pleuvoir les insultes et les menaces tel un parrain de la mafia. La plupart si ce n'est la totalité des railleries dont Umberto faisait l'objet venaient de lui.

Bien qu'il fût relativement inoffensif, personne n'avait envie de se le mettre à dos car il avait des admirateurs parmi les élèves les plus débauchés, qui, eux, étaient parfaitement capables de casser la gueule à quelqu'un. S'il essayait de vous taper dessus lui-même – comme c'était souvent le cas, post-mauvais regard –, le plus sage était de se défendre du mieux possible, sans contre-attaquer trop violemment. Deux ou trois mecs avaient envoyé à Mask de bons uppercuts dans la mâchoire et s'étaient retrouvés ensuite la tête en bas quelque part dans un buisson, assommés et sanguinolents, tandis que la moitié de l'équipe de football s'éloignait en riant.

« On a math en premier, cet après-midi, si je ne m'abuse, lança Mask.

— Et alors ? rétorqua Umberto.

— Qu'est-ce que t'as pensé des devoirs d'hier soir ? Dur, très dur, j'ai trouvé. » Il tourna la tête pour cracher. *Toup.* « J'ai eu un peu de mal à terminer. Et à commencer. »

Umberto secoua la tête avec lenteur. « Bon sang, mais t'as quel âge ? T'en es toujours à vouloir pomper les devoirs de quelqu'un à l'heure de la cantine ? C'est pathétique. Tu vas rester comme ça toute ta vie, à gruger et à vivre aux crochets des autres ? »

Mask retira son pied de la marche et regarda tout autour de lui, choqué. Umberto pensa qu'il devait chercher une caméra cachée, ou peut-être l'animateur Jeremy Beadle en personne.

« Pardon ? éructa-t-il.

— Il faut grandir, Thomas. Je suis désolé de devoir te l'annoncer, mais tu n'es plus à l'école primaire. Comporte-toi comme quelqu'un de ton âge, merde. »

En principe, Umberto s'efforçait de ne pas dire de gros mots. Il trouvait que les personnes qui disaient tout le temps des gros mots avaient toujours l'air bêtes, quoi qu'elles disent entre deux jurons. Mais là, c'était une occasion spéciale. Et en plus, Mask faisait partie de ces gens qui n'écoutaient vraiment que lorsqu'il y avait de la vulgarité dans l'air. Quand on s'adressait à lui sans gros mots, c'était comme pisser dans un violon.

« Pardon ? » répéta Thomas, se redressant de toute sa hauteur et bombant son maigre torse.

Umberto le regarda en plissant les yeux. Pour voir ce que ça lui faisait. « Je ne suis pas d'humeur à te supporter, aujourd'hui, dit-il. Fais-nous plaisir et va te faire foutre. »

Dessie laissa échapper un gémissement.

« Tu viens de me dire de…, grogna Mask. Tu peux répéter ce que tu viens de me dire ? »

Umberto sentit que c'était le moment de feindre un soupir exaspéré. Ce qu'il fit, avec enthousiasme. « D'accord, je vais te le répéter. Mais c'est la dernière fois, compris ? Tu es prêt ? Les oreilles grandes ouvertes ? C'est parti : Va… te faire… foutre. Va te trouver un autre pigeon pour copier tes devoirs. On est en train de parler, là. »

Mask parut finalement comprendre qu'il n'y avait pas de caméra cachée et que tout cela n'était pas une blague. Quelqu'un était réellement en train de lui parler comme ça ! Et pas n'importe qui, mais Umberto McKeown, ce gros con de tapette. Il leva la main droite et montra Umberto du doigt.

« Toi… »

Ses lèvres continuèrent à remuer mais la suite ne sortit jamais.

« Umberto », compléta Umberto. Il désigna Mask à son tour. « Toi, Thomas. » Puis il indiqua du doigt Dessie. « Lui, Dessie. »

Dessie ne put s'empêcher de glousser. Aussitôt, il plaqua une main contre sa bouche, comme quelqu'un qui aurait roté en noble compagnie.

« Toi, tu cherches les clash », déclara Mask en se tournant légèrement pour pointer son doigt vers Dessie.

Umberto répliqua du tac au tac : « Les Clash. Groupe de punk anglais dirigé par Joe Strummer dans les années 70 et 80. Tubes les plus célèbres : *Magnificent Seven* et *Should I Stay or Should I Go*. Dix points pour moi. Question suivante. »

Ça passa carrément au-dessus de la tête de Mask : l'humour et lui, ça faisait deux. Il s'éloigna, d'abord à reculons, le doigt toujours tendu.

« Bon. On en était où ? » demanda Umberto. Il se sentait requinqué, à présent, et se promit de se défouler sur Mask à l'avenir, chaque fois qu'il aurait un coup de blues.

« Les effets spéciaux, répondit Dessie d'un ton monocorde, sans quitter des yeux la silhouette de Mask.

— Exact. En fait, j'avais fini sur ce sujet. »

Avant d'être interrompu, Umberto avait livré à Dessie les fruits de sa dernière théorie en date, qui disait qu'une personne qui ne veut pas savoir comment sont faits les effets spéciaux au cinéma est plus susceptible de croire en Dieu. Il songeait au prêtre, bien entendu, mais en vérité il entretenait souvent Dessie de ses divagations philosophiques. Il savait écouter, Dessie. Beaucoup de gens savaient écouter, en fait, mais peu avaient envie de l'écouter *lui*. Pas dans cette école, en tout cas. Peut-être cela pourrait-il changer si sa mauvaise humeur et son assurance corrélative persistaient.

Dessie se racla la gorge. « Je ne suis pas trop sûr d'aimer ça, tu sais. Pour Mask.

— Je ne l'aime pas non plus.

— Tu sais très bien ce que je veux dire. Maintenant il va en avoir après toi, et après moi aussi parce que tu m'as fait marrer, tête de con. »

Umberto écarquilla les yeux. « Et alors ? J'en ai marre, de ce mec. Pomper les devoirs… On n'est plus des gamins.

— Même. Je ferais gaffe, si j'étais toi. Ou moi.

— Tu es toi. »

Dessie passa nerveusement une main dans ses cheveux sales. « Pas la peine de me le rappeler », dit-il.

Il était de notoriété publique que M. Devine, le prof de math, avait été un adepte de la manière forte par le passé, et qu'il en voulait amèrement aux chochottes du gouvernement dont le libéralisme insipide signifiait qu'il n'avait plus le droit de corriger un élève dévoyé par une bonne paire de claques. Les garçons savaient cela, car il leur en avait parlé un jour, ses yeux roulant comme deux billes dans leurs orbites.

Comme il ne pouvait plus mordre, il avait donc consacré du temps et de l'énergie à mettre au point un aboiement hors du commun. Quand il criait, les choses tombaient des étagères. Et il criait beaucoup. Quinze jours auparavant seulement, il avait poussé Noel O'Hanrahan aux larmes en lui hurlant dessus à une distance de cinq centimètres pendant trois minutes entières. Noel était un peu bébête, pensait Umberto, mais ce n'était pas un mauvais bougre. Son excuse pour ne pas avoir de devoirs à montrer – « Je les ai oubliés à la maison » – semblait parfaitement plausible. Les gens oubliaient toujours des choses à droite à gauche. Alors pourquoi pas les devoirs ? M. Devine, connu de tous sous le nom de « capitaine Kirk » à cause de sa très vague ressemblance avec ce dernier, ne l'entendait pas ainsi. Il se mit aussitôt à danser sur place devant la table de Noel, s'efforçant visiblement de trouver quelque chose à faire de ses mains tandis qu'il s'égosillait en postillonnant. Il pouvait facilement se laisser emporter par une bonne gueulante, Kirk, et à une ou deux reprises il avait révélé son enthousiasme pour la procédure en exécutant un petit bond en l'air. Umberto, qui, sur le moment, avait tremblé de compassion pour Noel, se demanda ce qui lui était arrivé pour souhaiter à présent le même traitement à Mask. Le stress. Ça devait être ça. Il avait subi beaucoup de stress, ces derniers jours. Plus que d'ordinaire. Ça le rendait vindicatif. Il s'était trompé en prenant ça pour de l'assurance.

Le capitaine Kirk fit son entrée en classe dans son style habituel : comme une furie et sans grande cérémonie.

« Vos gueules », dit-il simplement tout en franchissant la porte à grandes enjambées. Le brouhaha se tut, mais pas assez vite pour le capitaine. Il prit une grande inspiration et se retourna pour faire face à ses ouailles. « VOS GUEULES ! TOUT DE SUITE ! » C'était un éclat moyen dans la gamme de ses possibilités, à peine un rugissement, mais l'effet fut instantané. Umberto regarda derrière lui vers la gauche, en direction du coin où Mask était assis. Il avait l'air plutôt calme.

Kirk était le seul de leurs professeurs qui tenait à vérifier les devoirs de tout le monde tous les jours. Il ne les vérifiait pas pour les corriger ni en faire quoi que ce soit du plus petit intérêt pédagogique. Il vérifiait juste qu'ils étaient faits, convoquant les rangées une par une pour que tous les élèves défilent devant lui en présentant leur cahier ouvert tels des touristes à la douane. Parfois il le faisait à la fin du cours, parfois au début. Ce jour-là entrait dans la deuxième catégorie.

« OK. Tout le monde sort son machin », aboya-t-il. C'était son signal traditionnel pour le défilé des devoirs. Personne ne savait s'il essayait sincèrement d'être drôle ou si ce n'était qu'un moyen de mettre au défi les élèves téméraires qui s'aviseraient de rire. Il prononçait la même phrase tous les jours. Personne ne riait jamais.

Les garçons du premier rang se levèrent en faisant grincer leur chaise et grimpèrent sur la petite scène où Kirk et ses collègues faisaient leur numéro. Leur tour passa sans incident. Le deuxième rang s'était révélé tout aussi diligent dans son travail, bien que Spazmo Kelly se fît légèrement engueuler pour avoir écrit à l'encre noire. Kirk voulait du bleu. « Le noir, c'est pour les excentriques », dit-il à Spazmo, sa voix augmentant considérablement de volume au dernier mot. C'était le plus impressionnant chez lui. Les autres profs ne criaient que lorsqu'ils perdaient leur sang-froid. Ils s'en trouvaient gênés et repentants. Kirk pouvait non seulement crier une phrase et chuchoter la suivante, il pouvait aussi crier des mots ISOLÉS dans une même PHRASE.

Le premier élève à lui arracher de vrais hurlements faisait partie du rang d'Umberto. C'était Gregory Daly, un des sous-fifres occasionnels de Mask. Encore un qu'Umberto ne pouvait pas saquer. La chose la plus exaspérante chez lui, c'est qu'il était l'un des plus intelligents de la classe ; et cette classe était la plus intelligente de toutes, la section forte. Il avait juste l'air de trouver ça cool de s'attirer des ennuis mineurs. Il ne faisait jamais rien de grave. Il n'allumait pas de feux, ne volait pas d'ordinateurs, ne chiait pas sur le capot des profs comme certains. Mais il faisait l'insolent et imitait quelquefois des bruits de pets en classe. C'était là toute l'étendue de son répertoire d'agitateur. Pas assez pour lui valoir le respect de quiconque – malgré ses efforts de lèche-cul, même Mask paraissait avoir du mal à le supporter – mais assez pour se faire remarquer, et détester. Tout le monde le détestait. Il n'était pas plus intéressant que son idole, mais au moins Mask était-il un tant soit peu menaçant grâce à ses contacts parmi les véritables pyromanes et chieurs-sur-voiture. Gregory Daly, lui, était le larbin d'un larbin. Zéro classe.

« C'est quoi, ces *gribouillis* ? gronda le capitaine Kirk en désignant le cahier de Daly. Vous avez fait ça sur des montagnes russes ? »

Daly afficha un petit sourire narquois et croisa les bras. « Non, monsieur. Mais c'est vrai que j'étais un peu bourré, sur le moment. »

Il y avait des élèves, Colm McCaffrey, par exemple,

qui arrivaient à faire passer ce genre de truc. Ils étaient appréciés dès le départ et parvenaient de temps en temps à glisser un bon mot salué à l'unanimité par les élèves et le professeur. Daly ne possédait pas ce don. Le reste de la classe, comme un seul homme, feignit de n'avoir rien entendu. Kirk, toutefois, montra tout de suite qu'il avait entendu en se levant d'un bond et en collant son gros visage bouffi à dix centimètres de celui de Daly. Au début, Umberto crut carrément qu'il s'était dispensé de mots et qu'il émettait juste des sons haut perchés qui n'étaient pas sans rappeler une roulette de dentiste. Puis il distingua le mot « clown » et en conclut que le tout devait bien former une phrase, finalement. Daly, ce con, garda son rictus pendant toute la charge, qui dura environ trente secondes. Puis il dit « Bien, m'sieur, désolé, m'sieur » et retourna s'asseoir, savourant ce qu'il semblait prendre pour de l'admiration de la part de ses petits camarades. Un de ses problèmes, c'était qu'il ne savait pas discerner le mépris d'autre chose. Le cahier d'Umberto lui fut arraché des mains et rendu avec à peine un regard. Il faisait toujours ses devoirs. Parfois il se demandait si ça faisait de lui une mauvaise personne.

La rangée de Mask fut la dernière à passer. Alors qu'ils se levaient de leur chaise, Umberto se prépara à entendre les excuses de Mask et la colère de Kirk. Il sentit son ventre se nouer et fut brusquement pris de remords, comme s'il avait vendu un innocent à son bourreau. L'innocent n'était pas vraiment innocent, bien sûr, et le bourreau ne pouvait pas réellement tuer, simplement crier. Mais quand même, Umberto se sentait minable. Son cœur se mit à battre la chamade. Il avait envie de se boucher les oreilles. Mask se leva tranquillement de sa chaise et s'agglutina aux autres, son cahier cabossé à la main. Dessie était assis à côté de Mask et se retrouva donc juste avant lui dans la queue. Le capitaine attrapa son cahier, feuilleta quelques pages puis le lui rendit brutalement. Dessie remercia d'un hochement de tête et avança, se retournant vers Mask au passage. Mask fit un pas en avant. Attrapé, feuilleté, rendu.

Le premier sentiment d'Umberto fut le soulagement. Il n'y aurait pas de cris, donc il n'avait pas à se sentir coupable. De toute évidence, Mask avait suivi ses conseils et trouvé un autre pigeon sur qui copier. Le soulagement ne dura pas longtemps, néanmoins. Il fut remplacé presque immédiatement par un mélange de terreur et de regret. *Merde*. Il était de mauvaise humeur et le sang lui était monté à la tête. À présent il était sur la liste noire d'un mec qui consacrait au minimum cinquante pour cent de son temps d'éveil à emmerder les autres. Et tout ça pour quoi ? Précisément pour rien. Il se décala vers la gauche et jeta un coup d'œil derrière lui.

Mask lui adressa un clin d'œil. Puis il pointa son doigt vers Umberto pour la seconde fois ce jour-là et dessina du bout des lèvres le mot « Toi ».

# 24

Lorsque Peter prit la route du retour le jeudi soir, il avait trouvé une manière de gérer la crise en se la représentant comme un simple paquet en papier kraft attaché avec de la ficelle bleue. Il y avait une étiquette accrochée à la ficelle, et sur l'étiquette s'étalaient de grosses lettres noires, écrites au marker. L'Incident, disaient les lettres. Peter n'avait jamais essayé ce genre de visualisation jusque-là et, pour l'instant, il en était ravi. Chaque fois qu'un souvenir désagréable lui revenait à l'esprit – et ils lui revenaient à longueur de journée à intervalles très fréquents –, il prenait une grande inspiration et se concentrait sur le paquet. L'Incident, dans son intégralité, tout ce qui s'était passé, tout ce qui avait été dit, se trouvait enfermé là-dedans, où il ne pouvait faire de mal à personne. Il pouvait le laisser sur le trottoir pour les éboueurs. Il pouvait le jeter dans un lac. Il pouvait le mettre dans le coffre de la voiture et ne plus y penser. Il était à l'abri.

La circulation de ce jeudi en fin d'après-midi était impressionnante de densité et ne faisait qu'empirer à mesure qu'on approchait du fleuve. Peter finit par arriver péniblement à un ensemble de feux de signalisation où le vert qui s'allumait par intermittence n'était d'aucune utilité pour personne ; tout était complètement bloqué de l'autre côté du carrefour et il n'y avait nulle part où aller. Après quelques cycles tricolores successifs, les gens finirent même par renoncer à klaxonner. Peter regarda ses voisins autour de lui. Ils avaient tous l'air parfaitement calmes, visiblement résignés à la possibilité de ne plus jamais pouvoir bouger de là. Certains chantaient en chœur avec leur autoradio, d'autres bavardaient avec leurs passagers. Un chauffeur de taxi sans cou se fourrait régulièrement l'index dans la narine droite, tel un barman présentant un verre sous le doseur d'une bouteille. Peter s'efforçait de garder son sang-froid, mais brusquement piégé sans la conduite pour le distraire, il était à nouveau bombardé d'images et de phrases non sollicitées. Il se remémorait le paquet, si bien ficelé, si impeccablement banal, et se mit à siffloter.

Pendant qu'il attendait là, son pare-brise fut lavé, ou du moins mouillé, à trois reprises par un jeune gars aux cheveux en brosse, vêtu d'un anorak qu'il avait dû emprunter à son père. L'équipement du laveur de pare-brise était médiocre : un gant de toilette gris-noir, qui avait dû être d'une couleur totalement différente dans sa jeunesse, et un vaporisateur du genre dont on se sert pour arroser les plantes. La première fois qu'il s'était approché de la voiture, Peter l'avait pris pour un assassin. Sa sombre silhouette sortant de l'ombre, le moment où leurs regards s'étaient croisés, puis le bras levé et la lente pression sur la détente. En voyant que le garçon avait juste envoyé quelques giclées d'eau sur son pare-brise avant de faire un aller-retour avec son gant de toilette, Peter sourit, soulagé. Malheureusement, Mister Pschitt interpréta ce geste comme une marque de félicitation pour un travail bien fait et contourna le capot jusqu'à la portière côté conducteur, la main tendue. Peter baissa sa vitre et lui donna une livre, ce qu'il trouvait plutôt généreux compte tenu du fait que son pare-brise était désormais plus sale que jamais à cause des deux traînées noires supplémentaires qu'il y avait en travers. La deuxième fois que le type vint vers lui, Peter crut qu'il se foutait de sa gueule. Mais non. Une giclée, un coup de gant, main tendue devant la portière. Il y avait quelques pièces dans la case près du levier de vitesse. Peter baissa derechef sa vitre et les lui donna, se disant que le gosse les méritait bien, ne serait-ce que pour son culot. Cependant il poussa un peu loin avec sa troisième tentative. Il a vu mon immatriculation, pensa Peter, et il croit avoir trouvé un péquenaud de base qui n'a jamais mis les pieds dans la capitale. Eh bien il va devoir réviser ses préjugés. Le garçon le fixa d'un regard absent, sans expression, tandis que Peter secouait lentement la tête. Pas question, mima-t-il en silence à travers la vitre, bien que rien ne l'empêchât de parler tout haut. Ils continuèrent à se regarder dans les yeux quelque dix à vingt secondes. Puis le feu passa au vert. L'obstruction quelconque qui bloquait le passage de l'autre côté du carrefour s'était finalement dégagée, et Peter avait la voie libre pour avancer. Et c'est parti, songea-t-il, pour les insultes, les crachats, et peut-être même les jets de pierre. Mais le visage du jeune resta impassible. Ils ne se quittèrent pas des yeux jusqu'à ce que Peter se retrouve avec le cou complètement tordu. Mary faisait ce même genre de tête, récemment, pensa-t-il. Cette sorte d'air de déception résignée. Oh, *merde*.

Le paquet, se dit-il. Le paquet, le paquet, le paquet.

# 25

Umberto avait pour habitude, lorsqu'il était confronté à une tâche déplaisante, de se prévoir une récompense pour après. Une visite redoutée chez le dentiste, par exemple, pouvait être compensée par la promesse d'un nouveau jeu pour l'ordinateur en pièces détachées que Peter avait assemblé pour lui lors d'un week-end pluvieux. Aucune carotte de la sorte n'était nécessaire pour motiver sa visite chez le père Duff, cependant. Sa récompense prendrait la forme d'un mariage sauvé. Une petite douleur, pour un bénéfice considérable.

Ou du moins, tel était le plan initial. Sur le chemin de la maison paroissiale après l'école ce jeudi soir, Umberto commença pourtant à concevoir des doutes. Et s'il faisait fausse route ? Et si les prêtres ne s'occupaient plus de sauver les mariages ? L'avaient-ils jamais fait, d'ailleurs ? Umberto n'en était pas sûr. Il possédait très peu d'informations de première main sur le catholicisme, à part les bribes qu'il réussissait à attraper à l'école. Mais ça paraissait quand même être le genre de choses qui pouvait relever d'un prêtre. Après tout, ils envoyaient bien les couples suivre une sorte de formation prématrimoniale – il se souvenait de Peter et Mary racontant cela à ses parents horrifiés. Et ensuite ils procédaient au mariage en lui-même, l'échange des vœux et tout le tintouin. Tout problème subséquent était donc en partie de leur responsabilité, quand on y réfléchissait.

Mais il restait la question du tact. Umberto ne pouvait pas juste arriver chez le père Duff et lui dire que son oncle trompait sa tante. Primo, il n'avait pas de preuve, mais ça ne le dérangeait pas autant que l'idée de baver sur Peter dans son dos. Même s'il méritait un bon coup de pied au cul pour prix de son comportement, ce n'était pas la peine de le montrer du doigt. Limiter les dégâts, voilà de quoi il s'agissait à ce stade. Il se dit qu'il lui suffirait d'exposer ses inquiétudes quant à leur mariage en termes de généralités, en espérant que le prêtre aurait un avis à lui donner. Il n'était même pas nécessaire de mentionner leurs noms. Mais bon, imaginons que le prêtre insiste pour s'en occuper personnellement. Imaginons qu'il veuille savoir qui sont ces pauvres gens et où ils habitent. Imaginons qu'il débarque chez eux avec son kit de sauveur de mariage, comme le type dans *L'Exorciste*.

Umberto opta pour la fermeté. Les grandes lignes

seulement. Le strict minimum. Il s'avança vers la porte de la maison paroissiale avec un sentiment d'assurance retrouvée. C'était bon de se savoir capable de résoudre les problèmes des autres.

La femme qui lui ouvrit la porte avait les pieds les plus énormes qu'Umberto ait jamais vus. Pourquoi les avait-il remarqués ? Il ne le savait pas très bien. La nervosité, sans doute. Mais c'est vrai qu'ils étaient drôlement grands. De vraies poêles à frire. Il en fut décontenancé l'espace d'un instant.

« Oui ? dit-elle comme il n'annonçait pas le but de sa visite.

— Bonsoir, répondit-il en se ressaisissant. Il est là, le père Duff ? »

Il se fit l'effet d'être un petit garçon venant chercher un copain pour jouer aux billes et il regretta de ne pas avoir réfléchi à une meilleure phrase d'introduction.

« Qui dois-je annoncer ? » demanda la femme. Umberto jeta un nouveau coup d'œil sur ses pieds. La vache. Elle devait avoir un mal fou à trouver des chaussures.

« Je m'appelle Umberto McKeown. »

Elle s'appuya contre le chambranle. « *Quoi* McKeown ?

— Umberto.

— Qu'est-ce que c'est que ce nom ?

— C'est de l'italien.

— Et ça veut dire quoi ?

— Ça ne veut rien dire, c'est juste un nom. Vous vous appelez comment ?

— Martha.

— Et ça veut dire quoi ? »

Elle ne répondit pas.

« Vous m'avez compris », reprit Umberto en s'épongeant le front. Voilà qu'il se sentait à nouveau grincheux. Le stress, sans doute.

« Entrez, dit-elle en s'écartant pour le laisser passer. Je vais lui dire que vous êtes là. Vous n'aviez pas rendez-vous, j'imagine ? »

Umberto fit signe que non. Elle le laissa seul dans le vestibule. La lumière n'était pas allumée et il y faisait une chaleur incroyable. Il y avait un tableau représentant une sorte de saint noir sur le mur près de la table du téléphone, partiellement éclairé par une seule bougie rouge. Il lui faisait penser à Will Smith. Umberto souriait à cette idée lorsque la gouvernante revint avec le père Duff dans son sillage.

« Tiens, tiens, dit-il. Quelle agréable surprise. Tu es venu me donner une leçon d'échecs, Umberto ? »

Ah *ouais*... Les échecs. Il avait complètement oublié cette histoire. Un échange de bonnes procédures. Ou de bons procédés ? Peu importe. C'était du troc.

« C'est ça, répondit Umberto sur un ton enjoué. Et peut-être qu'après vous pourrez me donner une petite leçon en échange.

— Une leçon ? De quoi ? »

Umberto prit bien soin de ne pas dévoiler ses cartes trop tôt. « D'abord les échecs », prévint-il.

Le salon des prêtres était à peine meublé. Il y avait une table basse, deux fauteuils à dossier haut et une bibliothèque. Un simple échiquier en bois était posé sur la table. Une partie semblait en cours. Un lampadaire était allumé dans un coin, mais il n'était pas très puissant. La pièce était principalement éclairée par le feu qui rougeoyait dans la cheminée. Il faisait très très chaud.

« Il ne fait pas un peu chaud, ici ? demanda Umberto en retirant sa veste.

— On n'a pas tous le sang jeune, comme toi, répondit le père Duff en souriant. Pas vrai, père Grehan ? »

Une tête ratatinée portant une paire de lunettes apparut derrière le dossier d'un fauteuil. « Pour sûr », dit-il en gloussant. Umberto laissa échapper un début de cri, mais se rattrapa juste à temps.

« Aah... Oh, désolé. Je ne savais pas qu'il y avait quelqu'un d'autre.

— Eh ben ! Je dois être vraiment moche à voir, répliqua la tête ratatinée.

— Je te présente le père Grehan, annonça le père Duff en faisant un geste dans la direction appropriée. Et voici Umberto McKeown.

— Bonsoir », lança le père Grehan.

Umberto le salua d'un hochement de tête.

« Très bien, Umberto, ravi de t'avoir fait peur, mais j'ai des choses à faire. Je vous laisse. »

Il s'extirpa de son fauteuil à grand-peine et se dirigea vers la porte.

« Bye », dit Umberto, faute d'avoir trouvé mieux.

En sortant, le père Grehan croisa Martha qui arrivait, tout sourire désormais.

« Je peux vous apporter quelque chose ? » proposa-t-elle en joignant les mains devant elle. Umberto nota qu'elle avait des mains de taille normale. C'était un mystère.

« Pas pour moi, Martha, répondit le père Duff. Umberto ? Thé ? Café ? Coca ? Je crois qu'on a du Coca, n'est-ce pas, Martha ?

— Rien, merci, dit Umberto.

— Très bien, conclut Martha. Dans ce cas. » Et elle repartit en fermant la porte derrière elle.

« Assieds-toi, dit le père Duff en faisant de même. Je crois... Qu'est-ce qui te fait sourire ?

— Rien », répondit Umberto. Il parvint à retrouver son sérieux l'espace d'un instant, mais son sourire se reforma aussitôt, comme du caoutchouc.

« Tu penses à *Father Ted*[1], c'est ça ?

---

1. *Father Ted* (*Le Père Ted*) : série télévisée irlandaise qui relate les mésaventures de trois curés loufoques exilés sur une île déserte en compagnie de leur vieille gouvernante bigote qui les gave de biscuits et de thé et qui passe son temps à se casser la figure en nettoyant les fenêtres du salon. *(N.d.T.)*

— Oui, je suis désolé mais c'est difficile de faire autrement. »

Le père Duff se pencha en avant et parla à voix basse : « Je sais. Moi aussi ça me le fait. Et la moitié des gens qui viennent ici ne peuvent pas s'empêcher de lui faire des blagues du genre “Attention de ne pas tomber par la fenêtre”. Je crois qu'elle en a un peu marre. Bertha n'a jamais brillé par son sens de l'humour, il faut dire.

— C'est qui, Bertha ? » demanda Umberto.

Le père Duff s'agita nerveusement. « Oh… euh…

— C'est Martha que vous appelez comme ça ?

— C'est-à-dire que…

— Bertha ?

— Non, non, c'est, euh…

— À cause de Berthe aux grands pieds ? »

Le prêtre réprima un fou rire en se cachant derrière sa main. « C'est pas moi qui l'ai dit ! »

Umberto secoua la tête d'un air songeur. « C'est vrai que je n'ai jamais vu quelqu'un avec d'aussi grands pieds, homme ou femme confondus. »

Le père Duff s'engouffra dans la brèche. « Mais attention, ce n'est pas moi qui l'ai appelée comme ça le premier. C'est le père Grehan qui lui a trouvé ce surnom. Il dit toujours qu'il saura qu'il a définitivement perdu la vue le jour où il ne verra plus ses pieds. Il est malin, tu sais, malgré les apparences. Mais c'est pas un grand joueur d'échecs. »

Umberto contempla le spectacle pitoyable sur

l'échiquier. Les noirs avaient perdu deux pions. Les blancs avaient presque tout perdu sauf deux pions.

« C'est ce que je vois. Vous pouvez gagner en deux ou trois coups, vous savez.

— Oh, je sais. J'aurais pu gagner autant de fois que je voulais dans la dernière demi-heure. Mais j'ai préféré attendre. Tu peux imaginer comme c'est amusant de jouer comme ça. »

Umberto imaginait très bien, en effet. Sans doute aussi amusant que de jouer contre son père. Jeff avait entrepris d'apprendre les échecs à son fils à l'âge de trois ans, au cas où par hasard il aurait engendré un enfant prodige. Ce n'était pas le cas. Umberto ne se rappelait pas grand-chose de ces leçons, à part que les pièces avaient plutôt bon goût. Ce fut seulement à partir de douze ans qu'il commença à s'y intéresser de lui-même, mais il dut alors amadouer son père pour le convaincre de lui apprendre les règles. Jeff n'avait plus l'air d'y voir une utilité quelconque maintenant que l'âge du vrai prodige était derrière eux, mais il finit tout de même par céder. Umberto réussit à le battre au bout d'environ une semaine. Ils continuaient à faire des parties tristounettes de temps à autre. Lors de la dernière en date, Umberto avait délibérément joué aussi mal que possible, niveau débutant total, niveau grosse farce. Niveau père Grehan, apparemment. Son père n'avait rien remarqué et s'était rengorgé pendant deux heures de sa laborieuse victoire. Umberto avait observé son numéro avec grand intérêt en ayant presque envie de prendre des notes.

« Le père Grehan a l'air de ne pas totalement maîtriser… »

Il s'interrompit, ne voulant pas paraître impoli, et le père Duff termina la phrase à sa place. « Le sens du jeu ? Les règles de base ?

— L'un ou l'autre. Ou les deux. C'est difficile à dire. Ça ne le dérangera pas qu'on annule cette partie et qu'on en commence une nouvelle ?

— Je pense qu'il survivra.

— D'accord. Vous prenez les blancs ? »

Le père Duff ne jouait pas aussi mal qu'Umberto l'avait d'abord craint. Il perdit, bien entendu, mais il perdit par étapes, à la suite d'une série de petites erreurs. Les gestes kamikazes inconsidérés qui caractérisent d'habitude les débutants n'étaient pas pour lui. Il avait néanmoins une certaine tendance à laisser ses pions isolés et exposés.

« Les pions sont essentiels, lui dit Umberto. Ils ne sont pas très utiles séparément, mais si vous arrivez à les faire fonctionner en groupe, c'est déjà à moitié gagné. »

La partie en elle-même avait duré vingt minutes, puis Umberto en passa vingt autres à expliquer à son adversaire où il s'était planté. Il réussit à dégager une dizaine de remarques générales, dont chacune fut accueillie avec jubilation de l'autre côté de la table basse. À un moment, le père Duff se frotta même littéralement les mains. Umberto signala la fin de la conversation en croisant les bras et en disant : « Voilà. C'est tout ce que je sais sur les échecs. »

Ce n'était pas la moitié de ce qu'il savait, mais il signifiait ainsi que c'était un événement unique qui ne se reproduirait pas.

« Eh bien merci, répondit le père Duff. C'était très instructif. Et par ailleurs la partie la plus agréable que j'aie jamais jouée. Même si c'est aussi ma première défaite.

— De rien », dit Umberto, après quoi ils se turent tous les deux. Il savait que le moment était venu de raconter son histoire. Il toussota. Il soupira. Rien ne lui venait.

« Alors ? » s'exclama le père Duff, impatient.

Umberto toussota de nouveau mais resta muet.

« Allez, petit, je t'écoute. Tu ne voulais pas me demander quelque chose ? Tu voulais des renseignements sur la façon dont on devient prêtre, c'est ça ?

— *Non !*

— Oui, je m'en doutais. De quoi s'agit-il, alors ? Tu as des ennuis ? La drogue, c'est ça ? Ne me dis pas que c'est la drogue !

— Non.

— L'alcool ?

— Non.

— Quoi, alors ?

— En fait c'est les ennuis de quelqu'un d'autre. »

Le père Duff se pencha pour attiser le feu. Une grosse bouffée de chaleur roula dans la pièce. « Je t'écoute », dit-il.

Umberto se recula dans son fauteuil, puis s'avança, puis se recula de nouveau. « Avant de commencer, prévint-il, je veux que vous compreniez que je ne vais pas vous donner les noms, d'accord ? C'est strictement confidentiel.

— Compris.

— Très bien. Alors. Vous vous y connaissez en mariages ?

— Quelqu'un veut se marier ?

— Non, ils sont déjà mariés. Ce que je veux dire, c'est est-ce que vous vous y connaissez dans les *problèmes* de mariage. Pour aider les couples, quoi. »

Le père Duff haussa les épaules. « Ça dépend de quel genre de problème on parle. Tu peux préciser ?

— Mais attention, je ne veux pas que vous vous fassiez une opinion hâtive.

— D'accord.

— Promis ?

— Promis. » Il se signa. Umberto se surprit à penser qu'une cabane dans la forêt aurait été un endroit plus approprié pour ce genre de conversation.

« Bon, d'accord. Alors, voilà. Une des personnes de ce couple – c'est l'homme, autant que vous le sachiez – a une liaison. Avec une autre femme. Qui n'est pas la sienne. »

Le père Duff faisait mouliner ses pouces. « Je vois », dit-il.

Umberto hocha la tête d'un air grave. « Alors ? Qu'est-ce que je peux faire ?

— Qu'est-ce que *tu* peux faire ? Eh bien… Excuse-moi de te poser la question, mais qu'est-ce que tu as à voir là-dedans, au départ ?

— Ne vous occupez pas de ça. Je suis proche de ce couple, c'est tout ce que vous avez besoin de savoir.

— Proche comment ? »

Umberto se frappa les genoux. « Disons que j'ai mes raisons de ne pas vouloir qu'ils se séparent. Disons que j'ai besoin d'eux.

— D'accord. Maintenant dis-moi une chose. Comment es-tu au courant de cette supposée liaison ?

— Je suis au courant, c'est tout.

— Mais comment ? »

Umberto, qui ne voulait pas admettre que ses preuves étaient entièrement indirectes, décida d'avoir recours à un léger bobard.

« J'ai entendu une conversation. D'accord ? J'ai entendu une conversation que je n'étais pas censé entendre. Alors, est-ce que vous pouvez m'aider, oui ou non ? »

Ce n'était pas tellement éloigné de la vérité. Après tout, il avait fait de son mieux pour entendre une conversation. Si sa mère et Mary n'avaient pas chuchoté, ce jour-là, il aurait dit la stricte vérité.

« Et qu'est-ce que tu as entendu, exactement ? demanda le père Duff.

— Où est passé votre grand sens de la foi ? Vous allez devoir me croire sur parole.

— Hmm, marmonna le prêtre. Si tu veux bien me pardonner, Umberto, je crois que tu risques d'être un peu dépassé, là. Il y a une organisation catholique qui s'occupe précisément de ce genre de choses. Ils sont très efficaces. Le couple va les voir, discute avec eux, leur explique la situation.

— Non, ça ne marchera pas. Je ne peux pas leur proposer ça.

— Pourquoi ?

— Parce qu'ils ne savent même pas que je suis au courant. Ce que je voudrais… Ce que je voudrais, c'est pouvoir leur donner une sorte de conseil ou les aider mais sans qu'ils le sachent. »

Le père Duff paraissait sceptique. « Ça ne m'a pas l'air possible, encore moins facile. »

Umberto fit la moue. « Je n'ai pas l'intention de rester les bras croisés à ne rien faire. Je veux essayer. »

Le prêtre eut un sourire. « Tu sais ce qui m'aide à réfléchir, Umberto ? Les échecs. On fait une autre partie, et je vais y penser.

— Comment pouvez-vous réfléchir et jouer en même temps ?

— Je ne sais pas, mais c'est comme ça. »

Umberto plissa les yeux en fente, un peu à la

manière de Mask. Ainsi donc, il voulait procéder comme ça. « Marché conclu », dit-il.

La deuxième partie fut plus courte que la précédente. Umberto était resté gentil et simple la première fois, ménageant beaucoup d'espace sur le plateau, ce qui laissait de nombreuses possibilités à son adversaire. Cette fois, il se montra plus offensif et mena l'attaque sur les deux flancs dans un enchevêtrement diaboliquement complexe dont le père Duff fut bien incapable de se dégager. Bien qu'il courût ainsi le risque de passer pour une sorte de maestro des échecs qui aurait encore beaucoup d'autres secrets à partager, il pensait qu'il valait mieux en finir le plus vite possible.

« Je crois que tu as été sympa avec moi, la première fois », constata le père Duff après sa défaite éclair. Il n'était pas fâché ; plutôt impressionné.

« Pas vraiment. La seule raison pour laquelle j'arrive à vous battre, c'est que vous êtes débutant. Je ne suis pas très bon aux échecs, honnêtement. »

C'était la vérité, mais le prêtre ne semblait pas convaincu. « Tu pourrais nous battre moi et le père Grehan en jouant les deux parties en même temps et les yeux bandés, comme les types qu'on voit à la télé, là.

— Sans vouloir être méchant, je crois que le premier cheval venu pourrait sans doute battre le père Grehan. À condition de trouver un système où on puisse lui apprendre à taper du sabot pour dicter ses coups.

— Peut-être pas le premier cheval venu. Il faudrait qu'il soit quand même relativement intelligent.

— Ouais, bref. Alors, vous avez réfléchi ? »

Le père Duff hocha la tête. « Oui, malgré la pression de la partie.

— Et ?

— Et je crois que tu vas devoir me laisser m'en occuper. »

Umberto avala sa salive. « Quoi ?

— C'est un sujet délicat, tu sais. Il va falloir que je prenne un moment pour y penser, peut-être même que je…

— *Vous trichez.*

— Pardon ?

— C'est de la triche. Vous m'aviez promis un échange de procédures ! »

Les sourcils du père Duff entrèrent en collision, puis se séparèrent à nouveau. « Je ne comprends pas. De quoi tu parles ?

— Un échange de procédures, quand on se rend service mutuellement.

— Un échange de bons procédés, tu veux dire.

— Oui, c'est ça, j'allais le dire. Bref, je vous ai accordé une deuxième partie d'échecs et maintenant vous essayez de vous défiler au lieu de m'aider.

— Je n'ai jamais dit que je t'aiderais, j'ai dit que j'allais y réfléchir, et je compte le faire. »

Umberto se leva et attrapa sa veste sur le dossier du fauteuil. « Je n'aime pas qu'on me mente », dit-il. Il se dirigea vers la porte. Le père Duff se leva et le suivit. Le vestibule était encore plus sombre, à présent, et Umberto se cogna le tibia contre quelque chose en passant.

« Attends une seconde, petit… »

Umberto avait ouvert la porte et se trouvait déjà sur les marches du perron lorsque le père Duff le rattrapa, posant une main sur son épaule.

« Attends, donne-moi une deuxième chance. Reviens me voir et on en parlera. »

Umberto haussa les épaules et s'éloigna dans l'allée. Alors qu'il franchissait la grille, quelque chose attira son attention sur sa gauche. Il se tourna et aperçut deux silhouettes qui traînaient dans la rue en buvant des canettes de cidre. Il ne reconnut pas la personne sur la gauche. L'autre, c'était Mask McGuiney. Leurs regards se croisèrent. Puis Mask regarda à travers la grille en direction du père Duff. Umberto ne lui laissa pas le temps de se retourner et de lui faire un clin d'œil.

Il se tira illico.

# 26

Ce fut quelque part aux environs d'Ardee que la méthode de visualisation du paquet cessa de fonctionner aussi bien pour Peter. Il passa devant un panneau publicitaire pour la Loterie nationale et replongea dans ses pensées. Mary avait une dent contre le Loto. Elle disait que c'était le parfait exemple de tout ce qui n'allait pas dans le monde, l'attente d'une récompense sans effort, et le credo que seul l'argent pouvait rendre les gens heureux. Peter n'était pas d'accord. Et les associations caritatives, alors, qui en bénéficiaient plus qu'à leur tour ? Et tous les pauvres et les défavorisés, dont le seul espoir de devenir riches était de gagner au Loto ? Elle ne répondait jamais à ses arguments. Et puis, quelques week-ends auparavant, ils étaient tombés en zappant sur le tirage du Loto. Peter, qui avait la télécommande, était resté sur cette chaîne, un peu par méchanceté. La gagnante de la semaine avait fait un Loto Flash.

« Je te parie qu'elle se sent encore plus coupable que les gagnants normaux, déclara Mary.

— Pourquoi ?

— Parce qu'elle n'a même pas choisi ses numéros, elle a laissé une machine le faire à sa place. Elle n'a littéralement *rien* fait pour mériter ça. Même pas coché la date d'anniversaire de ses enfants, ou ce genre de truc que les gens font. C'est encore plus obscène que d'habitude.

— On croirait entendre parler Valerie », fit observer Peter, parce que c'était la vérité. Il ne l'avait pas dit sur un ton agressif et ne l'entendait pas comme ça ; il pensait même que ça lui ferait plaisir, à vrai dire. Mais cela la mit aussitôt de mauvaise humeur, ce qui la caractérisait si souvent, ces derniers temps. Pas de cris ni d'objets lancés à travers la pièce, mais une bouderie acharnée et autant de regards noirs qu'elle pouvait réussir à en décocher.

Peter essaya de se forcer à penser au paquet, mais en vain. Le nœud commençait à se défaire. Le contenu à se répandre partout. Il tâtonna pour attraper son téléphone portable sur le siège passager.

« David ?

— Allô ? Peter ?

— Ouais, écoute…

— Alors, comment ça s'est passé à Dublin ? Raconte !

— Tu fais quoi, ce soir ?

— Rien de spécial. Fiona est encore au golf. Je suis libre.

— Je voudrais te voir. Il faut que je te parle de quelque chose. »

Il y eut un moment de silence à l'autre bout du fil. « Qu'est-ce qu'il y a ? Tu n'es pas allé au cours, c'est ça ? Tu as fait la tournée des pubs et des boutiques pendant deux jours, espèce de salaud.

— Non. J'y suis allé. Écoute, on peut se voir ou pas ?

— Ouais, bien sûr. Autour d'un verre, j'imagine ?

— Très bien. Je serai là vers sept heures et demie. Le McShane's, ça te va ?

— OK. Oouuh, je suis tout excité. J'ai raison ?

— Sept heures et demie », répéta Peter avant de raccrocher.

# 27

Le douze horizontal était supercoriace. Auteur du *Monde selon Garp*. Blanc, O, blanc, blanc, I, blanc, blanc, I, N, blanc. Mary suçait le bout de son stylo Bic en fronçant les sourcils. Comment elle s'appelait, déjà ? C'était elle qui avait aussi écrit ce livre sur le paquebot, là. Merde. Valerie aurait pu lui dire. Il suffisait d'un coup de fil. Il lui restait encore une autre définition non résolue. Le dix-sept vertical. Capitale de la Bolivie. L, blanc, P, blanc, blanc. Elle était sûre que le premier blanc était un I. Lip-quelque chose. Lipon ou Lipal, peut-être. Valerie aurait sûrement la réponse pour celle-là aussi. Au bout du compte, Mary se contenta de remplir les blancs avec des lettres au hasard pour que la grille ait l'air finie. Personne ne le verrait à part elle, et elle le savait, mais ce n'était pas le problème. Elle posa son journal et consulta sa montre. Presque sept heures. Peter n'allait pas tarder. Elle y pensa et attendit de voir quel effet ça lui faisait. Ça lui faisait… un blanc, ha ha ha. Était-ce un progrès ? Probablement.

La carte qui accompagnait le bouquet de roses était dans la poche arrière de son jean. Elle la sortit et la regarda fixement. *De part d'un admirateur.* Et le numéro de téléphone. Si c'était un habitant de la ville, il avait dû écrire la carte lui-même, directement sur place au magasin de fleurs. La graphologie n'était pas trop son truc, mais elle décida quand même de tenter le coup. L'écriture était lourdement penchée vers la droite. Ce qui pouvait indiquer une personnalité battante, dynamique. Quelqu'un qui sait ce qu'il veut et qui n'a pas peur d'aller le chercher ; le genre de personnage qu'on voit dans les séries télé américaines. Un homme d'action. Un leader. Les lettres étaient grandes et minces. Comme lui ? Sans doute pas. L'écriture de Peter était écrasée et ronde, et il était tout le contraire.

Elle se creusa les méninges pour se souvenir d'hommes battants et dynamiques qui auraient pu éventuellement flasher sur elle. Elle n'en trouva aucun. Elle n'arrivait même pas à en trouver un qui n'avait pas flashé sur elle. Il n'y en avait pas tant que ça en circulation, finalement. Mais bon, peut-être était-elle partie sur une mauvaise piste. Quoi qu'en dise l'écriture penchée, le fait d'envoyer un bouquet anonyme n'était pas si battant que ça. C'était presque puéril, d'après Mary. Et des roses rouges, en plus. Pas très original. Le choix de quelqu'un qui a vu des femmes au cinéma mais qui n'a aucune idée de ce à quoi elles ressemblent de près. Un des gamins boutonneux qui fréquentaient la boutique, peut-être... Attends une minute ! Il y avait un type, un certain Oliver Quelque Chose, qui venait pratiquement tous les week-ends. À peine plus vieux qu'Umberto. L'âge du bac, à peu près. Il portait un bonnet bleu et des lunettes de soleil violettes à la John Lennon quel que soit le temps, et il écoutait toujours son Walkman à fond de sorte que tout le monde autour de lui devait subir ce son d'abeille piégée dans une boîte de conserve. Il se la jouait musicos, amateur d'un peu tout, rock, dance, blues. Sur le papier, c'était le client idéal, le genre qu'elle aimait bien impressionner à coups d'infos glanées dans les magazines ou sur internet. Ou plutôt qu'elle *essayait* d'impressionner. En général, Oliver savait de quoi elle parlait et finissait les phrases à sa place. Il était plutôt gentil, à vrai dire, à sa manière anticommunicative. Mais elle avait souvent le sentiment qu'il l'observait derrière ses verres fumés. Quelque chose dans l'inclinaison de son visage, qui, parfois, n'avait pas l'air orienté vers le bac dans lequel ses mains étaient occupées à fouiller, mais orienté vers elle. Et dès que Mary relevait les yeux, il baissait la tête.

Elle sourit en se demandant si elle tenait la réponse. Et si oui, était-ce flatteur ou embarrassant ? Des années plus tôt, Valerie lui avait dit que pour séduire des adolescents, il suffisait simplement de se montrer.

Il n'y avait aucune gloire à en tirer. Du moment qu'on n'oubliait pas de venir avec ses seins, on ne pouvait pas se planter. D'un autre côté, c'était plutôt agréable d'être un objet de fantasme, quel que soit l'auteur du fantasme.

Elle était humaine, après tout.

Il était désormais plus de huit heures, et toujours aucun signe de Peter. Des bouchons en ville, supposa-t-elle. Bon sang, mais comment les gens faisaient-ils pour supporter ça ? Tout ce bruit, cette pollution et cet énervement. Et la circulation n'était que le dernier des problèmes de la vie citadine. Il y avait aussi la délinquance, la drogue, les SDF. Mary se disait qu'elle ne pourrait pas vivre dans un endroit avec des SDF. Comment pouvait-on enjamber un être humain sur le trottoir en rentrant du travail, tout en sachant que cette personne allait passer la nuit à se geler dans une entrée de magasin qui puait la pisse ? Comment pouvait-on se regarder dans la glace ? Grâce à l'anonymat, sans doute. Un jour qu'elle était allée à Dublin, elle avait regardé par la fenêtre d'un bus alors qu'il passait devant la façade vitrée d'un immeuble. Le reflet était presque parfait, mais elle ne se reconnut pas dedans. Elle était juste une tête et des épaules parmi tant d'autres à l'étage supérieur, pas un individu. Avant qu'ils aient dépassé l'immeuble, elle avait agité une main en l'air. Un autre passager avait fait de même, deux rangs derrière celui que

Mary regardait. Quand elle s'était redressée sur son siège, elle avait remarqué du coin de l'œil que les deux femmes en face d'elle la dévisageaient en se donnant des petits coups de coude. Elle s'était rendu compte qu'elle s'en fichait pas mal, puisqu'elle ne les reverrait jamais. D'après ce qu'elle comprenait, c'était le concept clé de la vie citadine. Vous pouviez faire ce que vous vouliez, car personne parmi ceux qui vous connaissaient ne vous voyait. Vous pouviez enjamber le SDF si ça vous chantait.

Quand Peter finirait par arriver, il lui raconterait le séminaire. En détail. Ça, c'était acquis. Il y aurait les choses qu'elle avait envie d'entendre : comment était l'hôtel, comment étaient les autres participants, ce genre de choses. Mais elle se dessécherait sur place quand il passerait à la partie technique. Et il ne s'en apercevrait même pas. Enfin bon, songea-t-elle avec un demi-sourire, ses propres anecdotes de boulot n'étaient pas non plus à se cramponner au fauteuil, et pourtant il ne se plaignait jamais.

Elle regarda à nouveau la carte. Puis elle la remit dans sa poche et alla se faire une tasse de thé. Le téléphone sonna avant qu'elle ait atteint la cuisine. C'était Fidelma.

« J'ai pas pu m'empêcher d'appeler, dit-elle.

— Je me doutais que tu le ferais, répondit Mary. Tu vas comment ?

— Alors ? Tu as trouvé des choses intéressantes chez le fleuriste ?

— Non, rien. Parce que je n'y suis pas allée. »

Fidelma parut accablée. « Ah, dit-elle. Et ça veut dire que tu n'as pas l'intention non plus d'appeler le numéro ?

— Ce serait une mauvaise idée, expliqua Mary. C'est sûrement un gosse qui fréquente la boutique, tu sais. Je ne vais pas l'encourager.

— Mais tu dois être curieuse, non ? En tout cas, moi…

— Non.

— Même pas un petit peu ?

— Je suis une femme mariée, répliqua Mary, ignorant la question. Je ne peux pas m'amuser à traquer les admirateurs secrets. C'est malsain. »

Elle s'arrêta pour considérer ce qu'elle venait de dire. Ça lui semblait bien. Elle se sentit rassurée. Soulagée.

« C'est à cause de Peter ? demanda Fidelma, qui ne voulait pas lâcher le morceau. Tu as peur qu'il découvre quelque chose ? »

Mary s'abîma un moment dans ses pensées.

« Parce que tu peux toujours lui raconter, poursuivit Fidelma. Tu sais, prendre ça à la rigolade, comme une blague entre vous, et ensuite appeler. Juste pour savoir. Tu nc *meurs* pas d'envie de savoir ?

— Ce n'est pas à cause de Peter, Fidelma, c'est moi. Je n'ai pas envie de savoir qui c'est. Vraiment.

— Et si c'était quelqu'un d'exceptionnel ?

— Fidelma !

— Ben pourquoi pas ?

— Comme qui ? Tom Cruise ?

— Je sais pas, oh, mais quelqu'un de bien. Tu y réfléchirais à deux fois, non ? Ce serait comme dans les films, même si c'était pas Tom Cruise. Oh, merde, je suis tellement jalouse. En plus tu n'as rien à *faire*, en vérité. Juste découvrir qui c'est. Pour se marrer. »

Mary se rongeait l'ongle de l'index. « Non, dit-elle. Non, ça ne peut pas être quelqu'un de bien. Je te dis, je suis sûre que c'est un gamin de la boutique. Ou quelqu'un qui m'a confondue avec Valerie.

— Qui tu essayes de convaincre ? Toi ou moi ?

— Je te convaincs toi, Fidelma. Maintenant on oublie, d'accord ? Il ne s'est rien passé. Je mets la carte à la poubelle et on n'en parle plus.

— Non, attends ! J'ai une autre idée. Tu me donnes le numéro, et c'est moi qui appelle. Juste pour rigoler. Je demande qui c'est et je fais celle qui s'est trompée. »

Le premier instinct de Mary fut de dire non. Elle entendit le mot dans sa tête et commença à mettre ses lèvres en position pour le prononcer tout haut. N - O - N. Non. Mais il dut y avoir un problème quelque part.

« D'accord », dit-elle en plongeant la main dans sa poche arrière.

## 28

En arrivant au McShane's, Peter trouva David déjà installé à une table. Il y avait quelqu'un avec lui. Le type en question tournait le dos à la porte, mais c'était visiblement Andy Sweeney, un vieux copain de lycée. Il ne connaissait personne avec des cheveux de cette couleur, pas tant roux qu'orange vif.

« Le voilà, lança David alors que Peter les rejoignait.

— David. *Andy !*

— Cool, comment tu vas ? » répondit Andy en souriant, ce que Peter regretta aussitôt. Le sourire en lui-même n'avait rien de catastrophique, mais les dents ainsi révélées portaient encore les traces des repas précédents.

« Y a pas à se plaindre. Bière pour tout le monde ? »

David et Andy marmonnèrent en montrant leurs pintes encore quasiment pleines. Peter alla s'en chercher une au bar. En revenant, il parvint à attirer le regard de David et désigna Andy d'un hochement de menton. Un hochement qui voulait dire : « Pourquoi tu l'as invité ? » David secoua presque imperceptiblement la tête. Ce qui voulait dire : « Je ne l'ai pas invité. » Peter s'en était douté. Il était sympa, Andy, mais aucune personne douée de raison ne serait jamais sortie prendre un verre avec lui de son plein gré, à moins que le bar ne soit situé dans un club privé strictement réservé aux hommes, où il n'y avait aucun risque qu'Andy puisse tomber sur une femme. Car c'était sa spécialité, tomber sur les femmes. Au fil des années, Peter et David s'étaient interrogés à maintes reprises sur la « méthode Sweeney », comme ils disaient. Était-ce l'invention de quelqu'un qui ne connaissait pas la peur, qui croyait à la devise « la mort ou la gloire » ? Ou bien cela dénotait-il un déséquilibre mental particulier, éventuellement un syndrome qui nécessiterait un traitement professionnel ?

Andy s'était mis à développer la méthode à l'école, prétendant avoir remarqué que les histoires d'amour à la télé commençaient souvent par une collision accidentelle. Le cas typique, expliquait-il, était celui de la femme qui se débat avec ses sacs de courses, en général des courses de télé américaine, avec par exemple une baguette qui dépasse d'un grand sac en papier kraft. L'homme se promène tranquillement, sans faire attention, et lui rentre dedans. Oups. Les sacs se répandent partout. Les pommes roulent, les pots se cassent. « Espèce de malotru ! » dit-elle en se baissant pour ramasser ce qu'elle peut. « Je suis désolé, laissez-moi vous aider », dit-il en la rejoignant par terre. À cette étape ils peuvent ou non se cogner la tête, précisait Andy. C'est en option. Mais en tout cas ils échangent un regard lourd de sens. La tension s'évapore. Elle sourit. Il sourit. Puis il se redresse et l'aide à se relever. Et hop, une seconde après ils sont en train de semer leurs vêtements jusqu'au lit pendant que quelqu'un joue du saxophone.

Andy s'était fait cette théorie et s'y tenait, se jetant sur des femmes non averties dans la rue ou au pub, leur donnant parfois un léger coup de tête au passage pour faire bonne mesure. C'était presque toujours un échec, bien entendu, la rencontre se soldant par des cris et, rarement, des coups de la part de la fille. Mais, de temps en temps, il arrivait que ça marche. C'était ça, le plus impressionnant : que *ça marche*. Il continuait à exercer sa méthode, bien que désormais toutes les femmes de la ville fussent au courant de sa technique. Certaines traversaient même la rue pour l'éviter.

« Andy ne peut pas rester », annonça David. Il avait l'air de vouloir le rappeler à Andy autant que d'en informer Peter.

« J'ai kendo », expliqua Andy.

Peter fronça les sourcils. « C'est lequel, le kendo ? C'est celui où on doit…

— Tabasser les gens avec un bâton, compléta Andy en hochant la tête. Trop marrant. Il y a des cours au foyer municipal, le lundi et le jeudi. Tu devrais essayer.

— Il n'y a personne que j'aie envie de frapper avec un bâton.

— C'est pas la question. C'est bon pour le corps, ça te met en contact avec… ouais, j'ai oublié. Mais ça te met en contact avec quelque chose.

— J'espère que tu ne vas pas l'incorporer dans la méthode, intervint David. Ce serait un peu risqué, non ?

— Aucune crainte, répliqua Andy en faisant tourner sa bière dans sa pinte. La méthode est fiable, solide et testée. Faut pas toucher à une formule qui gagne. Et, de toute façon, je crois que cette époque est derrière moi. »

Peter et David firent « Ah ? » à l'unisson.

Andy avala une énorme gorgée de bière et opina du chef. « Ouaip. C'est du sérieux, Frances et moi. »

Frances, c'était Frances Reilly, une fille avec laquelle Andy était entré en collision à peine quelques mois plus tôt. Dans un magasin de vins et spiritueux. Elle avait lâché sa bouteille de vodka, qui avait explosé par terre. Andy lui en avait acheté une autre, avant de l'accompagner à la fête où elle allait. Il leur avait raconté tout ça la dernière fois qu'ils s'étaient vus, en usant de plusieurs expressions colorées pour décrire l'enthousiasme de Frances dans l'acte physique de l'amour. Sur le coup, ça n'avait pas paru tellement sérieux.

« C'est-à-dire ? demanda Peter. Mariage en vue ? » Il s'attendait à un démenti immédiat.

Andy demeura silencieux un moment. Puis il vida sa pinte et dit : « Peut-être. Qui sait ? »

Peter et David échangèrent un regard avant de se tourner de nouveau vers Andy.

« Félicitations, lança David. J'espère que ça va marcher. Le mariage est une chose merveilleuse.

— Hmm », fit Peter.

Andy repoussa son verre avant de se lever, attrapant sa veste sur le dossier de sa chaise. « Allez. J'y vais. À la revoyure, les gars. »

Ils le saluèrent et le regardèrent partir.

« Désolé, reprit David lorsque la porte du pub se referma derrière Andy. Il était là tout seul quand je suis arrivé.

— C'est pas grave », répondit Peter.

David se laissa aller en arrière et croisa les bras. « Alors ! s'exclama-t-il. Raconte. »

Le temps jouait contre lui – il aurait dû être rentré depuis longtemps, à l'heure qu'il était – mais Peter prit un moment pour établir la toile de fond de son récit. Malgré ses efforts, il ne parvint pas à retranscrire fidèlement l'horreur du cours en lui-même. Le mieux qu'il put faire fut de demander à David de s'imaginer bloqué dans un ascenseur avec un témoin de Jéhovah, un représentant en fournitures de bureau et un conseiller municipal en pleine campagne électorale. Il faut dire à son honneur que David eut l'air convenablement horrifié. Peter passa ensuite à la description de l'ennemi.

« Tu te rappelles m'avoir déjà entendu parler de Regina Clarke, une fille de la fac ? »

David se gratta la joue. « Ouais, je crois. Une emmerdeuse ?

— C'est ça. Eh ben elle était là.

— Pour suivre le cours ?

— Pour faire chier, comme toujours. Elle n'a pas changé d'un poil. J'ai failli m'enfuir en courant quand je l'ai vue. Bref, je me suis retrouvé coincé avec elle hier, et elle a voulu connaître toute ma vie, histoire de pouvoir me dire où je m'étais trompé. »

Il s'interrompit pour boire une gorgée. David en fit autant.

« Pour résumer, elle a insisté – mais vraiment *insisté* – pour qu'on aille dîner ensemble. Juste elle et moi. »

David fit une moue avec la bouche.

« Ce qu'on a fait, poursuivit Peter. Dans un restau indien. Franchement, je n'avais aucune envie d'y aller. Tu te souviens comment je parlais d'elle. Je préférerais dîner avec un tigre enragé. Mais elle a vraiment *insisté*. »

David baissa les yeux et fit « Oh oh.

— Et là elle ne me lâche pas, même dans le

restaurant, elle continue à me sortir ses remarques désobligeantes, à faire la langue de pute dès qu'elle en a l'occasion. Et après… après, la voilà qui démarre sur Mary. »

David releva la tête. « Quoi, sur Mary ?

— Sur le fait qu'elle trouve ça bizarre qu'on soit encore ensemble. C'est elle qui a employé ce mot, hein, pas moi. Bizarre. Elle disait que les gens parlaient déjà de nous à l'époque de la fac. Elle n'arrivait pas à croire qu'on soit encore ensemble.

— Tu ne vas pas me dire que tu l'as prise au sérieux, j'espère. Bon sang, Peter, y a pas deux jours, tu me parlais de ce connard de Finbarr Grealey qui te conseillait d'améliorer tes performances au pieu. Qu'est-ce qui te prend ? C'est *moi* que tu écoutes, et personne d'autre, compris ? Combien de fois… »

Peter secoua vigoureusement la tête. « Je me fous de ce que pense Regina Clarke. Et moi je ne trouve pas ça bizarre. On a déjà eu cette conversation, avec Mary.

— Très bien, alors.

— Mais imagine que ses sentiments aient changé. C'est notre anniversaire demain. Peut-être que ça la travaille. Peut-être qu'elle se demande comment ce serait si…

— Oh, mais arrête-moi ça ! Tu vas m'écouter, maintenant. Il n'y a pas de problème avec Mary, en tout cas d'après ce que tu me racontes. Je te l'ai déjà dit et je te le répète : fais preuve d'un peu de romantisme ! Votre anniversaire est l'occasion rêvée. Ça la requinquera d'un coup, je te garantis. Ça ne rate jamais, avec Fiona. Tu m'écoutes ou pas ?

— Ouais, ouais, du romantisme, j'ai pigé. Mais, euh… c'est pas la question. J'ai pas fini de te raconter ce qui s'est passé au dîner. »

David posa les coudes sur la table et se frotta les tempes. « Vas-y.

— Bon. Elle ne se contentait pas de me sortir ses grandes leçons de sagesse. Elle me draguait. Elle n'arrêtait pas de me toucher la main et de plaisanter sur le fait que j'étais un homme marié, et si jamais quelqu'un nous voyait, ce genre de choses.

— Et ?

— Et on a bu pas mal de vin pendant le repas. D'habitude je ne bois pas de vin, et j'étais bourré. Je n'ai pas peur de le dire : j'étais *bourré.* »

À présent David se couvrit les oreilles. « Oh, nom… de… Dieu.

— Ne t'inquiète pas, il ne s'est rien passé. Pas ce à quoi tu penses, en tout cas. Mais… » Il marqua une pause pour boire une autre gorgée. « Mais tout a… dégénéré. Puissance mille. Puissance *Titanic.*

— J'attends.

— C'était déjà pas terrible au restaurant, avec toutes ces questions sur mon mariage, et tous ces tripotages de mains, et tous ces regards appuyés. Ensuite, elle a proposé qu'on aille prendre un dernier verre à l'hôtel. À *mon* hôtel. Qui n'était pas le même que le sien.

— Elle a dit "un dernier verre" ?

— Oui. Exactement. Tu vois ce que je veux dire ?

— Je vois. Un dernier verre, ça pue.

— C'est ce que je suis en train de te dire. J'en avais vraiment ma claque, arrivé à ce stade, et j'étais paniqué par son numéro de drague et tout, donc j'ai dit non.

— C'est déjà ça.

— À ce moment-là, on est sur le trottoir, en train de s'engueuler sur le sujet. Je lui dis qu'on doit se lever pour aller au cours le lendemain matin, elle me dit que je suis chiant comme la pluie, ce genre de truc. On s'engueule, on s'engueule. Et pendant tout ce temps elle a ses mains sur mes coudes, comme pour m'attirer contre elle.

— Et toi, où sont tes mains ?

— Dans mes poches.

— Bien.

— Bien. À cet instant, c'était tellement clair qu'elle me faisait du rentre-dedans que j'ai pensé qu'il fallait peut-être dire quelque chose, tu sais, clarifier la situation, mettre les choses au point.

— Bien sûr.

— Mais j'ai... j'ai merdé.

— Je t'écoute.

— Ben, c'est-à-dire que toute la soirée j'avais eu le sentiment qu'elle était devenue un peu fragile, tu comprends, et je ne voulais pas l'enfoncer en la rejetant complètement. Ou peut-être qu'elle était déjà fragile à l'époque et qu'on ne s'en rendait pas compte, non ? C'est ce que j'avais en tête : ne sois pas dur, donne-lui l'impression que ça n'a rien à voir avec elle.

— Abrège, Peter, c'est pénible. Qu'est-ce que tu lui as dit ?

— Je lui ai dit écoute, j'aimerais beaucoup t'inviter à prendre un verre – je n'ai pas dit un dernier verre, hein, juste un verre – mais je suis un homme marié, mon mariage est réussi, et ça pourrait conduire à… des complications. Je lui ai dit que je la trouvais très séduisante – ce qui était un mensonge – et que peut-être dans d'autres circonstances, etc.

— Et alors ? C'était plutôt sympa, non ?

— C'est ce que je pensais. J'avais tort. Elle m'a lâché les coudes et a fait un bond en arrière, comme si elle avait pris une décharge électrique. C'est la première chose qui m'a fait penser que je m'étais trompé. La deuxième, c'est quand elle est revenue vers moi et qu'elle m'a balancé un énorme, mais alors *énorme*, coup de poing dans les couilles.

— *Non !* Un coup de poing ? Pas un coup de pied ?

— Hein ? Qu'est-ce que ça change ? »

David haussa les épaules. « Disons qu'un coup de pied est plus traditionnel, non ?

— Elle était en jupe longue.

— Ah. Ça n'a pas été une très bonne semaine pour ton entrejambe, dis-moi.

— Non. En effet. J'avais les burnes... » Il regarda autour de lui pour voir si personne n'écoutait. « J'avais les burnes remontées dans l'estomac. C'était l'enfer.

— Tu as vomi ? Un jour je suis tombé sur la barre de mon vélo et j'ai vomi partout.

— Presque. Je suis resté plié en deux pendant un moment et après je me suis quasiment évanoui. Mais cette douleur-là finit toujours par passer. Ce qui ne passe pas, en revanche, c'est le mal de dos. Et j'ai bien failli me le casser en atterrissant sur le cul. Je souffre le martyre encore aujourd'hui. »

David secoua tristement la tête. « Toutes mes condoléances.

— Attends. Je ne t'ai pas encore raconté le pire.

— Le pire ? Qu'est-ce qu'il y a de pire qu'un coup de poing dans les couilles et un dos cassé ?

— Je vais te le dire. Là elle se met à délirer complètement, elle me hurle que de toute façon même avec des gants elle ne me toucherait pas, que les types comme moi il faudrait les enfermer, qu'elle se demande si elle ne devrait pas appeler la police, tout ça. Moi je vois trente-six chandelles et j'essaye de ne pas vomir, les gens nous regardent. David, c'était un putain de *cauchemar*. Ensuite elle dit qu'elle a bien envie d'appeler Mary pour tout lui raconter.

— Tout lui raconter ? Mais lui raconter quoi ?

— Qu'on est sortis dîner ensemble et que ça s'est terminé par moi qui essayais de mettre la main dans sa culotte.

— Mais…

— Mais rien. Je lui ai répondu que je n'avais jamais essayé de faire une chose pareille et que si quelqu'un essayait de mettre la main dans la culotte de l'autre, c'était plutôt elle.

— Attends, tu ne disais pas que tu ne voulais pas être trop dur avec elle ?

— Plus à ce stade-là. Bon, imagine le tableau, on est là, moi assis sur le trottoir, secoué de spasmes, les couilles comme des oranges, et elle qui se tient plantée devant moi avec les mains sur les hanches, à discutailler pour savoir qui essayait de mettre la main dans la culotte de l'autre.

— Ben apparemment elle a dû se sentir rejetée et elle a voulu te mettre tout sur le dos pour sauver la face. »

Peter secoua la tête. « Non, non. Elle essayait simplement d'être sympa. D'après sa version, elle passait juste une bonne soirée, un bon dîner, une conversation agréable, et peut-être un dernier verre ensuite, et c'est moi qui ai commencé à dire que je la trouvais attirante et… etc.

— C'est ridicule. Elle s'est pris un râteau et…

— David, elle est lesbienne. »

Le mot provoqua chez David un temps d'hésitation, mais il n'était pas totalement déstabilisé. « Tu veux dire qu'elle t'a raconté qu'elle était lesbienne pour que tu...

— Non, je veux dire qu'elle est vraiment lesbienne. »

Cette fois il en eut le sifflet proprement coupé. « Comment tu le sais ? Elle t'a sorti sa carte d'identité de lesbienne ?

— Non, elle m'a craché ça dans une sorte de rugissement. Mais elle avait l'air sérieuse. En tout cas je l'ai crue.

— Je vois. Et comment ça s'est terminé ?

— Ça s'est terminé quand elle en a eu marre de gueuler et qu'elle est partie. J'ai rampé dans le restaurant pour appeler un taxi et je suis rentré à l'hôtel. Mais je devais encore passer toute la journée avec elle, aujourd'hui.

— Et ?

— Elle m'a complètement ignoré, à part quelques regards noirs. Je me suis dit qu'il fallait que je lui parle à la fin du cours mais elle est passée devant moi comme si je n'existais pas.

— Et maintenant ?

— Voilà la question : et maintenant ? On est dans l'annuaire. Peut-être qu'elle était sérieuse, peut-être qu'elle va décrocher son téléphone et tout raconter à Mary. *Putain*...

— Ça va, ça va, calme-toi. Primo, elle ne va pas appeler. C'est du bluff, crois-moi. Qu'est-ce qu'elle a à y gagner ? Rien.

— Une vengeance ! Tu n'as pas vu les regards qu'elle me lançait, David. Elle était vraiment folle de rage.

— Bon, d'accord, imaginons qu'elle appelle. Tu le prends à la rigolade ! Tu racontes à Mary exactement ce que tu viens de me dire. Tu n'as rien fait de mal, si je ne m'abuse ?

— Ben… non. Techniquement parlant, non. Mais vu l'humeur de Mary en ce moment, je suis sûr qu'elle la croira. Et même si elle ne croit pas la dernière partie, je suis quand même allé dîner avec elle et je n'ai pas appelé à la maison pour dire bonjour. J'étais trop chamboulé, il était trop tard, et…

— Tu la sous-estimes, Peter. Enfin bon, elle sait bien que tu ne ferais jamais une chose pareille. Regarde Fiona et moi. Je me fais un point d'honneur de lui dire chaque fois que je me fais draguer.

— Quoi ? Tu te fais draguer ? Je croyais que ta période drague était révolue.

— C'est dommage que tu le prennes sur ce ton. Je me fais draguer tout le temps, pardi. Au boulot, au supermarché, partout. Je rentre à la maison, je le raconte à Fiona et on en rigole ensemble. Elle sait qu'il ne se passera jamais rien, c'est tout.

— Et elle, elle te raconte quand elle se fait draguer ?

— Maintenant que tu me le dis, non. Mais ce n'est pas le problème. Le problème, c'est que tu es en train de te noyer dans un verre d'eau, Peter. Tu as passé une mauvaise soirée, et maintenant c'est fini. Oublie. Et oublie aussi Finbarr et ses conneries, si vous êtes un couple bizarre ou pas, et toutes ces bêtises qui te tracassent. Vous allez passer une supersoirée demain et tout va rentrer dans l'ordre. N'oublie pas : des fleurs, des chocolats, des bougies, un peu d'efforts. Et je sais de quoi je parle. Tu verras. Tu as prévu quelque chose, non ?

— Comment veux-tu ? Je n'ai pas eu le temps. Et de toute façon, si je fais quelque chose, ça ne sera pas ce truc de bougies à la con. Il faudra que je trouve une meilleure idée. Je vais m'en occuper demain.

— Comme tu veux, mais fais quelque chose, bon sang. Souviens-toi de ce que je te dis : si tu laisses passer votre premier anniversaire comme un jour comme un autre, elle te le fera payer. Bon. Tu veux une autre bière ? »

Peter consulta sa montre. « Merde, non, il faut que je rentre. Je suis déjà super en retard.

— Très bien. Avant que tu partes, ça me fait penser à une vieille blague qui devrait te remonter le moral.

— J'en doute, mais vas-y quand même.

— Deux femmes et un homme attendent à un arrêt d'autobus. Les femmes discutent pour savoir ce qui fait le plus mal, quelle est la pire douleur qu'elles ont jamais eue. La première dit que le pire, c'est la migraine, on ne peut même pas ouvrir les yeux, c'est comme si tu avais la tête dans un étau, c'est horrible.

L'autre dit que rien ne vaut une rage de dents. Y a rien à faire pour la calmer, ni se frotter les gencives ni rien, c'est là à l'intérieur, ça vous lance, ça vous lance. Le type les écoute un moment en secouant la tête, et puis il n'y tient plus. Il se racle la gorge et il leur fait : “Excusez-moi, mesdames, mais je n'ai pas pu m'empêcher d'entendre ce que vous disiez et je me demandais : est-ce que l'une d'entre vous s'est déjà pris un bon vieux coup de pied dans les couilles ?” »

Peter ne rit pas. Mais il approuva en hochant la tête d'un air solennel.

## 29

« Pour moi, déclara le père Grehan, ça sent le truc qu'il faut fuir à toutes jambes. Crois-en mon expérience. Je sais de quoi je parle. »

Le père Duff se carra dans son fauteuil et attendit que l'histoire commence. Le père Grehan livrait toujours ses conseils les plus sérieux sous forme d'anecdotes. Certaines d'entre elles paraissaient hautement improbables aux yeux du père Duff. Une ou deux reprenaient même des intrigues de séries télé que le père Grehan et lui avaient regardées ensemble.

« C'est une histoire qui remonte à il y a vingt ans. Même plus, si ça se trouve. Enfin, bref, un été j'étais rentré passer une semaine chez moi à Athlone pour rendre une petite visite à la famille, tu sais, prendre des nouvelles. Je logeais chez Emma, ma sœur. Emma avait une voisine avec qui elle était copine, une gentille femme bien tranquille qui s'appelait Helen. Elles n'étaient pas vraiment intimes, mais ça leur arrivait de bavarder cinq minutes sur le trottoir ou de boire un thé chez l'une ou chez l'autre, ce genre de choses. Environ une semaine avant que je vienne, cette fameuse Helen avait débarqué chez Emma dans un état pas possible, en larmes. Elle disait qu'elle n'avait personne à qui se confier, pas un seul vrai ami, et que sa famille n'habitait pas là ; elle était du Nord, je crois. Le problème, c'était son mari, Charlie. Il était un peu trop porté sur la bouteille. Ce n'était pas un mauvais bougre, à ce qu'elle disait, c'est juste qu'il avait cette terrible maladie. Il n'était pas violent ni rien, et il ne se roulait pas non plus dans le caniveau à trois heures du matin. Mais ça en prenait le chemin et elle était au bout du rouleau. Ils avaient des soucis d'argent et ils se disputaient beaucoup. D'après Emma, Helen envisageait de mettre les bouts et de le laisser en plan. Il n'y avait pas d'enfants en jeu pour la retenir et, apparemment, elle était drôlement déterminée.

— Et ta sœur t'a demandé de les aider ? »

Le père Grehan ajusta ses lunettes sur son nez. « Non. Elle me racontait l'histoire plus ou moins comme ça, et c'est moi qui me suis proposé. J'en connais un rayon sur les alcooliques, puisque mon meilleur ami… enfin bref, je t'ai déjà raconté tout ça. J'ai dit à Emma que je pouvais essayer de parler à Charlie. Rien de particulièrement spectaculaire, mais juste lui expliquer qu'il pouvait se faire aider. Et lui dire qu'il *ferait mieux* de se faire aider s'il aimait sa femme. Je pensais que ça aurait plus de poids venant d'un parfait inconnu. Et c'était un homme croyant, d'après ce que tout le monde disait, donc je pensais que ça pourrait jouer en ma faveur. »

C'était ça, le problème, songea le père Duff. Les parents d'Umberto n'étaient pas croyants. Pourquoi écouteraient-ils les conseils d'un prêtre ?

« Emma trouvait que c'était une très bonne idée, et Helen aussi, poursuivit le père Grehan. Donc elle s'est arrangée pour sortir un soir et je suis passé chez eux à l'improviste. Suffisamment tôt pour qu'il ne soit pas encore trop avancé sur le cognac. Une maison en mitoyenneté parfaitement normale, exactement comme celle de ma sœur, on n'aurait jamais dit qu'il se passait des problèmes à l'intérieur. J'ai sonné et il m'a ouvert. Un grand, grand type, costaud. Mais très poli, un sourire et tout de suite : “Qu'est-ce que je peux faire pour vous, mon père ?” Il devait penser que je faisais la quête. Alors je lui ai dit qui j'étais et je lui ai demandé si je pouvais lui parler deux minutes. De quoi, il m'a demandé, carrément méfiant, d'un coup. J'ai répondu que j'aimerais mieux entrer d'abord, si ça ne le dérangeait pas. Il ne semblait pas avoir très envie de me laisser entrer, mais il s'est quand même reculé. C'était une maison normale vue de l'intérieur aussi, propre et rangée. Il s'est assis dans un fauteuil et moi dans un autre, exactement comme on est assis toi et moi, d'ailleurs, devant la cheminée. Non, un poêle, c'était un poêle. Je suis allé droit au but. Je lui ai dit que j'avais cru comprendre qu'il avait un problème et que je voulais l'aider. »

Il ajusta de nouveau ses lunettes et secoua la tête.

« En y repensant, je me demande ce qui m'a pris. Personne n'a envie qu'un étranger débarque chez lui pour lui dire qu'il sait tout de ses secrets et de ses hontes les plus intimes. J'aurais dû m'en douter. La première chose que Charlie a voulu savoir, c'est avec qui j'avais parlé. Je lui ai dit que sa femme, en désespoir de cause, était allée chercher de l'aide auprès de ma sœur. Il s'est mis à rire en secouant la tête. "C'est la meilleure, qu'il me dit. Elle est vraiment gonflée." Je lui ai demandé ce qu'il voulait dire par là et...

— Je crois que j'ai compris », intervint le père Duff. Il savait que le père Grehan détestait être interrompu une fois sur sa lancée, mais il ne supportait pas d'écouter les histoires quand il savait déjà comment elles finiraient. Les histoires drôles, en particulier. Chaque fois qu'on lui en racontait une qu'il connaissait déjà, il ne pouvait pas faire semblant, il fallait qu'il coupe court.

« Vas-y, alors, rétorqua le père Grehan avec une légère pointe de sadisme. Raconte.

— Il s'avère qu'en fait le mari ne boit pas une goutte d'alcool et que c'est sa femme qui est alcoolique. C'est un appel au secours. Il ne pouvait ou ne voulait pas l'aider, alors elle a dû se tourner vers quelqu'un d'autre.

— Ouais, c'est à peu près ça. Mais pas tout à fait.

Ils étaient tous les deux alcooliques. Lequel des deux était le plus atteint à l'époque, je n'en sais rien. Peut-être elle, puisque c'est elle qui est venue demander de l'aide. Ça ne change pas grand-chose. C'étaient des gens un peu isolés, discrets, qui n'avaient jamais eu d'argent ni beaucoup de réussite dans la vie, et à l'approche de la retraite ils se mettaient à déprimer et à avoir peur. Enfin, il ne m'a rien dit de tout ça sur le moment, évidemment, c'est mon interprétation. Il m'a juste raconté que si quelqu'un avait un problème avec la boisson, c'était elle, et que de toute façon ce n'étaient pas mes affaires, ni celles de ma sœur d'ailleurs, et que, si Dieu voulait bien lui pardonner, il me priait de sortir de chez lui et de ne pas revenir. »

Il y eut un silence que le père Duff hésita à combler. Il ne voulait pas risquer quoi que ce soit qui puisse être de nouveau perçu comme une interruption. Le père Grehan regarda le feu pendant un long moment – sans doute pour créer une certaine tension dramatique, songea l'unique membre de son auditoire – avant de continuer.

« Je ne savais pas quoi faire. De mon côté, j'avais en tête l'hypothèse que tu as évoquée. Je lui ai sorti mon petit baratin sur l'appel au secours, en lui disant qu'il y avait des tas de gens sincères et dévoués auxquels sa femme pouvait s'adresser, mais qu'il faudrait qu'il la soutienne. Il s'est levé alors, sans un mot, m'a pris par le bras et m'a physiquement mis dehors. Je repartais le lendemain, ou peut-être le surlendemain, mais Emma m'a tenu au courant de la suite. Helen lui a avoué qu'elle buvait un verre de temps en temps elle aussi, mais elle a rigolé quand ma sœur lui a suggéré de se faire aider. Ridicule, elle a dit. Elle a insisté sur le fait que c'était Charlie qui avait un problème. Emma a décidé que le mieux était de les laisser se débrouiller, ce que je peux comprendre.

— Et alors, comment ça a fini ?

— Les dernières nouvelles que j'ai eues remontent à trois ou quatre ans après ça. Emma m'a téléphoné un matin pour me dire que Charlie était mort d'une crise cardiaque. C'était peut-être lié à l'alcool, peut-être pas. Ensuite, elle n'a plus beaucoup vu Helen, encore moins que d'habitude. Mais à partir de là elle a complètement basculé dans l'alcoolisme. Le genre de personnes que tu préfères éviter dans la rue, tu vois. Pour être honnête, j'ai cessé de demander de ses nouvelles au bout d'un moment. Je me sentais trop mal à l'aise.

— Mais tu n'as rien fait de mal, pourtant. Tu as seulement essayé de les aider.

— Et alors ? Est-ce que ça les a aidés, finalement ? Je n'ai sûrement fait qu'aggraver les choses. Si je ne m'en étais pas mêlé, Helen aurait peut-être fini par recourir à un soutien spécialisé. Et peut-être même Charlie aussi. »

Le père Duff n'était pas sûr de comprendre où son collègue voulait en venir. « Donc tu dis que je ne devrais pas essayer d'aider les parents d'Umberto pour ne pas aggraver les choses ?

— Je dis simplement qu'il faut faire vraiment attention quand il s'agit de donner des conseils à des inconnus. C'est vrai, quoi, que sais-tu de ces gens ? Rien. Tu ne sais déjà pas grand-chose sur leur fils. C'est peut-être de la pure imagination, toute cette histoire entre son père et une autre femme. Il n'avait pas de preuve, si ? Bon sang, si ça se trouve, il voulait juste semer la zizanie. C'est un adolescent, n'oublie pas. Peut-être qu'ils ont fait quelque chose qui l'a contrarié et qu'il veut se venger en racontant n'importe quoi. »

Ce n'était pas l'idée la plus saugrenue que le père Duff ait entendue. Si l'on se référait à l'incident des stigmates, Umberto était d'un tempérament farceur. Peut-être qu'ils l'avaient privé d'argent de poche ou autre, et qu'il avait imaginé comme vengeance de leur envoyer un prêtre qui leur poserait des questions sur leur couple. En même temps, il avait eu l'air tout à fait sérieux en évoquant le sujet dans l'après-midi. Et le fait de venir à la maison paroissiale le mettait visiblement mal à l'aise. Ce n'était pas le genre de choses qu'il ferait juste pour rigoler. Par ailleurs, il n'avait jamais demandé au prêtre de s'investir personnellement. Il avait dit qu'il voulait un conseil, pas une intervention. Inutile de le mentionner au père Grehan, cela dit. Ça ne ferait qu'apporter de l'eau à son moulin.

« Je ne crois pas, répondit donc le père Duff. Il semblait réellement inquiet. Et il a été très déçu quand il a vu que j'hésitais. Pas seulement déçu parce que sa petite blague ne prenait pas. Je pense qu'il a vraiment peur des problèmes qui s'annoncent à l'horizon, peut-être même un divorce.

— Même à supposer qu'il soit sincère, reprit le père Grehan, tu ne devrais pas t'en mêler. Pour commencer, il se trompe peut-être sur cette prétendue liaison. Sur quoi se fonde-t-il ? Tu n'en sais rien, n'est-ce pas ? Est-ce que tu vas aller fourrer ton nez dans des histoires de couple sans rien de plus solide que les racontars d'un gamin ? Et peu importe qu'il soit intelligent ou pas. Ce serait de la folie pure. Et même, d'accord, donnons-lui tous les bénéfices de tous les doutes possibles. Imaginons qu'il ne soit pas simplement en train de se moquer de toi et qu'il ait effectivement compris les tenants et les aboutissants de l'affaire. Il n'empêche que ce ne sont pas tes oignons. Et d'ailleurs ils ne sont pas membres de ton Église. Et même s'ils l'étaient, à ta place je resterais prudent. Crois-moi, tu ferais mieux de laisser tomber. »

Une certaine irritation pointait dans sa voix. Le père Duff se dit qu'il était déçu que son anecdote n'ait pas eu l'effet escompté.

« D'accord, et si ta sœur t'avait parlé de ses voisins alcooliques qui avaient besoin d'aide et que tu n'avais rien fait ?

— Mais tu m'as écouté, oui ou non ? Je te dis justement que j'aurais préféré n'avoir rien fait.

— Tu es sûr ? Et si tu avais appris le dénouement de l'histoire plus tard en sachant que tu n'avais même pas essayé de les aider ? Tu te sentirais mille fois plus coupable. »

Il était difficile de dire quand le père Grehan plissait les yeux d'un air suspicieux. Déjà, en temps normal, ses yeux n'étaient pas plus gros que deux petits points derrière ses épaisses lunettes. Mais il sembla pourtant au père Duff que c'était le cas à présent. Quelque chose avait changé dans la topographie de son front. « Qu'est-ce qu'il y a derrière tout ça, Miles ? demanda-t-il. Pourquoi est-ce que tu t'excites tellement au sujet de ce garçon ? Je croyais qu'il t'avait ri au nez quand tu lui as parlé de devenir prêtre. Tu ne peux pas le forcer à s'y intéresser, tu sais. »

C'était assez juste, songea le père Duff. En tout cas, il fallait reconnaître qu'Umberto ne lui apparaissait plus comme un éventuel prêtre en devenir, même s'il semblait posséder certaines qualités. Il s'efforça de trouver une réponse crédible, qui puisse le satisfaire lui autant que le père Grehan. À part « Il joue bien aux échecs ».

« Je ne sais pas, finit-il par dire. J'ai envie de l'aider, c'est tout. »

# 30

En attendant Peter, Mary s'était assoupie sur le canapé. Elle se réveilla lorsqu'il lui toucha l'épaule, juste au moment où son visage se penchait sur le sien pour y déposer un baiser. Le cri qu'elle poussa ne fut pas particulièrement fort, mais inattendu. Peter bondit sur ses pieds depuis sa position agenouillée, grimaçant de douleur.

« Excuse-moi, dit Mary en se redressant et en se frottant les yeux. Tu t'es fait mal au dos ? »

Il se faisait toujours mal au dos quand il se levait trop vite. Elle lui disait que ce n'était pas compliqué, il suffisait qu'il arrête de se lever trop vite. Peter rétorquait que c'était plus facile à dire qu'à faire.

« Non, ça va, souffla-t-il en s'asseyant à côté d'elle sur le canapé. J'ai mal dormi, c'est pour ça. Voilà, je suis rentré. Je t'ai manqué ?

— Bien sûr », répondit-elle en s'agrippant à son cou, ce qui lui arracha un petit couinement, tel un jouet pour chien. C'était un mensonge, mais juste un petit mensonge. Il ne lui avait pas manqué parce que ç'avait été trop bref. Elle ne s'en voulait pas de lui dire ça, car elle savait qu'un jour ou deux de plus, et il lui aurait manqué.

« Toi aussi, tu m'as manqué, dit-il. Rien de spécial pendant que je n'étais pas là ? »

Mary avala sa salive. « Non, rien. Je vais faire du thé.

— Ne bouge pas, tu es très bien où tu es. Je vais le faire. »

Il se releva péniblement et se dirigea vers la cuisine en clopinant. « Tu boites encore, fit-elle remarquer. Tu es sûr que ça va ?

— Ça va du tonnerre », lança-t-il, sur un ton peu convaincant, songea Mary. Pour la première fois, elle se surprit à regretter de n'avoir pas assisté à la scène sur le terrain de golf. David, en tant que témoin oculaire, pourrait lui faire un rapport, il faudrait qu'elle pense à lui demander tous les détails la prochaine fois qu'elle le verrait.

« Alors, c'était comment ? s'enquit-elle. Ça valait le coup d'y aller ?

— Attends, je vais te raconter. » Suivirent des bruits de préparatifs de thé. En revenant avec le plateau, il reprit : « Je n'arriverai pas à être à la hauteur, je n'ai pas les mots. Pour te donner une idée, à côté de ça, l'après-midi avec ton oncle Larry, c'était un voyage en vaisseau spatial. »

Mary émit un sifflement admiratif. L'après-midi avec l'oncle Larry était leur étalon en matière d'ennui. Larry était le frère de son père, un directeur d'usine quelconque vivant à Wicklow. James et lui ne se parlaient plus depuis près de vingt ans à cause d'une querelle sur le testament de leur mère. Un samedi après-midi peu après que Peter et Mary s'étaient mariés, il avait débarqué à l'improviste en rentrant chez lui après une nouba à Derry. Mary ne l'avait vu que deux ou trois fois enfant – elle ne savait même pas comment il avait eu leur adresse – et Peter ne le connaissait pas du tout. Il s'attarda pourtant chez eux deux bonnes heures, durant lesquelles il resta les yeux rivés sur la moquette en n'ouvrant la bouche que pour répondre aux questions qu'on lui posait. Et même alors, ses phrases se résumaient à des monosyllabes. On aurait pu entendre les mouches voler. Mary avait d'abord pensé qu'il travaillait à une sorte de réconciliation avec James et la famille en général, et elle essaya d'orienter la conversation, si on pouvait appeler ça comme ça, dans cette direction. Mais, apparemment, elle avait mal compris. Il ne voulait pas aller voir Valerie et Jeff, et encore moins James et Elizabeth. Il était juste venu « montrer sa tête ». James, quand il fut mis au courant de cette visite, haussa les épaules et en conclut que « ce vieux salopard voulait juste se faire offrir une tasse de thé ».

« Au moins, après coup, on peut en rigoler, de cet

après-midi avec l'oncle Larry, reprit Peter. Mais je ne me vois pas un jour rigoler de ce foutu séminaire. »

Mary se prépara pour les détails techniques, mais il n'en fut rien. Elle se surprit presque à en éprouver de la déception.

« C'était quel genre, les autres participants ? demanda-t-elle. Y avait des têtes connues ?

— Comme qui ? rétorqua Peter en la regardant bizarrement.

— Ben, je ne sais pas, n'importe. Tu ne vois pas toujours les mêmes têtes dans ces trucs-là ?

— Ah. Non. La plupart des gens sont assez malins pour ne pas s'en coltiner plus d'un tous les deux ou trois ans. Cela dit, c'est toujours le même *style* de gens. Des randonneurs avec des pellicules dans les cheveux, pour la plupart. Tu vois le genre. »

Elle hocha la tête. Elle voyait, en effet. « Je pensais que tu allais m'appeler, hier soir.

— Je voulais. Vraiment. Mais, euh… Je suis sorti boire un verre avec un petit groupe après le cours, et je n'ai pas vu le temps passer. Je comptais t'appeler en rentrant à l'hôtel mais…

— Ce n'est pas grave.

— J'y ai pensé, je t'assure.

— Ça n'a aucune importance. » Elle était sincère, et elle sourit pour le prouver.

Plus tard, ils regardaient la télé dans le noir, Peter étendu dans un fauteuil, Mary recroquevillée sur le canapé. Peter avait la télécommande en main et zappait de chaîne en chaîne, laissant échapper une exclamation outrée chaque fois qu'il retombait sur les mêmes animateurs joviaux de jeux télévisés ou les mêmes présentateurs lugubres.

« Tu vois bien qu'il n'y a rien, dit Mary en soulevant la tête pour se faire entendre.

— Ça m'en a tout l'air. Tu veux que, euh… tu veux que je fasse un saut en voiture pour aller louer un film ? Il n'est pas trop tard, si ? »

Elle perçut l'incertitude dans sa voix. Il testait son humeur.

« Je prendrai ce que tu veux, ajouta-t-il. Tu choisis. »

Mary réfléchit une minute. « Attends, laisse-moi réfléchir… Oh ! Fidelma m'a parlé de ce nouveau film qu'elle a vu, il vient de sortir en cassette. Génial, elle m'a dit. Mais je ne sais pas si ça va te plaire…

— Non, vas-y, ce que tu veux, insista Peter. C'est toi qui choisis. » Il appuya sur la dernière phrase.

« C'est l'histoire d'un petit garçon qui attrape une maladie rare, un truc de peau. Ce n'est pas une maladie mortelle ni rien, mais il commence à prendre une teinte verdâtre horrible et tous les autres gosses à l'école l'insultent et se moquent de lui. Il joue au base-ball, enfin, comment on appelle ça ?, dans l'équipe poussin, et tout ce qu'il veut c'est continuer à jouer, mais il ne peut plus parce qu'il est vert et que ça déstabilise les autres joueurs. »

Elle vit Peter contracter tous les muscles de son corps. « Ça doit être chouette, marmonna-t-il.

— En tout cas Fidelma a adoré. Elle dit que ça remonte le moral, de voir comment ce petit gamin triomphe de l'adversité. Je crois aussi qu'il est question de la famille qui se serre les coudes et qui se rend compte de ce qui est important dans la vie.

— Super, gémit Peter.

— Ça s'appelle *Le garçon qui était devenu vert.* »

Peter en eut le souffle coupé, l'espace d'un instant. « C'est un bon titre », finit-il par balbutier.

Elle aurait dû s'arrêter là, mais elle ne put résister. « D'accord, dit-elle. Tu n'as qu'à prendre ça.

— OK. J'y vais. Tu veux venir te dégourdir les jambes ?

— Nan, je préfère rester ici. Vas-y toi. »

Il acquiesça et replia lentement les genoux avant de se lever avec précaution, le visage crispé de douleur. « Je n'en ai pas pour longtemps », dit-il en sortant.

Dès que la porte se referma, Mary s'assit devant la fenêtre du salon et le regarda descendre l'allée en claudiquant, les pieds en dehors, tel un pingouin arthritique. Il ouvrit la portière de la voiture et se glissa sur le siège en faisant bien attention mais ne put éviter de se cogner la tête. Il se cognait toujours la tête partout. Mary posa une main sur sa bouche et réprima un fou rire. C'était Peter, c'était son mari. Grand et maladroit. Toujours à avoir mal quelque part. Et prêt à tout pour lui faire plaisir. Alors que la voiture démarrait, elle éclata en sanglots.

Le voilage de la fenêtre faisait un piètre mouchoir, mais elle s'en servit néanmoins pour s'essuyer le nez et les yeux. Au bout d'un moment, elle commença à retrouver une respiration normale et se leva, avec le sentiment d'être complètement ridicule. Il y avait un miroir dans l'entrée. Elle alla se regarder dedans. Ces yeux rougis et ces coulures de mascara étaient un spectacle inhabituel pour Mary, et c'était pourtant la deuxième fois en une semaine que ça lui arrivait. Mary n'était pas une grande pleureuse et ne l'avait jamais été. C'était quelque chose dont elle s'enorgueillissait depuis toute petite. À l'époque où ses amies devenaient hystériques à la moindre contrariété, comme une poupée perdue ou un bleu au genou, même la mort d'un animal domestique ne pouvait lui tirer des larmes, bien qu'elle en ait vu défiler pas mal chez elle. Bugs le lapin, Rover le cochon d'Inde, Fluffy le lapin, George le chien, Sammy le hamster, Robbie le lapin, Patchwork le chat, tous étaient venus et repartis, sans qu'une seule larme ne soit versée. Pas par Mary, en tout cas ; son père avait été très affecté lorsque Patchwork avait mangé quelque chose qu'il n'aurait pas dû et qu'il avait mis ensuite trois jours à mourir d'une lente agonie miaulante dans son coin nauséabond du garage. Mais il est vrai que son père avait toujours eu un faible pour Patchwork, une créature qui semblait avoir été délibérément conçue pour inspirer de la compassion. Il avait hérité de ce nom non pas parce que son pelage était un agréable patchwork de couleurs, mais au contraire parce qu'il était parfaitement uniforme. Si l'alopécie féline avait été son unique problème, il aurait été simplement pathétique. Ce qui le hissait au niveau de la tragédie pure, c'était la litanie des autres maux qui gâchaient sa misérable existence : son obésité grotesque, sa cataracte aux deux yeux, la profonde cicatrice sur son long museau blanc, ses accès de flatulence chronique, sa claudication, sa queue tordue, son oreille croquée. On aurait dit un chat de dessin animé juste après l'explosion d'une bombe de dessin animé. Lorsqu'il rendit son dernier gargouillis, la seule réaction de Mary fut de faire remarquer qu'il s'en porterait sans doute mieux ainsi.

Ses parents avaient l'air de trouver étrange qu'elle soit si peu affectée par toutes ces petites catastrophes de l'enfance. Mais Valerie lui présentait souvent ses félicitations, affirmant que pleurer, c'était pour les « fillettes », les propriétaires froufrouteuses quasi mythiques de maisons de poupée qui étaient ses ennemies jurées. Mary se rappelait avoir été flattée, sans bien comprendre ce qu'elle avait fait pour mériter l'admiration. Qu'y avait-il de si terrible à la mort d'un lapin, d'un chat ou d'un chien ? Pourquoi en faire tout un plat ? C'était triste, point barre. Mais pas la fin du monde. Ce n'étaient pas des êtres humains. Les gens disaient qu'ils « aimaient » leurs animaux, mais était-ce bien vrai ? Mary espérait que non. Elle avait sa propre vision de l'amour, et c'était une plus grande affaire que ça.

Elle contempla son visage chiffonné dans le miroir pendant une bonne vingtaine de minutes, laissant ses souvenirs affluer, jusqu'à ce qu'elle entende la voiture revenir. Elle ne bougea pas et attendit que Peter tourne sa clé dans la serrure.

« Quoi ? Qu'est-ce qu'il y a ? Qu'est-ce qui se passe ? » Peter la tenait par les épaules, la cassette vidéo tombée au sol. « Mary ! Tu me fais peur. Qu'est-ce qu'il y a ? »

Ses larmes coulaient de nouveau, mais elle souriait en même temps. « Je suis désolée, dit-elle en plaquant une main sur sa bouche.

— Désolée de quoi ? Viens, assieds-toi. »

Il la prit par la main et l'emmena jusqu'au canapé. « Raconte-moi, je t'en supplie.

— Ne prends pas cet air affolé, dit-elle en reniflant.

— Mais je *suis* affolé. Qu'est-ce qui se passe ? Dis-moi. »

Mary se pencha en avant et se frotta le front à deux mains. « Je me sens tellement ridicule.

— Pourquoi ?

— De m'énerver comme ça.

— Ne sois pas bête. Dis-moi plutôt ce qui t'énerve. »

Elle renifla de nouveau et se frappa les genoux. « Je suis désolée. Je m'en suis pris à toi, mais en fait c'est moi. Aussi. C'est nous deux, je veux dire.

— Quoi, Mary ? De quoi tu parles ? Dis-moi. »

Elle écarta une mèche de ses yeux et prit une grande inspiration. « J'ai compris. Ce qui me tracassait. Ce qui me tracassait *vraiment*. Ces derniers temps, je crois que j'ai..., tu sais, avec notre anniversaire qui approchait et tout, j'ai commencé à réfléchir à...

— Je le savais ! Je le savais ! C'est moi, c'est ça ? Cette dispute l'autre soir à cause de la vidéo, ce n'était pas du tout à cause de la vidéo. Tu en as marre de moi. Je te déçois. Oh, bon sang, je le savais... »

Mary lui donna un petit coup sur la cuisse, pas fort, mais pas gentil non plus. « Arrête ! Laisse-moi parler.

— Excuse-moi, excuse-moi. Vas-y.

— Et arrête de t'excuser. Tu n'as aucune raison de t'excuser.

— Excuse-moi.

— Ce que j'essaye de te dire, c'est qu'avec notre anniversaire qui arrive et tout ça, peut-être que je suis devenue un peu... tu sais... introspective. Je me suis mise à réfléchir un peu trop. Il y a déjà ça. Il se trouve que c'était notre anniversaire de mariage, mais ça aurait pu être n'importe quel anniversaire, j'imagine. »

Elle le regardait droit dans les yeux, s'attendant à être interrompue. Il ne l'interrompit pas, mais il lui prit la main et la serra dans la sienne. Elle poursuivit, s'essuyant les yeux de sa main libre.

« Je m'en suis pris à toi – et aussi à mes parents, d'ailleurs – non pas à cause de quelque chose que tu aurais fait, mais parce que… parce que tu me rappelles sans arrêt ce qui ne va pas chez moi. »

Il ne parut pas se vexer et lui pressa encore la main. « C'est-à-dire ?

— Peter, je suis tellement *ordinaire*. Je n'ai aucune originalité. Je suis banale. »

Il se pencha tout près de son visage. « C'est des conneries. Tu n'es pas ordinaire, Mary. Tu es…

— Mais si ! Je suis ordinaire. Et toi aussi. On est quelconques. Regarde-moi, je ne connais rien à rien. Je ne connais même pas Cockstump ! »

Peter blêmit mais elle ne lui laissa pas le temps de parler.

« Je ne pars pas en safari, je ne lis pas des pavés sur ce putain de big-bang. Je n'ai jamais vécu ailleurs que dans cette petite ville de merde et je suis avec le même… je suis avec le même homme plus ou moins depuis que j'ai quinze ans !

— Si c'est le…

— Laisse-moi finir. Le problème, c'est que… je m'en fous. Je suis ordinaire et je resterai toujours ordinaire parce que je suis *contente* d'être comme ça.

On n'a que ce qu'on veut, non ? Et apparemment je ne veux pas plus. »

Peter lui pressa la main pour la troisième fois. « Mais c'est une bonne chose ! Non ? D'être content.

— Comment ça ? Comment ça peut être une bonne chose d'avoir si peu d'ambition ? »

Il réfléchit intensément avant de répondre. « Ne vois pas ça comme un manque d'ambition. Prends-le comme un état de satisfaction. Regarde… tu es en train de me dire que tu es malheureuse parce que tu es heureuse !

— Non. Je suis en train de te dire que je suis malheureuse parce que je n'ai pas de… Je ne vais jamais… enfin…

— Continue. »

Elle se coinça les cheveux derrière l'oreille. « Tu as raison. Je sais que tu as raison.

— Bien sûr que j'ai raison. Ne rien désirer est le *but* de la plupart des gens dans la vie. Et toi tu l'as déjà atteint. » Il sourit et l'attira contre lui, déposant un baiser sur sa tête. « Bon, d'accord, tu as un mari ennuyeux à mourir, pas marrant… »

Elle se redressa aussitôt. « Non, Peter. Je n'ai pas dit ça. D'accord, peut-être que je me suis défoulée sur toi. Mais tu n'as rien à te reprocher.

— En tout cas, on dirait que tu as recommencé à nous trouver bizarres.

— Tu ne m'écoutes pas. Ça n'a rien à voir avec toi et moi.

— Tu disais le contraire il y a une minute. Tu disais “Je suis avec le même…”

— D’accord, OK. Oui, je nous trouve bizarres. Et je suis sûre que toi aussi, si tu es honnête. Et puis quoi ? On a de la chance, après tout, d’être bizarres comme ça. Il y a plein de gens qui donneraient un bras pour l’être. »

Il hocha la tête. « Tu vois ? Tu fais les réponses à ma place. C’est exactement ce que j’allais te dire.

— Je sais, je sais. Je suis débile.

— Mais oui. »

Il la tint dans ses bras sans rien dire pendant un moment.

« Tu es sûre que ça va aller ? finit-il par demander. Dis-moi ce que je peux faire pour t’aider et je le ferai.

— Ça va aller.

— Et si on partait en vacances ? On pourrait faire nos valises et partir quelque part une semaine ou deux. Ou même un mois. Comme tu veux.

— Un mois ? Et on ferait comment pour se payer cette petite balade ?

— Comment font les gens pour payer les choses, en général ? On prendra un crédit.

— C’est pas la peine. Je n’ai pas envie de partir où que ce soit. Ça va très bien, je t’assure.

— J’aimerais pouvoir faire quelque chose. Je n’ai même pas réussi à te louer le bon film.

— Lequel ?

— *Le garçon qui était devenu vert.* Ils ne l'avaient pas.

— C'est pas étonnant, il n'existe pas ! Excuse-moi, Peter, je n'ai pas pu résister. Je ne pensais pas que tu irais vraiment. »

Peter lui lâcha la main sans rien dire et retourna dans l'entrée. Il revint avec une cassette et la posa sur ses genoux. C'était *Fargo.*

« Ne t'en fais pas pour ça, dit-il. J'ai pris ça à la place. Je crois que je te l'ai gâché la dernière fois. Et ça avait l'air plutôt bien. Tu veux qu'on réessaye ? »

Elle regarda la cassette, puis Peter. Il allait se lancer à nouveau dans ses imitations d'accent. Il ne pourrait pas s'en empêcher.

« Nan, dit-elle. On n'a qu'à se coucher avec les poules. »

Se coucher avec les poules était l'euphémisme qu'ils avaient employé durant toute leur vie sexuelle, depuis le début. C'était le côté bébête de la phrase qui leur avait plu, au départ. Ils aimaient bien l'idée de parler comme un couple de cinquantenaires pantouflards alors qu'en fait ils étaient deux petits jeunes excités. Depuis, cette expression s'était fait sa place, au point que Peter racontait parfois des blagues qui commençaient par : « C'est une prostituée et un client qui se couchent avec les poules contre un mur… » ou : « C'est l'histoire d'un mec qui va chez le médecin et qui dit "Docteur, ma femme et moi on était en train de se coucher avec les poules hier après-midi…" »

Peter plaça les mains dans le creux de ses reins. « Le truc, c'est que... »

Mary détourna les yeux. Il y avait peut-être une limite à son désir de lui faire plaisir, après tout. Puis il se leva lentement du canapé.

« Quoique, finalement... », dit-il.

# 31

Umberto n'entendit pas son réveil le vendredi matin. À huit heures et demie, alors qu'il aurait dû être en train de fermer la porte du Cottage derrière lui, il était toujours blotti dans son lit, plongé dans un rêve incroyablement réaliste dans lequel Peter et Mary étaient suspendus par le bout des doigts à un câble surplombant une chute d'eau. Ils s'envoyaient des coups de pied de temps en temps tandis que, depuis un canot en contrebas, Umberto les suppliait de revenir à la raison. Ils riaient tous les deux ; lui non. En outre, il avait du mal à maintenir le bateau à flot et risquait d'un moment à l'autre d'être aspiré par les eaux tumultueuses. Le rêve sembla durer des heures.

Lorsqu'il se réveilla – juste quand il commençait vraiment à se noyer –, il contempla d'un œil trouble son réveil visiblement déréglé et laissa échapper un gémissement qui venait du plus profond de son ventre. Des parents normaux, fulmina-t-il, seraient debout à cette heure-là et l'auraient réveillé. Il s'accorda quelques minutes supplémentaires pour envisager et aussitôt écarter la possibilité de se faire passer pour malade, avant d'émerger lentement de son lit en se demandant déjà pourquoi il se donnait autant de peine.

Le premier cours de la journée était histoire-géo, ce qui tombait plutôt bien. Le prof était Noel « Woody » Allen, un homme qui tolérait à peu près n'importe quoi de la part de ses élèves, excepté les bagarres ouvertes. Certains mettaient cette attitude détachée sur le compte de la psychologie inverse ; d'autres prétendaient qu'il n'en avait simplement rien à foutre. Quoi qu'il en soit, il n'était pas du genre à s'exciter pour le retard exceptionnel d'un de ses meilleurs éléments. Umberto frappa un seul coup à la porte de la classe et entra avec un air penaud, tête baissée. « Je m'excuse, mon réveil n'a pas sonné », marmonna-t-il avant d'aller s'asseoir. Woody n'eut pas l'air de remarquer son arrivée. Mask, en revanche, si. Il lui décocha un sourire narquois et un autre de ses fameux clins d'œil à la con.

Espèce de clignotant, songea Umberto en s'affalant sur sa chaise.

Woody était peut-être un ange en ce qui concernait la discipline, mais en revanche il distribuait les devoirs à tour de bras. Il voulait pour le cours du lundi un texte de mille mots sur la chute de Charles Stewart Parnell et ses conséquences immédiates, aucune excuse possible.

« Mais c'est carrément un bouquin, putain ! » s'exclama quelqu'un au milieu des protestations générales.

Woody avait sans doute entendu, mais il fit semblant du contraire. « Bon week-end à tous », lança-t-il. Il partit d'un petit éclat de rire et se dirigea vers la porte. Il l'avait à peine entrouverte que Mask attaqua d'emblée.

« McKeown ! Hé, McKeown ! Je te parle. »

Umberto se retourna. « Quoi ?

— Ça va, ton cul ? T'as pas mal ? Ça doit faire mal, non ? »

Umberto ne répondit rien et se détourna.

« Vous avez entendu, les gars ? cria Mask à la cantonade. McKeown a un nouveau fiancé. Il s'est lié d'amitié avec un prêtre. Et vous savez comment ils sont, ces gens-là... »

Personne ne rit. Mais il y eut une baisse notable dans le volume du brouhaha ambiant.

« Pas vrai, Umberto ? Raconte-nous, qu'est-ce qui t'a plu chez lui ? Le col ? Non ? Oh, regardez, il est tout timide. Mais t'es pas un peu trop vieux pour lui, dis ? Je croyais que les prêtres les préféraient plus jeunes. »

Quelqu'un gloussa. Umberto jeta un coup d'œil

dans cette direction et ne fut pas surpris de constater que c'était Gregory Daly.

« J'étais là, raconta Mask, en train de me promener devant le presbytère, à faire mes trucs, et qui je vois sortir de là en courant ? Lui, avec son gros enculé de fiancé en train de courir après lui. Ils avaient dû se disputer, c'est ça, Umberto ? Une petite querelle d'amoureux ? En tout cas c'est ce que je me suis dit, vu ce que lui criait le père Tapette, qu'il pouvait réfléchir, et que son amour serait plus fort que tout. »

Nouveau gloussement de Daly. Même s'il était toujours le seul à rire, Umberto sentait de nombreux regards posés sur lui. Il garda la tête baissée et s'efforça de conserver son calme.

« Est-ce que je mens, Umberto ? C'est pas comme ça que ça s'est passé ? J'ai un témoin et on ne peut quand même pas se tromper tous les deux. Est-ce que tu as... »

La porte de la classe se referma en claquant. Le capitaine Kirk était arrivé.

« Vos gueules, dit-il. Tout le monde sort son machin. »

Le cours de math du vendredi matin durait deux heures d'affilée, et Kirk ne jugeait pas nécessaire de faire une pause au milieu. Pour une fois, Umberto s'en réjouit. Il y eut cependant une sorte d'intermède au bout d'une heure lorsque la secrétaire de l'école se présenta à la porte avec un message pour le capitaine.

Elle n'était pas la seule femme de l'établissement, mais la seule qui n'ait pas de moustache ou de la bedaine (voire les deux), ce qui faisait toute son originalité. Un silence respectueux s'abattit sur la classe tandis qu'elle se tenait sur le seuil, chuchotant ce qu'elle pouvait bien avoir à chuchoter. Umberto la reluqua autant que les autres, même si elle lui faisait penser à Victoria Beckham, ce qui n'était pas un compliment d'après ses critères. Alors qu'il la dévisageait, un objet l'atteignit à l'arrière de la tête. On aurait dit une boule de papier. Umberto ne bougea pas. Il fut de nouveau touché presque immédiatement après. Se retourner serait une capitulation, songea-t-il. Mais s'y refuser pourrait passer pour de la lâcheté. La troisième fois, il céda et jeta un coup d'œil par-dessus son épaule. Mask avait fait un dessin qu'il tenait silencieusement en l'air à l'appréciation de tout le monde, comme un enfant fier de lui. Ce n'était pas un grand artiste, et Umberto eut du mal à déchiffrer ce qu'il avait voulu représenter. Il put néanmoins le deviner et se tourna derechef vers le tableau en secouant la tête. Derrière lui, plusieurs grommellements désapprobateurs s'élevèrent, ce qui lui donna du courage. Espèce de petit merdeux puéril. Il n'avait vraiment pas l'air de comprendre que personne, à part Daly, ne le trouvait ne serait-ce qu'un tant soit peu amusant. Et il se rendit compte que quelqu'un pourrait se rendre populaire – ou en tout cas moins impopulaire – en réduisant une fois pour toutes en bouillie ce petit connard. Le genre de bouillie qui y réfléchirait à deux fois avant d'aller chercher ses amis les gros durs. Le genre de bouillie qui n'ouvrirait plus jamais sa grande gueule à l'avenir.

Une véritable mesure de salut public.

Mask n'eut l'occasion de faire aucun autre commentaire – ni d'exhiber aucune autre œuvre d'art – après le cours de math. Lorsque le capitaine Kirk ouvrit la porte pour partir, son successeur, le capitaine Igloo, attendait déjà dehors. Les deux capitaines se saluèrent d'un hochement de tête muet (toute l'école était au courant de leur haine réciproque) et se croisèrent dans l'embrasure.

« Excusez-moi », dirent-ils à l'unisson.

Les élèves protestèrent sans grande conviction contre l'absence d'intervalle entre les deux heures de math sans pause et la religion, mais le capitaine Igloo ne voulait rien entendre. « Qu'est-ce que vous voulez que je fasse ? demanda-t-il à travers sa barbe grise mousseuse. Que je reste planté là à ne rien faire pendant cinq minutes ?

— Ouais, bonne idée, répliqua Colm McCaffrey.

— Non, rétorqua Igloo, je ne crois pas. »

La religion était une matière particulière à plus d'un égard. Il n'y avait apparemment pas de programme précis, et les cours avaient tendance à prendre la forme d'une discussion en roue libre sur n'importe quel sujet qui se trouvait passer par la tête d'Igloo ce jour-là. Si le thème qu'il choisissait avait une dimension religieuse, tant mieux. Il n'était pas difficile. En l'occurrence il avait prévu de s'intéresser, ou plutôt de faire semblant de s'intéresser, à la charité. La charité était-elle toujours une bonne chose ? Devait-elle commencer à la maison, et que cela signifiait-il, au fond ? Les gens donnaient-ils réellement pour aider leur prochain ou pour soulager leur conscience ? Et si c'était juste pour soulager leur conscience, cela changeait-il quelque chose ? Il posa ce genre de questions et d'autres encore, et comme les élèves répondaient par des regards vides et des bâillements, il faisait les réponses lui-même. Umberto avait d'ordinaire toujours quelque chose à dire en cours de religion, mais cette fois il n'écoutait même pas. Il était trop occupé à se demander si la baston était une chose qui requérait de la pratique. Peut-être était-ce une de ces activités dans lesquelles les débutants peuvent exceller d'emblée. Comme tout le monde, il avait déjà assisté à quelques bagarres dans la cour de récré et devant le fish-and-chips, et ça ne lui semblait pas si compliqué que ça. Dans les films, ouais. C'étaient de vraies chorégraphies. Dans la réalité, autant qu'il pût en juger, il suffisait de retourner le pull de l'adversaire sur sa tête pour ensuite le rouer de coups de pied ou de coups de poing jusqu'à ce qu'il pleure ou ne bouge plus. Umberto était sûr de pouvoir réussir le coup du pull, surtout vu la différence de taille entre Mask et lui.

Mais pour les coups de pied et les coups de poing ? Il aurait bien voulu s'être entraîné un peu dans sa jeunesse. Au moins il saurait à quoi s'attendre. Ça devait être une sensation un peu répugnante, tout cet écrabouillage et tous ces cris. D'un autre côté, ce n'était peut-être pas si désagréable. Satisfaisant, même.

« Qu'est-ce que tu en penses, Umberto ? Tu es bien silencieux, aujourd'hui. Dis-nous si on se trompe. »

Umberto sortit brusquement de sa rêverie. Igloo était appuyé contre le rebord de la fenêtre, bras croisés. « Alors ?

— Euh…

— Tu n'écoutais pas, n'est-ce pas ? Tu étais à des années-lumière d'ici.

— Il est amoureux, m'sieur, intervint Mask.

— C'est vrai, Thomas ? Et tes sentiments pour lui sont réciproques ? »

Igloo obtint une proportion raisonnable de rires, et Mask se la boucla instantanément. Le mal était fait, cependant. Il avait lui-même suscité quelques ricanements, et pas seulement de la part de Gregory Daly. Umberto n'avait plus qu'une idée en tête : cela ne pourra qu'empirer. Il sentit la colère bouillonner tranquillement dans son ventre, comme un liquide.

« Fais attention, à partir de maintenant, McKeown.

— Oui, m'sieur. »

Saint-Brendan n'avait pas de cantine, de sorte que les élèves mangeaient leur casse-croûte dans la classe. Ce qui voulait dire que le professeur du dernier cours avant le déjeuner devait rester un petit quart d'heure de plus pour surveiller le repas. La plupart lisaient le journal et ne relevaient jamais les yeux, mais d'autres s'efforçaient bêtement de lancer des conversations normales, comme si les garçons et eux étaient des amis parfois forcés de jouer les rôles stupides de « professeurs » et d'« élèves ». Igloo appartenait à cette catégorie-là.

« Quelqu'un a regardé le billard, hier soir ? » demanda-t-il alors que tout le monde fouillait dans son sac pour sortir ses sandwiches écrasés et sa Thermos de thé. Les secondes passèrent et personne ne répondit, même si quelqu'un marmonna dans sa barbe : « Moi j'ai regardé les queues. »

Umberto eut pitié du prof et dit « Non ».

Mask ricana. « Comment t'aurais pu, Umberto ? Tu étais à ton rendez-vous galant. »

Umberto se força à pivoter très lentement en souriant, se disant que ça pourrait sembler menaçant.

« Tu m'as l'air très intéressé par la vie amoureuse d'Umberto, fit observer Igloo.

— Mais c'est parce que c'est *très* intéressant, m'sieur. Fascinant, même.

— C'est vrai, Umberto ? Tu t'es amouraché ? »

Umberto secoua la tête. « Non, m'sieur. Il essaye de

faire de l'humour. Comme toujours, il n'y arrive pas très bien, hélas ! »

Mask avait la bouche pleine de chips, ce qui ne l'empêcha pas de répondre : « Umberto est un peu susceptible, m'sieur. Le chemin de l'amour n'est pas un long fleuve tranquille. Il y a eu de la bagarre.

— Et il va y en avoir encore, répliqua Umberto en se retournant une fois de plus, si tu ne la fermes pas tout de suite. »

La moitié de la classe les écoutait. Il y eut quelques rires nerveux et un ou deux cris étouffés d'encouragement.

« Allons, allons, coupa Igloo, du calme ! Changeons de sujet, ça vaudra mieux. Quelqu'un a vu l'émission sur la station spatiale, mercredi soir ? »

Quelqu'un l'avait vue et était même partant pour en discuter. Umberto ne sut pas de qui il s'agissait. Mask et lui étaient accrochés par le regard. « Écoutez-le, ce gros dur », fulmina Mask.

Sans aucune raison à part celle de le faire enrager, Umberto lui souffla un baiser aérien. L'effet ne se fit pas attendre. Mask devint d'une couleur bizarre et se passa un doigt en travers de la gorge. Pour faire bonne mesure, il se frappa aussi la paume avec son poing. Umberto secoua la tête avec mépris. Aucune subtilité. Aucun raffinement.

« Pourquoi remettre à demain ? » dit-il.

« Qu'est-ce qui te prend ? lança Dessie Doherty. T'as envie de mourir ou quoi ? »

Umberto ne répondit pas.

« Tu te prends pour un dur, tout à coup, c'est ça ? poursuivit Dessie. Parce que, sans vouloir te vexer… » Il laissa sa phrase en suspens. Ils étaient devant les marches du labo et s'assirent à leur place habituelle. De là où il était, Umberto pouvait voir plusieurs élèves de sa classe et fut satisfait de constater qu'ils regardaient tous dans sa direction.

« Il a choisi la mauvaise semaine pour me faire chier, dit-il. C'est tout.

— Il fait chier *tout le monde*, tout le temps, soupira Dessie. Mais les gens ne s'amusent pas à le provoquer en baston, comme t'as pu remarquer.

— Et pourquoi pas ?

— Tu le sais très bien. Pourquoi tu te comportes comme ça ? »

Umberto regardait droit devant lui. « Je crois que je peux me le faire. »

Dessie jeta les mains en l'air. « C'est ça, ouais. Jackie Chan. Et de toute façon, c'est pas la question, parce qu'il finirait par te choper un jour ou l'autre, lui ou un de ses copains à la con. Même si tu le battais. Ce qui n'est pas dit. Je t'assure, tu devrais faire gaffe. Un soir, quand tu seras tout seul, que tu ne feras pas attention, il te suivra, il se glissera derrière toi par surprise et quand tu t'y attendras le moins…

— Tiens, regarde, le voilà.

— Où ça ? Oh, merde ! Il se ramène ! Moi aussi, du coup, je vais me faire tabasser. Merci, Umberto. Merci mille fois, putain. Je ne sais pas pourquoi je me fatigue… »

Mask était tout seul et s'approchait à vitesse grand V.

« Tu peux partir, si tu veux », suggéra Umberto à Dessie. Il n'obtint pas de réponse.

« Alors, les filles ? lança Mask encore à vingt mètres d'eux. On s'amuse bien ? »

Il avait l'air tout guilleret. « Oui, merci, répliqua Umberto, tout aussi enjoué. Et toi-même ?

— Ferme ta grande gueule », dit Mask en arrivant à leur hauteur.

Cinq ou six de leurs camarades de classe traînaient autour d'eux, à présent, cherchant des yeux s'il traînait des professeurs dans le coin.

« C'est pas très gentil, ça, répondit Umberto. On s'entendait si bien. »

Mask se balançait d'un pied sur l'autre, puis se mit à croiser et décroiser les bras. « Je sais pas ce que c'est, ton putain de problème, mais tu me tapes vraiment sur le système.

— Idem.

— Tu vas voir comme je vais t'idémiser si tu ne fais pas attention à tes putains de manières. »

Umberto consulta les badauds autour de lui avec une expression perplexe, puis se tourna de nouveau vers Mask. « Tu vas m'idémiser ? Je ne te suis pas, là. »

Mask secoua la tête. « Toujours à faire le malin, hein, McKeown ? C'est tout ce que tu sais faire. Pas de couilles. »

Umberto s'était toujours demandé comment on déclenchait ce genre de choses, comment on passait des mots aux coups. Il se disait que quelqu'un devait bien faire un premier geste, et ça paraissait être le moment. Il se leva et s'avança jusqu'à ce que le bout de ses chaussures touche celles de Mask.

« Peut-être que tu me connais mal », dit-il, et il se raidit, attendant le premier coup de poing, la première bousculade, le premier coup de tête, espérant que Mask était aussi faiblard qu'il en avait l'air.

Mask le regarda dans les yeux. Pendant un moment, il ne se passa rien. Puis il dit : « Tu crois vraiment ? »

La seule réponse qui vint à l'esprit d'Umberto fut « Ouais.

— T'es un dur, en fait, rétorqua Mask.

— P't-être bien.

— Un gros méchant.

— P't-être bien. »

Bon sang, mais est-ce que ça allait finir par démarrer ? Umberto commençait à se sentir ridicule. Il décida d'accélérer un peu les choses en poussant légèrement Mask au milieu du torse. Une seule main, les doigts bien écartés. Il l'avait vu faire des dizaines de fois, et ça semblait toujours mettre le feu aux poudres. Mask tituba à peine sous la poussée. Il était manifestement plus solide qu'Umberto ne se l'imaginait. Quelqu'un dans l'assistance dit « Ouais ! » et le son de ce Ouais fut doux aux oreilles d'Umberto. Approbation. Respect. Admiration, même.

Il était encore en train d'y songer lorsque le poing droit de Mask partit par en dessous et l'atteignit à la tempe. Un gong très puissant résonna dans sa tête. Ah, la bagarre a démarré, pensa-t-il, juste au moment où un autre coup le touchait en plein plexus solaire. Celui-là lui coupa la respiration et le fit se plier en deux. Il eut une demi-seconde pour se rendre compte que de se pencher en avant comme ça était quasiment une invitation à lui donner un coup de genou au visage, avant que Mask laisse échapper un cri strident et lui donne un coup de genou au visage. Il tomba à terre sans commentaire. C'est donc ça un K-O, songea-t-il, avant de s'apercevoir qu'il ne l'était pas, et que tout n'était pas perdu. Un peu dans le vent, c'est tout. Le pull... Il fallait qu'il arrive à retourner le pull de Mask sur sa tête. Ensuite ce serait facile. Il se redressa et reçut aussitôt un coup de pied dans les côtes. On aurait dit que le coup avait été retenu, ce qui était déjà quelque chose, mais il s'écroula à nouveau quand même.

« Gros dur, hein ? » lança quelqu'un, probablement Mask. Il avait l'air très loin, en tout cas.

Umberto finit par se relever, s'attendant à recevoir

un nouveau coup d'une seconde à l'autre. Il n'en reçut pas, ce qui était plutôt positif. Recevoir des coups n'était pas très marrant, finalement. Une fois debout, il ne distingua pas tout de suite Mask dans la foule qui paraissait avoir doublé de volume dans les trente dernières secondes. Ah. Le voilà. Branleur. Tu te prends pour qui ? Umberto s'approcha de lui en vacillant et tenta d'attraper le bord de son pull avant que Mask ne lui balance un nouveau crochet. Maintenant on allait inverser les rôles… s'il pouvait juste attraper son pull… si ses bras n'étaient pas…

« Tu essayes de me déshabiller ? demanda Mask. Tu veux me baiser moi aussi ? » Il se tourna vers les spectateurs. « Vous avez vu, tout le monde ? Vous voyez de quoi je parle ? »

Umberto arrêta de tirer sur son pull. Pourquoi ne se prenait-il pas un autre coup de poing ? Ça faisait longtemps qu'il n'en avait pas pris. Il regarda Mask droit dans la fente de ses yeux et commença une phrase. « Tu es… » Il s'interrompit, plus très sûr de ce qu'il voulait dire.

Mask repoussa ses mains et se dégagea. « Dégage, McKeown, avant que je te fasse vraiment mal. »

Umberto tituba d'avant en arrière, puis s'assit là où il était. Ça faisait du bien d'être assis. Il ferma les yeux un moment pour recouvrer son sang-froid. Lorsqu'il les rouvrit, tout le monde était parti.

Tout le monde.

## 32

Finbarr retrouvait sans cesse chez lui des choses qu'il avait complètement oubliées. Cela se produisit à nouveau le vendredi après-midi. Il s'ennuyait à ne rien faire en attendant que son portable sonne et décida de se lancer dans des réussites (ou des « rangées », comme il préférait les appeler). Par le passé, les « rangées » lui avaient bien servi. Ce n'était pas à proprement parler amusant, mais il s'en dégageait une sorte d'effet hypnotique. Et ça faisait passer le temps, ce qui était l'essentiel. Certaines journées avaient trop d'heures à son goût.

Il n'y avait pas joué depuis belle lurette et n'avait aucune idée de l'endroit où pouvait se trouver le jeu de cartes. Il regarda partout, dans les tiroirs de la cuisine, dans le placard de la salle de bains, sous le canapé, dans le frigo. Aucune trace. Puis il se souvint de la valise sous son lit. Son grand-père l'avait léguée à son père, un homme qui ne quittait jamais la maison, encore moins la ville. Finbarr ne l'avait jamais utilisée non plus dans sa fonction originelle, mais il y déposait régulièrement des objets à conserver précieusement. Il alla dans sa chambre, réussit à se mettre à genoux et la tira de sous le lit. Elle était recouverte d'une épaisse couche de poussière, dans laquelle il dessina un *smiley* du bout du doigt. Puis il ajouta des moustaches de chat et une deuxième bouche. Il mit des dents de vampire à l'une des deux bouches et compléta le tout par un chapeau haut de forme. Finbarr se demandait parfois s'il n'avait pas raté sa vocation d'artiste. Enfin bon. C'était la vie.

Il y avait toutes sortes de choses à l'intérieur. Le bonnet en laine gris que sa mère portait pour aller à la messe. Les lunettes de son père, dont un verre était fendu. Un ours en peluche à l'air féroce qui avait appartenu à Finbarr dans son enfance. Cet ours le terrifiait, à l'époque, mais il s'était peu à peu attaché à lui. Il l'emportait tous les jours à l'école, caché au fond de son cartable. Il avait un souvenir brumeux de la fois où un de ses petits camarades l'avait découvert, à l'âge de treize ans. Les détails lui avaient échappé.

Il continua de fouiller. Des chapelets. Un roman de Harold Robbins. Une montre. Un fascicule sur la décimalisation de la livre sterling. Un gros cendrier noir. Trois petites statues de la Vierge Marie. Un journal en date du 13 juin 1961. Une paire de bas. Un tube de dentifrice à moitié plein. Un marteau. Des rognures d'ongles de pied dans une enveloppe. Deux briquets. Une poupée vaudou... *Bon sang.* La poupée vaudou ! Comment avait-il pu l'oublier ? Après tout le temps et les efforts qu'il avait consacré à sa fabrication ! Le cerveau était vraiment une chose bizarre, si vous vouliez son avis.

La poupée était une figurine Action Man vêtue d'un costume de plongée. Elle était restée exactement pareille que lorsqu'il l'avait rangée là des années auparavant. On aurait dit le sosie de Matt Murphy en plus jeune. Dieu ait son âme.

Il y avait eu pendant longtemps une épicerie au bout de la rue de Finbarr, mais elle avait disparu, remplacée par un magasin de vins et spiritueux. Elle était tenue par un veuf du nom de Matt Murphy, et ce depuis que Finbarr était en culottes courtes. Murphy était détesté de tout le monde. Il ne vous aurait même pas donné la vapeur de sa pisse, disaient les gens. Même la mère de Finbarr n'avait pas un mot gentil pour lui, bien qu'elle affirmât pouvoir comprendre le point de vue de Myra Hindley [1]. Personne ne savait s'il était né méchant ou s'il l'était devenu à la mort de sa femme trois mois après leur mariage, quelque part dans les années quarante. Que ce soit l'un ou l'autre, Finbarr ne voyait pas d'excuse

---

1. Myra Hindley, l'une des femmes les plus haïes de Grande-Bretagne pour une série de meurtres d'enfants commis avec son amant entre 1963 et 1965. *(N.d.T.)*

à son comportement. La seule chose que l'on pouvait dire pour sa défense, c'est qu'il traitait tout le monde à égalité. Les enfants, les retraités, les handicapés, ça ne faisait pas de différence pour Murphy. Si vous le regardiez bizarrement – ou si vous le regardiez tout court, certains jours –, il vous sortait la pire injure qu'il avait dans le ventre et vous chassait dehors avec un bâton qu'il gardait sous sa caisse vraisemblablement exprès pour cet usage. Le maximum qu'un client pût espérer de lui, même ceux qui le connaissaient depuis des années, c'était le silence total. Ce qui était troublant aussi, d'une certaine façon, mais toujours mieux que les cris et les coups de bâton.

Pendant toutes les années formatrices de Finbarr, Murphy avait été une formidable figure de père Fouettard, avec ses cheveux en bataille et ses grands yeux fixes. La cicatrice ancienne qui lui barrait la joue, résultat d'une mésaventure enfantine, ne faisait qu'accentuer son allure menaçante (on disait dans la cour de récré qu'il avait développé un commerce parallèle lucratif de nourriture pour chiens faite à base d'orphelins de passage). Ils n'eurent pourtant jamais aucun conflit sérieux jusqu'à des décennies plus tard. Leur première vraie dispute remontait à peu de temps après la mort des parents de Finbarr. Il était en train de s'envoyer des raviolis en boîte, un soir, lorsque quelque chose retint son attention, près du bord de l'assiette. Quelque chose de noir. Il le ramassa du bout de sa fourchette et le souleva à la lumière. C'était une mouche. Une très grosse mouche. C'était ce qui l'avait dérangé : sa taille. S'il s'était agi d'une mouche de dimension normale, il aurait peut-être fermé les yeux. Après tout, il avait lu quelque part que l'estomac humain était plein de bestioles en tout genre, alors une de plus n'aurait pas changé grand-chose. Mais ce truc, c'était du vrai foutage de gueule. Elle avait dû être Reine des Mouches en son temps, un phénomène parmi ses contemporains. Elle faisait à peu près la taille de l'ongle du pouce de Finbarr, et ce après avoir mariné dans une sauce orange gluante. Quand il la laissa tomber de sa fourchette, elle atterrit sur la table avec un bruit sourd.

Finbarr ne s'était jamais trop occupé de ses droits et ce genre de conneries. Il s'était toujours dit que s'il commençait à réclamer des droits, on risquait de lui rappeler ses devoirs, et il n'y tenait pas. Mais cette mouche aurait pu l'étouffer. Il ne pouvait pas laisser passer ça. Aussi enveloppa-t-il délicatement l'objet de l'offense dans un bout de papier-toilette avant de redescendre à l'épicerie. Murphy lisait le journal et ne releva pas la tête quand la clochette de la porte retentit. Finbarr toussota. Pas de réaction. Finbarr toussota à nouveau et siffla. La seule chose qui lui vint fut un sifflement admiratif, malheureusement, mais qui eut l'effet escompté. Murphy se redressa d'un coup, ou du moins autant qu'il pouvait se redresser dans ses vieux jours (il avait le dos un peu voûté sous le poids des années). Il continua à lire quelques secondes puis replia son journal et dévisagea son client. Finbarr lui raconta l'épisode de la Reine des Mouches, offrant le contenu du papier-toilette en guise de preuve. Murphy éclata de rire et le balaya d'un revers de la main. Est-ce qu'il était censé ouvrir toutes les boîtes de conserve de son magasin pour vérifier si elles contenaient des mouches ? Ce n'était pas son affaire, dit-il. Finbarr rétorqua qu'il comprenait bien, qu'il ne faisait que signaler le problème, prévenir Murphy de la qualité médiocre de ses fournisseurs. L'épicier secoua la tête et lui demanda comment il avait fait réchauffer son plat. Dans une casserole, répondit Finbarr. Est-ce qu'elle était propre ? s'enquit Murphy. Parce qu'il savait à quel point Finbarr était négligent dans son hygiène personnelle, alors peut-être que sa cuisine n'était pas exactement impeccable non plus. Tandis que Finbarr s'agitait et se creusait les méninges pour trouver une réplique, Murphy fut pris d'un fou rire. Il s'arrêta de glousser pour répéter que toute cette histoire de mouche n'était pas son affaire, et que le fabricant des raviolis serait sûrement ravi de le rembourser s'il se donnait la peine de lui écrire une lettre. À supposer, ajouta-t-il avec un clin d'œil, que Finbarr sache écrire. Ils se regardèrent ensuite les yeux dans les yeux pendant un bon moment, tels des duellistes avant de dégainer. Finbarr s'était toujours trouvé assez doué en matière de dévisagement prolongé, mais il n'avait pas l'habitude d'être confronté à des yeux aussi vides que ceux-là. Il finit par faire demi-tour et partir, sans qu'aucun des deux ne prononce un mot de plus. Une fois rentré chez lui, il constata que ses raviolis étaient froids. Il était trop énervé pour les réchauffer et les mangea tels quels, en vérifiant bien qu'il n'y avait pas d'autres insectes avant de mâcher.

Eût-il été un tant soit peu moins paresseux que Finbarr n'aurait plus jamais remis les pieds chez Murphy. Mais à part cette épicerie, le magasin le plus proche était un supermarché à environ cinq minutes de marche. Ce qui voulait dire une excursion aller-retour de presque un quart d'heure tout compris. D'après Finbarr, c'était trop demander. On commence à prendre un quart d'heure pour aller chercher un litre de lait et hop, on n'a même pas le temps de s'en rendre compte qu'on se retrouve à la fin de sa vie. Pour lui, c'était donc ce vieux crétin grincheux ou rien. Bien qu'il y eût un certain malaise entre eux lors de ses visites ultérieures, le sujet de la mouche ne fut plus jamais abordé. L'incident aurait sans doute été totalement oublié, ou en tout cas classé, si Murphy, moins de trois semaines plus tard, ne l'avait pas arnaqué en lui rendant la monnaie. Pour Finbarr, ce fut la goutte d'eau. Échapper de justesse à la mort par étouffement était une chose, mais là, c'était grave. Il signala l'erreur immédiatement, sans réel espoir de la voir corrigée. Il ne s'était pas trompé : Murphy refusa toute discussion, arguant avec colère que Finbarr avait payé avec un billet d'une livre, et qu'il savait quand même reconnaître un billet d'une livre, merci. Finbarr était persuadé d'avoir donné un billet de cinq, ce qui représentait une petite somme à l'époque, mais il n'insista pas. Il garda sa dignité et sortit du magasin à reculons, affichant ce qu'il espérait être un sourire énigmatique. En fait, il avait compris qu'il ne pourrait jamais gagner contre ce type-là. Pour une raison connue de lui seul, Murphy avait désormais une dent contre lui. Pourquoi il était soudain devenu activement malveillant après une vie entière de simple acrimonie demeurait un mystère, mais les faits étaient là. Et ce n'était pas la première fois que ce genre de choses se produisait. La seule façon pour Finbarr de sauver la face était de se venger.

Il envisagea plusieurs possibilités. Le vandalisme eut d'abord sa préférence. Rien de bien grave, juste une vitre brisée ou peut-être quelques graffiti sur la porte. Il avait remarqué qu'un voyou avait entrepris de barbouiller le mot SEXE en grosses lettres blanches sur les murs de la ville, parfois accompagné d'un phallus en pleine éjaculation. Finbarr ne trouvait pas que c'était du meilleur goût, mais il fallait lui reconnaître un certain impact. Il pouvait imiter ce dessin, et

Murphy supposerait qu'il était l'œuvre du même vaurien anonyme. Avec un peu de chance, il ferait une crise cardiaque en essayant de l'effacer. Finbarr était déterminé à suivre ce plan lorsque le destin s'en mêla sous la forme d'un documentaire télévisé sur le vaudou. Il fut diffusé tard un soir, alors que Finbarr était affalé sur son canapé, une demi-bouteille de whisky déjà ingurgitée. Le reportage débutait par des images d'archives montrant des Caribéens poussiéreux en train de jeter des sorts dans des huttes enfumées, ce qui n'était pas tellement impressionnant. Mais il enchaînait rapidement sur des témoignages de personnes blanches et civilisées qui affirmaient avoir vu des résultats en l'espace de quelques jours. Une femme éclatait en sanglots en racontant l'histoire de l'agent immobilier qu'elle avait personnellement rendu infirme en plantant une épingle à chapeau dans les genoux d'une poupée en chiffon. Elle paraissait sincèrement désolée et mettait en garde les téléspectateurs de ne pas jouer avec des forces mystérieuses qui leur échappaient. Ses avertissements furent sans effet sur Finbarr, qui trouvait la plupart des choses mystérieuses de toute façon, « forces » comprises.

D'après ce qu'il comprenait, il n'avait besoin que de quatre éléments : une poupée, bien sûr, des épingles, quelque chose ayant appartenu à Murphy, et un bon paquet de bougies. Des épingles et des bougies, il en avait à la maison (les bougies en cas de coupure de courant, les épingles pour percer ses furoncles occasionnels). Il réfléchit longtemps à la manière de mettre la main sur une mèche de cheveux de Murphy ou quelque chose comme ça, avant de finalement jeter son dévolu sur un éclat de peinture de la porte du magasin. C'était suffisamment proche, songeait-il. Pour la poupée, en revanche, c'était plus délicat. Il essaya bien de bourrer des chaussettes de coton et de les coudre ensemble selon une forme approximative d'être humain, mais se rendit compte assez vite qu'il ne savait pas coudre du tout. Puis il découpa la silhouette de Murphy dans le dos d'un paquet de corn-flakes, mais ça n'allait pas non plus. Ça ne faisait pas très sérieux, pour commencer, et les informations nutritionnelles imprimées au verso retiraient quelque peu la solennité de la chose. Il avait quasiment renoncé à cette méthode lorsqu'il repéra l'Action Man au supermarché du centre-ville où il se voyait désormais contraint d'aller faire ses courses. On était début décembre et les étalages croulaient sous les jouets. L'Action Man attira son regard alors qu'il passait devant pour se rendre au rayon boucherie. Il avait la taille idéale et n'avait pas l'air mal pour y planter des aiguilles. Mais le mieux – et Finbarr en loucha de surprise – c'était sa cicatrice sur la joue. Plus longue et plus prononcée que celle de Murphy, peut-être, mais néanmoins une cicatrice. C'était un signe.

De retour chez lui, Finbarr installa à la hâte un

autel. Il alluma ses bougies et marmonna une rapide prière sur les forces mystérieuses et la faveur qu'il leur demandait. Puis il glissa l'éclat de peinture dans la combinaison de plongée caoutchouteuse de l'Action Man. Après un temps de réflexion, il lui retira son masque et ses palmes. Alors… Où planter les aiguilles ? Entre les jambes ? Dans les yeux ? Ouais. Les yeux. Ces yeux qui ne savaient pas faire la différence entre un billet d'une livre et un billet de cinq. Les aiguilles s'enfoncèrent aisément, une dans chaque œil. Mais rien ne se produisit. Finbarr s'attendait à voir du sang jaillir, ou une soudaine rafale de vent éteindre ses bougies, comme le racontaient les gens du documentaire. Il retira les aiguilles, s'adressa de nouveau aux forces mystérieuses (cette fois en mentionnant son intention de leur retourner la faveur un de ces jours) et les introduisit une autre fois. Il n'y eut que du silence. Beaucoup de silence. Bordel de merde, pensa Finbarr, avant d'aller se coucher. La déception l'obséda pendant longtemps.

Matt Murphy mourut deux ans plus tard, renversé par une camionnette alors qu'il traversait la rue pour aller poster une lettre. Le conducteur était inconsolable. Il prétendait avoir vu Murphy s'engager sur la chaussée et l'avoir vu *le voir*. C'est la raison pour laquelle il n'avait pas ralenti, et il avait été stupéfait de constater que le vieil homme avançait quand même. L'impact ne fut pas si violent que ça, mais Murphy, âgé de soixante-dix-huit ans, n'était pas en état de se faire renverser par des véhicules en mouvement, ce qui (songeait Finbarr) était un sport de jeunes. Comment pouvait-on ne pas voir une camionnette, se demandaient les gens. La route était droite. C'était un jour ensoleillé. Il devait avoir la tête ailleurs. Ou peut-être était-ce à cause de son glaucome. Il avait un glaucome depuis toujours.

Finbarr savait à quoi s'en tenir. Alors d'accord, ç'avait peut-être mis du temps, mais les forces mystérieuses avaient fini par interférer pour lui. Et en beauté. Il fut d'abord enthousiasmé, puis franchement terrifié. Et si elles exigeaient de lui une faveur en retour ? Affolé, il jeta l'Action Man dans la valise et résolut d'oublier tout cet épisode.

L'éclat de peinture était toujours là. Vert. Finbarr le posa en équilibre sur le bout de son index et le contempla un long moment, le jeu de cartes désormais relégué aux oubliettes.

Pauvre vieux Matt. Ce n'était pas un mauvais bougre, finalement. S'il n'avait pas été aussi…

Bipiripi, bipiripi. Le téléphone sonnait. Et ce n'était pas un faux numéro, cette fois, Finbarr le sentait dans sa chair. Le temps qu'il s'extraie de derrière le lit et qu'il descende à la cuisine, les sonneries s'étaient tues. Il ramassa le téléphone, le fit passer d'une main à l'autre et composa négligemment le numéro de sa boîte vocale, en vieil expert qu'il était devenu.

« Ah, bonjour, disait-elle. Je ne m'attendais pas à tomber sur un répondeur. C'est… peu importe. Je voulais juste… Bref. Peut-être que je vous rappellerai un autre jour. Au revoir. »

Ce n'était pas parfait, mais ça ferait l'affaire. Finbarr se retourna pour poser la bouilloire sur le feu, émerveillé de constater comment une journée ordinaire et terne pouvait brusquement basculer.

## 33

Le plan du père Duff pour arrêter de fumer consistait entre autres à garder un paquet sur sa table de nuit. L'idée était d'avoir ainsi sous les yeux un rappel constant de l'ennemi, de la même façon que certains boxeurs accrochaient des photos de leurs futurs adversaires sur le miroir de leur salle de bains. Il avait lu dans le temps plusieurs livres sur des méthodes de sevrage et avait remarqué qu'ils déconseillaient tous formellement cette pratique. Le fumeur repenti, affirmaient-ils en chœur, devait se débarrasser de toutes ses cigarettes au cours d'une petite cérémonie rituelle. Vu que ces livres avaient systématiquement échoué à le libérer de sa dépendance, sans parler de l'un d'entre eux qui lui avait même donné une image plutôt cool de la cigarette, le père Duff pensait plus sage de suivre désormais sa propre intuition. Outre le fait de conserver un paquet à portée de main, il se baladait aussi chez lui avec des clopes éteintes entre les lèvres et tentait, sans grand succès, d'inhaler la fumée des passants dans la rue.

Ses précédentes tentatives pour arrêter s'étaient toutes soldées par un monstrueux tas de cendres quelques jours plus tard. Certaines fois il cédait parce que l'envie était trop forte ; d'autres, parce qu'il lui sortait de la tête qu'il avait même jamais arrêté. D'autres fois encore, il rencontrait quelqu'un qui s'envoyait soixante clopes par jour et il se disait que fumer ses dix ou quinze cigarettes quotidiennes revenait presque à faire du sport, à côté. Le stress n'avait jamais été un facteur déclenchant, cependant. Le père Duff aimait à se considérer comme un personnage flegmatique, et c'était toujours d'une main vaincue mais ferme qu'il finissait par attraper son paquet de Silk Cut et son briquet.

Ce jour-là, toutefois, il observa un léger tremblement. Il revenait d'une visite chez Jackie Flynn, dont la femme avait appris tout récemment qu'elle était atteinte d'un cancer du foie. La maladie était déjà bien avancée, apparemment, et on ne lui donnait que quelques semaines à vivre. Jackie était un bibliothécaire à la retraite, un homme doux et un peu vieux jeu qui avait un certain côté dandy. Il avait un faible pour les mouchoirs extravagants et portait toujours un chapeau qu'il soulevait au passage d'une femme dans la rue. S'il y avait un meilleur chrétien que lui dans cette ville, le père Duff n'avait pas encore eu l'honneur de le rencontrer. Et pourtant, assis dans leur salon entre la fille de Jackie et son mari, il s'était retrouvé une fois de plus à écouter les mêmes éternelles questions. Comment Dieu pouvait-il laisser faire ça ? Est-ce qu'il n'accordait pas d'importance au comportement de ses créatures ? Paula était une sainte. Et ce soir il y aurait des gens en train de rire dans les pubs, souffla Jackie dans un murmure rauque, qui rentreraient chez eux en titubant et réveilleraient leurs enfants pour les frapper. Où était leur cancer, à eux ? Est-ce que personne ne tenait les comptes ?

Le père Duff écouta en hochant la tête et en tâchant de répéter tout haut la ligne du parti, à savoir que Dieu avait ses raisons. Mais il n'y parvint pas. Il y croyait sans l'ombre d'un doute. Mais il ne pouvait simplement pas dire ça à l'homme dévasté et tremblant assis en face de lui. Au lieu de quoi il s'en tint à des questions purement pratiques – Est-ce qu'elle souffrait ? L'hôpital était-il bien ? – et promit de prier pour eux. Il quitta la maison des Flynn environ une demi-heure après son arrivée, persuadé qu'il ne leur avait été d'aucune aide et se demandant s'il visitait les familles des mourants et des morts pour leur bien ou pour le sien propre.

De retour au presbytère, il s'assit sur le bord de son lit et prit sa première taffe depuis près d'une semaine. Incité à reprendre la cigarette par le stress d'une rencontre avec le cancer. Un comble. Malgré tout, il fallait bien l'admettre : il se sentit mieux instantanément. Il cessa de grincer des dents et le tremblement de ses doigts disparut. Il consulta sa montre. Presque deux heures et demie. S'il voulait y aller, c'était maintenant, avant qu'Umberto rentre de l'école. Avec un peu de chance, il pourrait encore venir en aide à quelqu'un avant la fin de la journée.

Il était trois heures lorsqu'il franchit la dernière courbe de l'allée et s'arrêta devant le Cottage. Il y avait une énorme Jeep garée dehors, ce qui laissait présager que quelqu'un était à la maison. Le père Duff coupa son moteur et soupesa le pour et le contre de fumer une autre cigarette afin de se calmer. Ses doigts s'étaient remis à trembler et il avait l'impression d'avoir l'estomac rempli de plumes. D'un autre côté, il fallait penser à... Oh, qui essayait-il de tromper ? Il plongea la main dans la poche de sa veste, baissa la vitre de la voiture et s'en alluma une.

Le compromis qu'il avait trouvé dans la nuit était le suivant : il irait leur parler et leur dire qu'Umberto avait entendu une conversation troublante et qu'il se tracassait pour eux, mais il était hors de question qu'il mentionne cette histoire d'infidélité supposée. Il ne pourrait que s'attirer des ennuis en évoquant ça. Mieux valait se contenter de leur fournir un petit électrochoc en leur demandant de penser à leur fils. Et puis s'en aller juste après. Il aspira une longue bouffée de sa cigarette et hocha la tête en signe d'auto-approbation. C'était tout ce qu'il pouvait faire.

C'était tout ce qu'il *devait* faire. Si un seul des deux était là, il lui faudrait peut-être…

La porte du Cottage s'ouvrit et un homme en sortit. Le père Duff laissa échapper un juron et sursauta tel un détective privé démasqué au cours d'une planque. Il faillit s'étouffer avec la fumée de sa cigarette et partit d'une quinte de toux hystérique, yeux exorbités et langue pendante. L'homme ferma la porte de la maison à clé avant de marcher en direction du père Duff, la main levée en signe de salut. Il portait une tenue de marche, veste à capuche jaune vif et chaussures de randonnée.

« Bonjour », lança-t-il d'un air enjoué. Quand il atteignit la voiture, il s'accroupit devant la portière et posa ses bras croisés sur le rebord de la vitre.

« Bonjour », répondit le père Duff entre deux suffocations.

L'homme avait les cheveux coupés ras et une barbe clairsemée, le tout grisonnant. Avant l'âge. Il était bronzé et respirait la santé. « Vous êtes perdu, c'est ça ? » demanda-t-il avec un accent américain.

Le père Duff regarda par-dessus l'épaule de l'homme en direction du Cottage alors qu'il écrasait sa cigarette dans le cendrier. « Non, non. Je cherchais… Je vous cherchais, je crois. Vous êtes bien le papa d'Umberto ? »

Le sourire de l'homme s'évanouit aussitôt. « Oh, mon Dieu, dit-il. Qu'est-ce qu'il y a ? Il lui est arrivé quelque chose ?

— Non, non, ne vous inquiétez pas, ce n'est pas ça. Il va bien. J'oublie toujours que les gens n'aiment pas plus voir un prêtre frapper à leur porte qu'un policier. »

Il ricana à sa propre blague, mais il ricana tout seul.

« Je m'appelle Miles Duff, ajouta-t-il en tendant la main. J'ai connu votre fils à son école, il y a un petit moment. »

L'homme se releva et lui serra la main. « Jeff Vance, dit-il. Jeff. Que puis-je pour vous, mon père ?

— Écoutez… Est-ce qu'il serait possible d'aller discuter à l'intérieur ? Votre femme est là ? »

Jeff jeta un coup d'œil vers la maison en soupirant. Puis il fit le tour de la voiture et monta sur le siège passager. Le père Duff s'efforça de ne pas trouver ça impoli.

« Valerie est partie à Belfast pour la journée. Faire les boutiques d'antiquaires, expliqua Jeff. Et moi-même, je suis plutôt occupé. Je ne voudrais pas être discourtois, mais de quoi s'agit-il ? Non, attendez, laissez-moi deviner. Umberto s'est montré très irrespectueux envers l'Église catholique, et vous êtes venu ici pour nous sermonner sur l'éducation que nous lui avons donnée. C'est ça ? »

Le père Duff dut se mordre la lèvre avant de répondre. « Non. Ce n'est pas ça. Mais c'est au sujet d'Umberto, en effet. Il est venu me voir au presbytère et…

— Oh la, oh la, oh la. Il *quoi* ? Il est venu vous voir ? Pourquoi ?

— Eh bien il…

— Parce que, permettez-moi de vous dire, je ne suis pas emballé à l'idée que mon fils traîne avec une bande de prêtres. Sans vouloir vous vexer.

— Il n'y a pas de mal, répondit le père Duff en serrant les dents. Puis-je vous demander pourquoi ?

— J'ai été élevé dans la religion catholique, mon père, et ma femme également. Nous en savons assez sur le sujet pour être certains de ne pas vouloir élever notre fils de cette façon. S'il y avait eu une bonne école laïque dans le coin, nous y aurions inscrit Umberto. Sans vouloir vous vexer.

— Toujours pas de mal. Mais je ne crois pas que votre fils soit du même avis. Umberto est venu me voir car il cherchait de l'aide. »

Faire allusion à la partie d'échecs était inutile. La conversation était déjà en terrain suffisamment glissant comme ça.

« De l'aide ? Quel genre d'aide ? Il a des problèmes ?

— Écoutez, Jeff, ce n'est pas une chose facile à dire, alors je vais me jeter à l'eau et vous la dire franchement. Je sais que ce ne sont pas mes affaires, mais j'aurais l'impression de laisser tomber ce gamin si je ne vous en parlais pas.

— Allez-y.

— Eh bien, il semblerait qu'Umberto ait le

sentiment que… que les choses ne sont pas toutes roses entre votre femme et vous. »

Il baissa la tête et s'attendit à se faire crier dessus ou peut-être même frapper. Mais il ne se passa rien. Il entendait les oiseaux gazouiller dans les arbres. De longues secondes s'écoulèrent.

« Qu'est-ce qu'il a dit, *exactement* ? »

Le père Duff s'agita, mal à l'aise. « Il n'a pas été très précis.

— Il a dû l'être. À moins que ce ne soit dans vos habitudes de venir vous mêler de la vie des gens sans aucune raison. Ce qui, maintenant que j'y pense, ne me paraîtrait pas impossible, vu le métier que vous exercez. Sans vouloir vous vexer.

— Très bien. Il m'a dit qu'il avait entendu quelque chose. Quoi, je ne sais pas. Mais ça le rend très anxieux et je pense que vous devriez en parler avec lui. Surtout s'il s'agit d'un malentendu. S'agit-il d'un malentendu ? »

Jeff se tourna pour regarder fixement à travers le pare-brise. « Vous faites ça souvent ? Rendre visite à des inconnus et fourrer votre nez dans leur vie privée ?

— Non. Jamais.

— Hmm ! C'est trop d'honneur !

— Écoutez, Jeff, je *sais* que ce ne sont pas mes affaires. Je crois même vous l'avoir dit il y a une minute. Mais le fait est que quelqu'un est venu me demander mon aide, et je…

— Oui, c'est encore autre chose. Ce n'est pas très crédible. Je connais assez bien mon fils et, croyez-moi, il ne s'intéresse pas du tout à la religion. Ni aux religieux. J'ai beaucoup de mal à l'imaginer venir vous trouver dans votre… antre, ou j'ignore comment vous appelez ça, pour vous raconter son histoire. Je suis désolé. Ça ne colle pas. Il y a quelque chose que vous ne me dites pas. »

Le père Duff cligna plusieurs fois des yeux. Un *antre* ? « D'accord. La raison pour laquelle Umberto est passé me voir, à l'origine, était pour m'accorder une partie d'échecs. Ce qui, au passage, était très gentil de sa part. C'est un brave garçon. »

Il savait que tout ça devait sembler étrange, mais il avait renoncé à toute tentative pour impressionner Jeff.

« Une partie d'échecs ?

— C'est ça.

— Vous êtes en train de me dire qu'il est passé vous voir pour jouer aux échecs ?

— Oui.

— Il a frappé à la porte, comme ça, et il a demandé s'il n'y avait pas quelqu'un par hasard qui aurait envie de faire une partie ?

— Non, en fait…

— Quoi, alors ?

— On avait déjà parlé des échecs avant et…

— Où ça ? À l'école ?

— Non, à vrai dire, c'était ici quand…

— Ici ? Vous êtes déjà venu ici ? Rôder autour de mon fils ? »

Le père Duff sortit son paquet de cigarettes tout en répondant. « Non. Attendez une minute. Je n'ai pas "rôdé" autour de votre fils, et franchement je ne suis pas sûr d'apprécier votre ton. Nous avons eu une discussion à son école et, si vous voulez savoir, j'ai eu l'impression qu'il pouvait être intéressé par le métier de prêtre. C'est pour ça que je faisais cette mission à l'école et c'est aussi pour ça que je suis venu le voir ici. »

Jeff murmura « Incroyable », tandis que le père Duff s'allumait une nouvelle clope.

« Mais nous sommes en train de nous égarer. Toute cette histoire n'a aucune importance. Je vous le répète, et ça doit être la troisième fois, si j'ai bien compté : ce ne sont pas mes affaires. Peut-être que je n'aurais pas dû venir. Mais maintenant je suis là, alors s'il vous plaît, dites-lui simplement qu'il se trompe et c'est terminé. »

Jeff laissa échapper une expiration bruyante et prolongée. « Qu'est-ce qu'Umberto croit avoir entendu, exactement ?

— Je ne sais vraiment…

— Oh, arrêtez vos conneries. Dites-le-moi. À moins que vous ne pensiez pas que nous ayons le droit de savoir de quoi nous sommes accusés. »

À contrecœur, le père Duff devait bien admettre que c'était une remarque assez justifiée. Il regarda fixement devant lui à son tour et se signa mentalement. Tant pis pour son compromis.

« D'accord. D'accord. Il… Il disait qu'il était sûr que vous aviez une maîtresse. »

Le père Duff entendit un bruit, comme un claquement. En se retournant, il vit que Jeff s'était couvert le visage avec ses mains. Il demeura ainsi pendant un moment avant de frapper le tableau de bord de ses deux poings.

« *Merde* », souffla-t-il.

Il y eut un silence de plusieurs minutes. Le père Duff trouvait que ce n'était pas à lui de le rompre, mais il finit par se sentir trop mal à l'aise.

« C'est vrai, alors », fit-il.

Jeff ne répondit pas tout de suite. Puis il se frotta la joue et dit : « Je ne sais pas comment il a pu s'en rendre compte. Il n'y a jamais rien eu à entendre. Je ne l'ai jamais appelée de la maison et elle ne m'a jamais appelé ici non plus. C'est incompréhensible.

— Peut-être qu'il vous a vus ensemble et qu'il était trop gêné pour me le dire.

— Non. Impossible. On a toujours fait très attention. »

Le père Duff retrouvait son assurance maintenant qu'il avait eu la confirmation d'avoir raison. (Dieu lui pardonne.) « Depuis combien de temps ça dure ? demanda-t-il. C'est sérieux, je veux dire ?

— Pas longtemps. Six semaines, sept. Et non, ce

n'est pas sérieux, c'est pour le sexe. *Putain.* J'ai la nausée…

— Et votre femme n'est pas au courant ? »

Jeff aboya avec mépris. « Bien sûr que si, elle est au courant de tout ! Je me fais un honneur de lui raconter toutes mes infidélités. Ça nous donne un sujet de conversation, vous voyez ? Elle adore entendre tous les petits détails, où on l'a fait, dans quelles positions. Ça l'excite à mort. »

Le père Duff savait reconnaître une tentative pour le mettre mal à l'aise et refusa de mordre à l'hameçon. « D'accord, question idiote.

— Bien sûr, qu'elle n'est pas au courant ! Merde… Vous n'allez pas lui dire, quand même ?

— Certainement pas. Je croyais qu'elle le savait déjà, pour être honnête. Je croyais que la conversation qu'Umberto avait entendue était une dispute entre vous et votre femme à ce sujet.

— Non. Elle ne se doute de rien. Et j'entends bien qu'il en reste ainsi.

— Qu'allez-vous faire, alors ? Vous devriez au moins parler à Umberto.

— Il n'en est pas question. Pour quoi faire ?

— Tout le problème, c'est…

— Non, non, pas question. Je vais parler à Fi… à cette femme et mettre un terme à notre relation sur-le-champ, ce soir même si possible, mais c'est tout. Umberto n'a pas de preuve ni rien, et s'il m'en parle un jour je lui dirai qu'il se fait des idées. Je peux très vite oublier cette histoire. »

Le père Duff pianotait sur le volant. « Et elle, comment va-t-elle réagir quand vous allez le lui dire ? »

Jeff eut un sourire hautain qui le rendit encore plus antipathique aux yeux du prêtre. « Ne vous en faites pas pour elle. Elle n'est pas plus attachée à moi que moi à elle. Elle trouvera quelqu'un d'autre pour se consoler. Je ne suis pas son premier amant.

— Elle est mariée, elle aussi ?

— Plus pour longtemps, à ce rythme-là. Si vous cherchez quelqu'un à aider, vous devriez commencer par son imbécile de mari. Pauvre minable ! »

Le père Duff secoua la tête et lutta pour ne pas vomir ni se lancer dans un sermon.

« Umberto va bientôt rentrer de l'école, déclara-t-il sèchement. Il faut que j'y aille.

— Ouais. Bon, ben, j'imagine que je vous dois quand même des remerciements. Vous m'avez peut-être sauvé la peau sur ce coup-là.

— Il faut que j'y aille », répéta le père Duff.

Jeff lui dit au revoir, sortit de la voiture et agita joyeusement la main tandis que le prêtre faisait demi-tour.

## 34

« Tu sais quoi, dit Peter, je crois que mon dos me fait un peu moins mal. Pas qu'un peu, en fait. *Beaucoup* moins mal.

— Tu vois, murmura Mary contre sa poitrine. Tu avais juste besoin d'un peu d'exercice.

— Ouais. Mais je suis crevé, par contre. On devrait peut-être sortir du lit pour essayer de se reposer un peu. »

La main de Mary quitta sa position temporaire sur la cuisse de Peter et se mit à remonter vers le nord.

« Tu es sûr ? » souffla-t-elle d'une voix doucereuse.

Il s'immobilisa un instant, sourcils dressés, avant de répondre.

« Ouais. Je crois qu'elle est anesthésiée. »

C'était l'heure du déjeuner. Peter ne se rappelait même plus la dernière fois qu'il était resté au lit tout seul jusqu'à midi, et encore moins avec Mary. Mais ils étaient encore pleinement réveillés quand le jour s'était levé, et pas du tout en état d'aller travailler. Ils avaient passé la plupart de la nuit à discuter et à rigoler, même s'ils s'étaient aussi couchés avec les poules trois fois et demie de suite. La demi-fois s'était produite vers cinq heures du matin quand Peter, pour sa plus grande joie et à son grand étonnement, avait réussi « le plus dur » (un de ses jeux de mots favoris) avant de tout gâcher en se lançant dans une interprétation impromptue de *Wind Beneath My Wings*, de Bette Midler. Mary avait été prise d'un tel fou rire qu'il en avait perdu son élan ainsi que tout le reste. Malgré ce léger accroc, elle n'avait pas tari d'éloges sur ses efforts d'une manière générale. Peter avait souri dans le noir en se demandant comment il avait jamais pu douter de lui. Il était toujours la même bête de sexe qu'avant.

À l'heure du petit déjeuner, c'était elle qui avait suggéré qu'ils restent au lit et même peut-être qu'ils fassent une petite sieste avant midi. Peter ne s'y était pas opposé. Mary avait appelé Fidelma et, entre deux gloussements, lui avait demandé si elle pouvait la remplacer au magasin, tandis que Peter s'était déclaré malade. Mal aux oreilles, précisa-t-il au hasard. Terriblement mal aux oreilles.

« Hmm… C'est votre anniversaire, aujourd'hui, non ? » lui avait répondu Mairéad au téléphone.

Il fut bien forcé de l'admettre.

« Bon sang ! s'exclama-t-elle, émerveillée. Et il y a une position qui te donne mal aux oreilles ?

— Excuse-moi, rétorqua Peter, mais je ne t'entends pas très bien. »

En bas, la cuisine était un vrai champ de bataille. Ils avaient eu des envies de glace, de chips, de biscuits au chocolat et de vin rouge aux alentours de quatre heures du matin, mais pas tellement envie de ranger, en revanche. Mary était en train de s'en occuper lorsque Peter la rejoignit en se grattant l'aisselle avec force bâillements.

« Qu'est-ce qui nous a pris ? demanda-t-elle. On dirait qu'un gamin vient de fêter ses dix ans.

— Laisse, dit-il en se glissant derrière elle et en la prenant par la taille. Viens, on va se vautrer sur le canapé jusqu'à ce soir. On ne va pas lever le petit doigt. On va se faire livrer un truc pour dîner. Regarder des conneries à la télé. Se bécoter. »

Elle s'interrompit un instant avant de poser son torchon. « Tu m'as convaincue », dit-elle.

Ils passèrent au salon et s'affalèrent sur le canapé. Mary retira ses pantoufles Winnie l'Ourson et Peter se cala bien au fond pour lui servir d'oreiller. Ils se turent pendant un long moment.

Puis Mary rompit le silence : « C'est pas mal, comme façon de célébrer notre premier anniversaire, non ? » Elle avait la voix épaisse de sommeil.

Peter s'était presque assoupi.

« Ouais, marmonna-t-il. Mieux que toutes ces conneries de fleurs, de chocolats et de bougies.

— Carrément. »

Il laissa échapper un ricanement. « Heureusement que je n'ai pas écouté David.

— Hmm ? fit Mary.

— Non, rien.

— Qu'est-ce que David vient faire là-dedans ? » Sa voix semblait plus réveillée, tout à coup.

« Rien, répéta Peter. On discutait, et il me conseillait, tu sais… un peu de romantisme. Des fleurs, des chocolats, je sais pas quoi. »

Il lui décocha son sourire de vainqueur. Elle tourna la tête pour le regarder.

« Et c'est comme ça que tu me voudrais, toute chochotte et fleur bleue ? Qu'est-ce que ça a à voir avec le romantisme ? »

Il se redressa et se pencha plus près d'elle. « Ça n'a rien à voir avec le romantisme, je sais. Le fait qu'on soit toujours ensemble, pour moi c'est ça le romantisme. Je n'avais pas l'intention de suivre ses conseils. Je te connais, quand même. »

Il se rendit compte qu'il n'avait pas réfléchi non plus à son alternative « spectaculaire ». Bon sang, il était vraiment nul. Comment faisait-elle pour le supporter ?

Elle jouait avec le cordon de son bas de survêtement. « Ouais, je sais, soupira-t-elle. C'est juste que je n'aime pas l'idée que tu demandes conseil à quelqu'un pour ces choses-là. Surtout si c'est le genre de solution qu'on te propose.

— Désolé, dit-il. J'ai compris la leçon. »

Elle sourit et se remit en position assise. « Tu es pardonné. Maintenant on ferait bien de manger un truc. J'ai envie d'une soupe.

— Tout ce que tu voudras, répondit-il en prenant sa voix d'idole des femmes. Et pas du lyophilisé, hein ? Oh, non. C'est en conserve ou rien, pour toi mon trésor. »

Après déjeuner, ils regagnèrent le canapé, allumèrent la télé et s'endormirent aussitôt. Peter se réveilla aux environs de quatre heures et monta prendre une douche. L'eau brûlante eut un effet miraculeux sur son dos, qui recommençait déjà à se plaindre. Lorsqu'il redescendit, Mary était de nouveau sur pied, occupée à nettoyer la cuisine de fond en comble. Il prit le relais afin qu'elle puisse aller se doucher à son tour, non sans s'être arrêtée pour lui déposer un baiser au passage.

La soirée était douce et ils décidèrent d'aller faire un tour en ville sans la voiture. Sans but de promenade précis, juste pour sortir de la maison. Ils firent escale au Tea for Two où ils mangèrent d'énormes parts de tarte au citron meringuée bien collante. Il lui raconta la blague des trois tortues qui partent en pique-nique en imitant tellement bien les voix qu'elle faillit s'étouffer avec son gâteau. Ils rentrèrent main dans la main, conscients d'être un peu ridicules, mais juste un peu.

Vingt minutes après leur retour, le téléphone sonna. Mary alla décrocher dans l'entrée.

« Regina », annonça-t-elle en revenant au salon. Peter était à genoux devant la cheminée en train d'allumer un feu, de sorte que seules les brindilles et les braises virent son visage se contracter.

« Ah », dit-il. Son esprit faisait des loopings. Elle l'avait fait ! Elle avait bel et bien téléphoné chez lui. Il se leva et pivota en s'essuyant les mains l'une contre l'autre. Mais Mary n'était restée que quelques secondes au téléphone. Et elle avait l'air normal. Regina n'avait rien dû lui dire. Elle essayait juste de faire peur à Peter, c'était tout. Il pouvait donc mentir.

« C'est le boulot, soupira-t-il en prenant un air exaspéré. J'en ai pour une minute. » Il passa devant Mary, les jambes flageolantes. La porte de l'entrée était grande ouverte. Ç'aurait l'air louche s'il la fermait. Il n'avait qu'à se tourner vers le mur. Au moins elle ne verrait pas son expression, même si elle pourrait l'entendre.

« Regina », dit-il d'une voix neutre. Le ton qu'il visait était professionnel mais tendu : pourquoi me dérange-t-on chez moi un jour où je suis malade ?

« Coucou, lança-t-elle joyeusement. Alors, c'était ta petite femme ? »

Peter ne trouvait pas ses mots.

« Elle a l'air très gentille. Je suis contente pour toi.

Écoute, je voulais te remercier pour le dîner de l'autre soir et m'excuser pour la façon dont on s'est quittés. »

Il se risqua à jeter un coup d'œil par-dessus son épaule. Mary n'était pas en vue. Sans doute était-elle retournée à la cuisine.

« Je ne sais pas ce qui m'a pris de devenir agressive comme ça. J'espère que je ne t'ai pas fait mal.

— Non, dit-il. Ça va.

— Ça ne me ressemble pas, mais j'étais contrariée, tu comprends. J'ai rompu avec mon copain il y a quelques semaines et… »

Peter se tourna de nouveau vers le mur et souffla dans le téléphone : « Tu m'as dit que tu étais lesbienne !

— Ouais, c'est vrai, j'ai dit ça. Écoute, ça m'avait contrariée que tu me rembarres et ça m'a paru bien, sur le moment, de dire ça. Mais c'est vrai que je me fais harceler par une lesbienne, je te raconterai un autre jour. Elle fait une *fixation* sur moi, la pauvre.

— Donc en fait tu es… Je ne te crois pas. Et puis c'est quoi, ça ? Une vengeance ?

— Une vengeance ? Qu'est-ce que tu racontes ? »

Il jeta un deuxième coup d'œil derrière lui. Mary n'était toujours pas en vue. « Tu m'as menacé en disant que tu appellerais chez moi et que…

— Mais je n'étais pas *sérieuse*, Peter ! Pour qui tu me prends ? J'appelle pour *m'excuser*. J'ai commencé à culpabiliser terriblement cet après-midi. Et, franchement, je trouve que j'ai du cran de faire ça. Je n'étais pas obligée de t'appeler, tu sais. »

Peter rumina un instant ce qu'elle venait de dire.

« Si je voulais te créer des ennuis avec ta femme, j'aurais pu le faire il y a deux minutes, non ? »

Oui, ce n'était pas entièrement faux.

« Possible, dit-il.

— Bon, voilà. Bon sang, Peter, tu devrais apprendre à te détendre. C'est ça, ton vrai problème. »

Il crispa davantage sa main sur le téléphone, s'efforçant de se concentrer sur les détails pratiques de l'histoire. C'était une cliente qui avait un problème et à qui il avait – grande frappe sur le front – bêtement donné son numéro personnel. Pfff.

« Regina, j'accepte tes excuses. Maintenant on oublie ce qui s'est passé. Je vais raccrocher avant que ma femme ne se demande ce qu'on fabrique à papoter tous les deux.

— Elle est du genre suspicieuse, c'est ça ? »

Il dut changer son téléphone de main ; il avait un début de crampe dans la droite. « Non, justement. C'est pour ça que ça m'énerve d'avoir été obligé de lui mentir. À présent, écoute-moi bien : je lui ai dit que c'était un appel de boulot. J'espère que tu ne lui as rien dit de contradictoire quand elle t'a répondu.

— T'excite pas, c'est ce que j'ai dit aussi. Putain, tu n'as même pas le droit de recevoir des coups de fil d'autres femmes sans que ça fasse tout ce cinéma ?

C'est pire que ce que je pensais. Tu as vraiment besoin d'aide, en fait.

— Je raccroche, Regina.

— Là, tu deviens carrément grossier.

— Au revoir. »

Et il raccrocha.

Mary était effectivement dans la cuisine, comme il s'en était douté. Verdict.

« Tu sais quoi ? » dit-elle lorsqu'il entra dans la pièce. Elle était appuyée contre le plan de travail, un verre de jus d'orange à la main. Il sentit ses paumes devenir moites en une fraction de seconde. Elle ne pouvait quand même pas avoir entendu quelque chose…

« Non, quoi ?

— Cette petite balade m'a bien réveillée. Peut-être qu'on devrait sortir dîner dehors. Ce serait quand même dommage de ne rien faire du tout ce soir… »

Peter réprima de justesse un ouf de soulagement. « Bien sûr ! Tu as une idée de l'endroit ?

— On n'a pas vraiment l'embarras du choix, si ? Mais il y a ce nouveau restaurant chinois, là. Valerie et Jeff l'ont essayé l'autre soir.

— Et alors ?

— Elle a dit que c'était “inoffensif”. Ce qui, dans sa bouche, est un compliment.

— D'accord. À condition qu'il y ait de la place. On est vendredi.

— Ouais. Au fait, c'est qui, cette Regina ? Une nouvelle cliente ? »

Merde. Il commençait à croire qu'elle n'allait pas lui en parler.

« Nan. Une ancienne cliente. Je lui ai installé son réseau, il y a quelque temps, et maintenant tout à coup elle n'arrive plus à faire marcher son imprimante. Je n'aurais pas dû lui donner mon téléphone perso, mais elle a insisté. Le genre stressée, tu vois ? »

Mary le regarda sans rien dire.

« Mais ça y est, c'est réparé, maintenant. Un problème d'IRQ. Je lui ai expliqué par téléphone. Facile. »

Elle but une gorgée de son jus d'orange. « C'est vrai ? »

Elle ne se contentait pas de le regarder, à présent, elle le dévisageait intensément. Peter sentit ses pieds se glacer. « Ouais. Je vais téléphoner au rest…

— Elle m'a dit que vous vous étiez rencontrés au séminaire à Dublin. »

Il répondit avant que la panique n'ait eu le temps d'atteindre son cerveau. « Ah oui ?

— Oui. Elle m'a dit "Bonjour, je m'appelle Regina, j'ai parlé avec votre mari au séminaire, est-ce que je pourrais lui dire un mot ?".

— Ouais, c'est vrai. Elle était aussi au séminaire.

— Pourquoi ?

— Pourquoi ?

— Oui, Peter. Pourquoi était-elle à un séminaire qui s'adresse aux professionnels de l'informatique ?

— Elle… elle travaille dans l'informatique.

— Elle travaille dans l'informatique ? Mais elle est obligée de t'appeler pour réparer son imprimante ? »

Il sentit un de ses genoux se mettre à trembler. « C'est-à-dire qu'elle n'est pas très douée. »

Mary posa son verre. « Tu mens. Tu me mens, putain.

— Quoi ? Ne sois pas si…

— C'est qui ? Je ne suis pas complètement débile, Peter. C'est qui ? »

C'était foutu. Il allait devoir passer aux aveux. Ce n'était peut-être pas aussi grave que ça en avait l'air. « D'accord, dit-il. J'ai menti. Mais j'ai une bonne raison.

— C'est… pas… vrai, putain.

— Attends, Mary, laisse-moi parler. Écoute-moi deux secondes. Regina, c'est Regina Clarke, de la fac. Tu m'as sûrement déjà entendu m'énerver à son sujet. Elle travaille vraiment dans l'informatique, ça c'est vrai, et elle était au séminaire, et…

— Non mais je rêve ! Je rêve ! »

Il tendit brusquement les deux mains en avant, tel un gardien de but en pleine action. « S'il te plaît, Mary, laisse-moi finir. Elle m'a collé aux basques toute la journée, et elle a insisté pour qu'on aille dîner ensemble le soir, et moi je ne voulais pas – je ne pouvais déjà pas la blairer à l'époque et je ne peux toujours pas maintenant – mais elle ne voulait pas lâcher l'affaire, alors j'ai fini par accepter. Il n'y a rien de mal à ça, si ?

— Oh, mon Dieu, c'est comme ça que tu t'es fait mal au dos ? Comme dans une comédie de boulevard ? En t'envoyant en l'air avec une ancienne maîtresse ? Putain, j'y crois pas… c'est trop…

— Ne sois pas idiote. C'est… c'est idiot. Écoute-moi, plutôt. On est sortis dîner, c'était l'enfer sur terre et je n'avais qu'une envie, c'était que ça se termine. Je te dis la vérité. »

Mary se propulsa hors de la cuisine en prenant appui contre le rebord du plan de travail et passa devant lui en courant, les deux mains plaquées sur la bouche. L'espace d'un instant, il crut qu'elle allait vomir, mais elle resta plantée au milieu du salon, donnant des coups de chaussure répétés dans le pied de la table basse. Il la rejoignit.

« Écoute, je vais être complètement honnête. Je te dis tout, d'accord. Elle m'a fait des avances. Et je l'ai repoussée. Mary, tu m'entends ? Je l'ai *repoussée.* Je ne t'en ai pas parlé parce que je n'en voyais pas l'intérêt. Il faut que tu me croies. »

Mary cessa de donner des coups dans la table, ce qui était plutôt bon signe, mais fit un pas en arrière et serra les poings des deux côtés de ses cuisses. Ce qui était plutôt mauvais signe. Elle avait les yeux humides, par ailleurs.

« C'était horrible, insista-t-il. Elle m'a balancé un coup de poing dans les couilles quand je lui ai dit que je ne voulais pas d'elle. C'est pour ça qu'elle appelait. Pour s'excuser. »

Les poings de Mary tremblaient. Elle ne disait rien.

« Je vais trouver où elle travaille ! s'écria Peter. Tu n'auras qu'à l'appeler ! »

Mary semblait avoir été frappée de mutisme.

Il leva les mains. « Demande à David, alors ! Il est au courant de toute l'histoire ! Vas-y, appelle-le tout de suite, il te dira ! »

Elle retrouva soudain l'usage de la parole. « Putain ! Est-ce qu'il y a des choses qui se passent entre nous et que David ignore ?

— Quoi ? Mais c'est mon ami ! Je voulais…

— T'en vanter ? Tu as gardé sa petite culotte en souvenir ? »

Peter se laissa tomber dans un fauteuil. « Bon, d'accord, je capitule. Si tu ne me crois pas, je ne peux plus rien faire, si ? »

Ce n'était pas une question rhétorique. Il espérait réellement une réponse. Mais il n'en obtint pas. C'est alors qu'ils furent interrompus par une série de coups violents frappés à la porte.

Mary s'essuya les yeux avec le dos de chaque main. « C'est peut-être Regina, dit-elle. Désolée, j'étais censée être sortie ? »

Peter ignora son sarcasme.

« Tu devrais aller ouvrir, ajouta Mary.

— C'est bon. Ils vont s'en aller. »

Ils attendirent, évitant de croiser le regard de l'autre. Puis il y eut une nouvelle série de coups, cette fois à intervalles lents et réguliers.

« Putain de merde ! aboya Peter en se levant de son fauteuil. Ils peuvent pas utiliser la sonnette, non ? »

Il passa devant Mary d'un air furieux et se dirigea vers l'entrée. « Je vais m'en débarrasser », lança-t-il par-dessus son épaule. Il ouvrit brutalement la porte, pile au mauvais moment car Finbarr Grealey s'écroula presque sur lui, emporté par l'élan de son dernier coup dans le vide. L'espace d'un instant, Peter crut qu'il avait une hallucination.

« Bonsoir, dit Finbarr en reprenant son équilibre. Comment ça va ?

— *Finbarr ?*

— La quatrième fois aura été la bonne, constata celui-ci en retirant sa casquette. J'ai dû sonner à trois autres maisons avant de trouver quelqu'un qui me dise où était la vôtre. »

Peter cligna des yeux. « Qu'est-ce que vous voulez, bordel ? »

Son visiteur parut offensé.

« Désolé, ajouta Peter, mais vous tombez vraiment mal. Qu'est-ce que vous faites là ? »

Finbarr darda brusquement sa langue pour humecter ses lèvres. « Je me demandais, dit-il, si nous ne pourrions pas avoir un mot en privé. Avant que madame rentre du travail.

— À quel sujet ? Et Mary est à la maison. »

Les épaules de Finbarr furent secouées d'un soubresaut. Il recula d'un pas avant de se pencher à nouveau vers Peter pour lui chuchoter à l'oreille : « Je croyais qu'elle finissait tard, le vendredi.

— En principe, oui. Est-ce que vous allez finir par me dire ce que…

— Je voulais vous voir seul à seul. Je pensais qu'il fallait battre le fer pendant qu'il était chaud.

— Quel fer, putain ? De quoi parlez-vous ? »

Finbarr secoua la tête. « Tant pis. Pas maintenant. Mais je reviendrai, promis.

— Qu'est-ce qu'il y a ? C'est au sujet de Mary ? »

Il vit le grand sourire nerveux de Finbarr se figer d'un coup puis s'évanouir. Il imagina d'abord une sorte d'embolie, avant de comprendre que Mary se tenait derrière lui dans l'entrée.

« J'ai entendu mon nom », dit-elle. Puis : « *Finbarr ?* Qu'est-ce que vous faites ici ?

— Bonjour, répondit Finbarr. Bon, il faut que je me sauve. Allez, salut.

— Attendez ! » lancèrent Peter et Mary à l'unisson. Mais il était déjà parti en trottinant.

« Qu'est-ce qu'il voulait ? demanda Mary sur un ton qui laissait penser qu'elle soupçonnait Peter d'avoir aussi une liaison avec Finbarr.

— Je ne sais pas, répondit-il. Il m'a dit qu'il voulait me parler, mais pas si tu étais là.

— Qu'est-ce qu'il a contre moi ? »

Peter haussa les épaules. Ils restèrent sans rien dire à regarder Finbarr s'éloigner. Il était déjà de l'autre côté de la grille, mais voilà qu'il ralentissait, à présent. Puis il s'arrêta carrément. Se retourna. Et revint dans leur direction en accélérant de plus en plus.

« Il revient ! s'exclama Peter.

— Je vois. »

Finbarr avait remis sa casquette. Alors qu'il était environ au milieu de la pelouse, elle fut emportée par un coup de vent et atterrit derrière lui. Il ne s'en aperçut pas.

« Il a perdu sa casquette, fit observer Peter.

— Je ne suis pas aveugle. »

Finbarr était dangereusement hors d'haleine lorsqu'il atteignit les marches du perron. « J'ai… décidé, ahana-t-il, que… je… la vache…

— Mais reprenez votre souffle, bon sang », s'énerva Mary.

Peter se demanda s'ils devaient lui proposer d'entrer, malgré le contexte. Il était rose fluo et une goutte de sueur pendait au bout de son nez.

« Ça va aller, affirma Finbarr. Je manque un peu d'exercice, c'est tout. »

Peter et Mary acquiescèrent d'un hochement de tête. Ils se tenaient côte à côte sur le perron tels deux videurs de boîte de nuit, droits comme des I et bras croisés.

Finbarr respira encore deux ou trois grands coups avant de se jeter à l'eau. « Peter, dit-il. Je ne pourrais plus me prétendre votre ami si je ne vous disais pas ça.

— *Quoi ?* »

Finbarr se passa une main sur la tête et n'y trouva pas de casquette à enlever. Il se tâta le crâne quatre ou cinq fois avant de se rendre à l'évidence.

« Elle est tombée », indiqua Mary. Il opina tristement du chef sans la regarder.

« Peter, reprit-il. La semaine dernière, quand vous m'avez parlé de votre couple, de vos problèmes de sexe et tout ça, j'ai… »

Mary émit un bruit qui n'était pas sans rappeler le son d'une vitre qui explose. Finbarr décolla facilement de trois bons centimètres sur place. Puis elle pivota et se précipita dans la maison. Peter oscilla d'avant en arrière en se frottant le front, comme pour essayer de se réveiller de cet épouvantable cauchemar. Les hurlements de Mary étaient audibles depuis la porte. Peter se pencha en avant, attrapa Finbarr par le col de sa veste et le tira brusquement à l'intérieur.

« Vous, grogna-t-il. Par ici. »

Au salon, Mary était assise par terre, adossée au canapé, secouant inlassablement la tête qu'elle se tenait à deux mains. Elle leva les yeux lorsque Peter franchit la porte, poussant Finbarr devant lui.

« C'est ça, dit-elle. Fais-le entrer. Dis aussi à David de venir, pour qu'on soit sûrs de bien se fendre la pêche. Espèce de *salaud.* Espèce d'enculé de… *salaud.* »

Peter ne plaisantait plus. « Vous, asseyez-vous là, lança-t-il à Finbarr.

— Je préférerais rester deb…

— Assis ! » hurla Peter. Finbarr obtempéra docilement.

« Moi je vais m'asseoir ici, indiqua Peter en rejoignant son propre fauteuil, et on va tirer tout ça au clair. »

Il n'avait pas sitôt fini sa phrase que Mary se releva péniblement et partit. Elle monta les marches quatre à quatre, et une porte claqua. Peter posa les deux poings sur les accoudoirs de son fauteuil et se leva à son tour.

« Attendez là », ordonna-t-il à Finbarr.

À l'étage, la porte de la salle de bains était la seule fermée. Peter frappa un grand coup avec sa paume à plat et dit : « Mary. Sors de là. Il faut qu'on mette les choses au point. »

Il n'y eut aucune réponse, bien qu'il entendît des reniflements et le bruit d'un robinet ouvert.

« Mary. Mary ! Viens ici.

— Au point ? cria-t-elle à travers la porte. Au point ?! Dégage et fous-moi la paix. Retourne voir ton Dr Ruth pour qu'il te conseille sur ta vie sexuelle.

— Oh, par pitié ! Il est *fou*, Mary. Il délire, il imagine des choses. Je ne lui ai jamais parlé de sexe, je te le jure. »

Il frappa à nouveau contre la porte mais renonça vite quand il se rendit compte à quel point ce bruit était désagréable.

« Mary, s'il te plaît. Sors. Si tu veux bien redescendre avec moi, on aura tout réglé dans deux minutes. Je t'assure, il est dans son monde, il plane. C'est un malentendu… »

Un rire amer grésilla de l'autre côté de la porte. « Quoi ? Comme Regina ?

— *Oui.* »

Il l'entendit marmonner sans parvenir à discerner ce qu'elle disait, si tant est qu'elle disait quelque chose. Il se mit les mains sur les hanches et poussa un profond soupir.

« Bon. Moi j'y vais. Si tu… »

Le verrou tourna et la porte de la salle de bains s'entrouvrit de quelques centimètres. Mary avait la tête de quelqu'un qui vient de se faire tabasser. Peter ne dit rien. Il avait peur qu'elle ne redisparaisse à l'intérieur.

« C'est déjà assez grave en soi que tu racontes notre… vie à quelqu'un d'autre, mais à un… un… un parfait inconnu.... » Elle laissa glisser la fin de sa phrase dans le silence, secouant la tête d'incrédulité.

« Mary, écoute. Je suis tombé sur lui au pub le week-end dernier après... notre dispute. On a eu cette conversation, une conversation d'ivrognes, et apparemment il a tout compris de travers. Si tu veux bien descendre au salon avec moi, on aura le fin mot de l'histoire. Allez, viens. Est-ce que je voudrais que tu parles avec lui si j'avais quelque chose à cacher ? »

Elle regarda le plafond.

« Bien sûr que non, répondit Peter à sa place. On va aller lui parler, comprendre ce qu'il croit avoir entendu et lui remettre les points sur les i. »

Elle baissa les yeux et les plongea dans ceux de son mari pendant plusieurs secondes avant de parler.

« D'accord. Mais c'est moi qui pose les questions.

— Très bien, parfait. Tout ce que tu veux. »

Mary s'assit toute seule sur le canapé. Peter retourna dans le fauteuil qu'il avait abandonné quelques minutes plus tôt. Finbarr était non seulement resté sur son siège, mais il semblait s'être solidifié sur place. Parfaitement immobile, il fixait le sol avec intensité.

« Est-ce que le nom de Regina Clarke vous évoque quelque chose, Finbarr ? »

Ce fut la phrase que Mary prononça d'entrée de jeu. Peter essaya de croiser son regard pour lui montrer à quel point il était confiant, mais elle ne quittait pas Finbarr des yeux.

« Qui ? demanda ce dernier, sans relever la tête.

— Regina Clarke, répéta Mary. La maîtresse de Peter. »

Peter était sur le point d'émettre une objection, votre honneur, mais se ravisa aussitôt. Autant laisser Finbarr l'innocenter pour lui.

« Jamais entendu parler, répondit Finbarr avant de se tourner vers Peter. Je ne savais pas que vous aviez une maîtresse. Vous auriez pu m'en parler.

— Je n'ai pas de maîtresse. Mary a les idées un peu confuses.

— Pas de condescendance, s'il te plaît ! aboya-t-elle.

— Vous avez beau jeu de lui dire ça, de toute façon », intervint Finbarr. Il était toujours visiblement hypnotisé par le tapis.

« À qui parlez-vous ? demanda Mary.

— À vous », répondit Finbarr, et ses yeux se posèrent sur elle l'espace d'une demi-seconde.

Peter se pencha en avant. « Qu'est-ce que ça veut dire ?

— Ouais, renchérit Mary. Qu'est-ce que ça veut dire ? »

Finbarr lâcha les accoudoirs et posa les mains sur ses genoux. « C'est justement pour ça que je suis venu. Peter, ça me brise le cœur de devoir vous l'apprendre, mais votre femme est infidèle. Elle court après un autre homme. »

Sans laisser à Peter le temps de réagir, Finbarr regarda Mary d'un air entendu et ajouta une autre syllabe.

« Moi », dit-il.

## 35

C'était la première fois qu'Umberto séchait les cours et, à vrai dire, il ne trouvait pas ça si transcendant. L'angoisse d'être en cavale l'emportait de loin sur le piètre frisson de manquer l'école. Il avait quitté l'établissement sitôt qu'il s'était senti en mesure de marcher (assez rapidement, finalement ; Mask ne lui avait causé aucun dégât sérieux) et avait commencé à errer dans les rues. Il n'avait pas de plan en tête ; juste le désir de s'éloigner. C'était encore l'heure de la cantine et il y avait beaucoup d'élèves en uniforme dans le parc. Il attirait pourtant quelques regards curieux, et le miroir crasseux des toilettes publiques lui confirma que son œil gauche noircissait à vitesse grand V. Se prendre un coup de genou ne lui avait pas réussi, apparemment. C'était aussi la première fois qu'Umberto avait un œil au beurre noir. Ce qui le laissait autant de marbre que tout le reste. Ce n'était pas douloureux, mais ça lui donnait l'allure de quelqu'un qui se bagarrait. Pas vraiment l'image qu'il recherchait.

Il passa tout l'après-midi dans une salle étriquée et poussiéreuse de la bibliothèque municipale, en s'efforçant de ne pas trop réfléchir. Une seule personne, une vieille dame, lui demanda pourquoi il n'était pas en cours. « Journée de recherches », répondit Umberto. Elle n'insista pas mais n'eut pas l'air tellement convaincu non plus. Il la surprit régulièrement en train de le dévisager quand il abaissait son vieux numéro du *National Geographic* et finit par trouver plus confortable de se cacher derrière un atlas géant. Lorsque la vieille dame se décida enfin à partir, il avait fait quatre fois le tour du monde sans rien voir.

La tentation était grande d'aller trouver Mary à la boutique, ou Peter au bureau, mais il y résista. Les deux endroits étaient trop publics. Il risquait d'y avoir un scandale.

Autant attendre qu'ils soient rentrés à la maison.

## 36

Mary hésitait entre le rire et les larmes. Elle opta pour le rire.

« Oh, vous pouvez bien rire, rétorqua Finbarr, mais je vous ai prise la main dans le sac. Vous êtes *foutue.*

— Vous feriez mieux de vous expliquer, intervint Peter. Et vite.

— Je vous préviens, Peter, ça ne va pas vous plaire.

— Ne vous inquiétez pas pour moi, expliquez-nous les faits, point.

— C'est complètement délirant, commenta Mary. Mais allez-y, j'ai hâte d'entendre le fin mot de l'histoire. »

Finbarr croisa les jambes et s'éclaircit la voix. « Au pub, samedi dernier, quand vous m'avez raconté la façon dont elle vous traitait…

— Dont je le *traitais* ? » releva Mary.

Peter secoua la tête. « Tout ce que j'ai dit, c'est que…

— Tu te plains de moi à des inconnus dans des pubs ?

— Non, tu ne comprends pas. Je voulais juste…

— Tout ça n'a plus aucune importance, l'interrompit Finbarr. L'important, c'est que j'ai tout de suite reconnu les symptômes. »

Peter se pencha en avant et appuya les coudes sur ses genoux. « Quels symptômes ? De quoi parlez-vous, bon sang ? »

Finbarr se leva et se mit à faire les cent pas tel Hercule Poirot. « De l'adultère ! J'en connais les signes, Peter. J'ai vu tout ça à la télé. Un brave homme détruit par une femme calculatrice. »

Mary croisa le regard de Peter derrière le dos de Finbarr et fit tourner son index contre sa tempe. Il resta impassible.

« J'espère quand même que tu ne crois pas ces conneries ! » protesta-t-elle, incrédule. Finbarr pivota brusquement sur ses talons et lui ricana au visage.

« Ah, on fait moins la maligne, hein ? Un secret coupable sur le point d'être révélé. Eh bien, il fallait y penser plus tôt ! C'est trop tard, maintenant.

— Venez-en au fait, coupa Peter.

— Gardez votre calme, lui conseilla Finbarr. Ne la laissez pas vous monter la tête.

— Ce n'est pas elle qui me monte la tête, Finbarr. C'est vous. Et à présent, si vous avez quelque chose à dire, dites-le. »

Finbarr se rassit et posa un œil sur Mary. « Vous

n'avez pas reçu de cadeau inhabituel, cette semaine, par hasard ? Rien de spécial ?

— Non mais vous *plaisantez* ? s'exclama Mary en plaquant une main sur sa bouche. C'était *vous* ?

— De quoi ? demanda Peter. Qu'est-ce qui était lui ?

— Rien. J'ai reçu un bouquet de fleurs pendant que tu n'étais pas là. Avec un mot. Un mot anonyme.

— Quel genre de mot ? Tu ne m'as rien dit. Pourquoi tu ne m'as rien dit ?

— Je trouvais que ce n'était pas…

— Quoi ? Mes oignons ? »

Finbarr s'interposa. « Vous voyez, Peter, c'est…

— Et *vous*, qu'est-ce qui vous prend d'envoyer des fleurs à ma femme, bordel ?

— Calmez-vous, maintenant. Je l'ai fait pour vous. Pour vous montrer.

— Me montrer quoi ?

— Le fil auquel vous tenez. Elle ne vaut pas mieux que les autres, Peter. À la première occasion, elle se fera la malle. »

Cette fois, Mary bondit du canapé. « Dehors ! hurla-t-elle. Sortez de chez moi immédiatement. Sortez ou j'appelle la…

— Vous préférez que je lui fasse écouter le message ? suggéra Finbarr. C'est peut-être le plus simple pour en avoir le cœur net.

— Quel message ?

— “Quel message ?” répéta Finbarr. Le culot de cette femme, Peter. Vous me remercierez un jour. » Il plongea la main dans la poche de sa veste. Mary savait ce qu’il allait en sortir avant qu’il ne l’exhibe comme l’arme du crime.

« Elle n’a pas pu s’en empêcher, constata tristement Finbarr. Il fallait qu’elle retrouve son mystérieux admirateur. »

Mary jeta les bras en l’air tandis que Finbarr tripotait les boutons du téléphone. « Je n’avais absolument aucune envie de savoir d’où venaient ces putains de fleurs ! Si quelqu’un vous a téléphoné, c’est sans doute Fidelma. C’est *elle* qui voulait savoir qui c’était, moi je m’en foutais pas mal. Tu ne te laisses pas avoir par toutes ces conneries, j’espère ? Hein, Peter ? »

Il se mouilla les lèvres. « Faites-nous écouter ce message.

— Vous faites le 121 », indiqua Finbarr en lui lançant le téléphone.

Mary se rassit. « Très bien. Écoute-le. Je n’ai rien à cacher. »

Peter composa le numéro et colla l’appareil contre son oreille droite, le visage imperturbable. « Ce n’est pas Mary, annonça-t-il à Finbarr. C’est son amie Fidelma.

— Fais voir », dit Mary en lui arrachant le téléphone des mains. Elle appuya sur une touche pour réécouter le message, dont elle prit connaissance en secouant la tête. « Je te l’avais dit. C’est Fidelma. »

Finbarr parut vaciller un moment. « Une amie, c'est ça ? demanda-t-il après avoir retrouvé sa contenance. Bravo, je vous tire mon chapeau. C'était malin de votre part, de lui faire passer le coup de fil à votre place. Ne jamais sous-estimer la roublardise féminine.

— Vous êtes complètement fou, répondit Mary. Et vous allez me débarrasser le plancher. »

Finbarr se tourna vers Peter. « Je suis désolé, Peter. Mais c'était le seul moyen. Il y a un moment où il faut savoir se mouiller pour ses amis si on veut protéger leur...

— Finbarr, je ne vais pas vous le dire deux fois. Vous et moi ne sommes pas amis, et ne le serons jamais. Et Mary a raison : vous débarrassez le plancher. »

Il hocha la tête. « D'accord. Je comprends. Vous êtes choqué. Ce n'est pas ce que vous aviez envie d'entendre. Vous ne voyez pas la chance que vous...

— Dehors ! Maintenant ! Avant que je vous vire à coups de pied au cul.

— *Ça va.* Pas besoin de recourir aux menaces. C'est pour vous que j'ai fait tout ça. Ce n'est pas facile pour moi non plus, vous savez. »

Peter se leva avec précaution, puis se redressa de toute sa hauteur. « Qu'est-ce qui vous prend, Finbarr ? Vous croyez vraiment que c'est comme ça qu'on se fait des amis ? Alors maintenant c'est la dernière fois que je vous le demande gentiment. Sortez. D'ici.

— Très bien, je m'en vais. Mais ne venez pas me voir en pleurant quand vous rentrerez chez vous un jour et que vous trouverez un mot sur la table pour vous dire qu'elle s'est tirée avec un…

— Ne vous inquiétez pas, je ne viendrai pas vous voir. Ça m'irait parfaitement si je pouvais ne plus jamais poser les yeux sur vous, à vrai dire. »

La bouche de Finbarr s'incurva vers le bas. Puis il hocha la tête avec tristesse avant de se lever et de se diriger vers l'entrée d'un pas nonchalant. Mary le suivit, malgré les grommellements de Peter qui lui ordonnait de ne pas bouger.

« L'autre jour au magasin, dit-elle dans son dos. Vous m'avez dit que vous ne vous étiez jamais marié parce que vous n'aviez pas rencontré la femme de votre vie. »

Il se retourna et la regarda droit dans les yeux.

Elle avala sa salive avant de poursuivre. « Mais vous vous comportez comme si vous n'aviez jamais rencontré *aucune* femme. »

Il ferma lentement les yeux. Ses narines se gonflèrent. L'espace d'un instant, son visage parut se décomposer. Puis il se ressaisit. Il rouvrit les yeux d'un seul coup et sourit à Mary avant de se retourner pour ouvrir la porte. « J'ai entendu une bande de jeunes parler de votre chère boutique, il n'y a pas très longtemps, dit-il. Ils traînaient devant le pub. Ils se marraient comme des baleines. Pathétique, c'est le mot qu'ils ont employé. Provincial. Ringard. Je les ai interrompus et j'ai pris votre défense, sur le moment. Mais vous savez quoi ? Ils avaient raison. Vous n'avez pas vraiment de choix, en fait. Rien à se mettre sous la dent pour un vrai fan de musique. Je crois que je vais aller faire mes courses ailleurs, désormais. »

Et il partit.

Quand Mary revint au salon, elle ne savait pas très bien par où commencer. Mais elle n'en eut pas l'occasion, car Peter démarra tout de suite.

« Tu es gonflée, quand même !

— *Pardon ?*

— Tu m'as terrorisé. Je flippais pour un malentendu débile avec cette cinglée de Regina, et pendant tout ce temps tu batifolais en cachette avec de mystérieux admirateurs !

— Je batifolais ? Mais tu as écouté ou pas ? C'était *Fidelma.* Moi je n'en avais rien à foutre. J'ai même jeté les fleurs à la poubelle. C'est toi qui fais des escapades à Dublin pour aller retrouver des femmes. »

Peter ignora la dernière partie de la remarque. « Mais c'est vrai que tu n'aimes pas les fleurs et tous ces trucs à la con, n'est-ce pas ? Et s'il t'avait envoyé quelque chose qui t'avait plu, hein ? Ça n'aurait pas fini à la poubelle, je parie !

— Je ne veux même pas m'abaisser à…

— Et tu as tenu tout ça secret, hein ? Vous avez dû bien rigoler dans mon dos, toutes les deux. Il a peut-être raison, après tout. Peut-être que c'est vraiment toi qui lui as demandé de téléphoner, pour te couvrir.

— Je n'arrive pas à croire ce que j'entends. Écoute, mon amour, ce n'est pas moi qui suis allée me bourrer la gueule avec ce crétin et qui lui ai raconté… Tiens, voilà autre chose, d'ailleurs. Qu'est-ce que tu lui as raconté ? Finalement tu ne me l'as pas dit et pourtant tu sais que *j'adorerais* le savoir.

— Je lui ai dit la vérité ! Que je me soûlais parce que ma femme venait de péter les plombs sans aucune raison ! Rembobiner la cassette, mon cul !

— Espèce de sale *connard*. Je t'ai expliqué tout ça hier soir. Ce n'était pas sans aucune raison, c'était parce que je me sentais…

— Ouais, ouais. Ordinaire et banale. Maintenant je comprends pourquoi. Un seul admirateur ne te suffit pas. »

Mary prit une profonde inspiration. Elle ne voulait pas dire quelque chose qu'elle risquait de regretter, et ils étaient en train de s'aventurer sur ce terrain-là. « Ne crois pas que je ne voie pas ce que tu essayes de faire. Tu essayes de me renvoyer la balle. Tu t'es fait griller le premier, et tu penses que l'attaque est la meilleure défense.

— Je ne me suis fait griller sur rien du tout. Je t'ai dit la vérité pour Regina et tu le sais très bien.

— Ah oui ? Ah oui ? Je vais te dire ce que je sais, monsieur. Je sais que ce n'est pas une… AHHH ! »

Elle n'était pas en état de recevoir des chocs brutaux, et celui-là faillit arrêter pour de bon les battements accélérés de son cœur. Un fantôme les observait par la fenêtre du salon.

# 37

Umberto était passé par-derrière par habitude. Pratiquement toutes ses expéditions chez Peter et Mary partaient du Cottage et le conduisaient jusqu'à la clôture, qu'il enjambait avant de traverser le jardin pour rejoindre la porte de service. Il aurait trouvé ça bizarre de frapper à la porte principale.

Il entendit les cris avant même de franchir la clôture. Un nœud se forma dans son ventre. Il se faufila jusqu'à la fenêtre du salon, priant intérieurement pour que le bruit provienne de la télé. Ce n'était pas le cas. Peter était assis sur le canapé et Mary se tenait debout devant lui, pointant ses deux index dans sa direction. Pas très bon signe. Umberto en eut les jambes coupées. Puis Mary l'aperçut et poussa un hurlement. Il fut tenté de s'enfuir en courant, mais avant de pouvoir bouger il vit qu'elle l'avait reconnu et qu'elle avait aussi compris qu'il s'était battu. Elle se précipita à la porte du jardin en une fraction de seconde.

« Bon sang, mais qu'est-ce qui t'arrive ? demanda-t-elle en faisant un pas vers lui. Tu vas bien ?

— Ça va », répondit Umberto avant d'éclater en sanglots.

Elle courut jusqu'à lui et lui passa un bras autour des épaules. « Qui t'a frappé ? Tu es livide. »

Umberto ne répondit pas tout de suite. Il avait du mal à croire qu'il était encore en train de pleurer. Deux fois dans la même semaine. Il avait quatorze ans, nom de Dieu. C'était grotesque. « Un mec à l'école, finit-il par bredouiller. Mais je l'ai cherché. »

Mary lui frotta l'épaule. « Je suis sûre que non, dit-elle. Certaines personnes… »

Il frappa du pied comme un gamin de cinq ans et s'en voulut aussitôt. « Je te dis que si, insista-t-il. J'ai cherché la bagarre. Je voulais un prétexte pour tabasser quelqu'un.

— Et ça a marché ? s'enquit Peter, qu'Umberto n'avait même pas vu sortir de la maison. Est-ce que je devrais aller voir l'autre mec ?

— Non. L'autre mec n'a rien.

— Viens, entre, je vais te faire une tasse de thé, suggéra Mary. Et tu nous expliqueras pourquoi tu as brusquement envie de frapper les gens. »

Umberto se dégagea de son étreinte. Ses larmes ne coulaient plus, mais il était loin d'avoir recouvré son calme. « Pas question, dit-il. Je ne mettrai pas un pied dans cette maison. Vous étiez en train de vous disputer. Je vous ai vus. Je vous ai entendus. »

Peter et Mary échangèrent un regard.

« On pourra reprendre notre dispute plus tard, répondit Peter. Allez, viens.

— Je n'ai pas d'escalope, mais je peux te donner une saucisse pour mettre sur ton œil », ajouta Mary. Elle parut d'abord oublier de sourire, puis elle corrigea son erreur.

« Arrêtez ! hurla Umberto. Arrêtez d'être gentils comme ça ! »

Peter et Mary se regardèrent à nouveau avant de se tourner vers lui.

« Pourquoi ? demanda Mary.

— Parce qu'il va bien falloir que j'apprenne à me passer de tout ça, non ? Vu comment les choses évoluent. Alors autant m'y habituer dès maintenant.

— Quelles choses ? s'étonna Peter.

— Vos choses. Vous deux. Je vous donne une semaine maxi pour vous séparer, au rythme où ça va. »

Mary le prit de nouveau par les épaules. « C'est juste une mauvaise soirée. Une dispute d'amoureux. Pas de quoi s'inquiéter.

— Ce n'est pas juste une mauvaise soirée ! Je sais ce qui se passe !

— Il ne se passe absolument rien, affirma Peter. Pas de mon côté, en tout cas. »

Mary lui jeta un regard noir. « Pas de mon côté non plus. »

Tout d'un coup, Umberto se sentit encombré avec ses mains. Il les croisa derrière son dos, mais il songea que ça lui donnait un faux air du prince Charles et abandonna cette posture pour les mettre dans ses poches. « Arrêtez de me traiter comme un gamin. Je sais qu'il se passe quelque chose. Je sais que tu disais quelque chose de grave à maman le week-end dernier. Sur Peter.

— C'est vrai ? » demanda Peter en regardant Mary.

Mary se dressa sur la pointe des pieds puis se laissa retomber sur ses talons. « Qu'est-ce que tu m'as entendue dire, exactement ?

— Ben… D'accord, je n'ai rien entendu de précis. Mais je sais que c'était quelque chose de grave. »

Peter laissa échapper un petit ricanement à l'intention de Mary. « Et après tu te plains que je parle de toi derrière ton dos ! Tu as vraiment du…

— Ah, ça suffit, hein ! lança-t-elle. Si tu veux savoir, je râlais après toi mais seulement parce que… Écoute, je t'ai déjà expliqué tout ça hier soir. Laisse-le continuer. »

Umberto n'était pas sûr de savoir comment. Il sentait que le sens de toute cette histoire commençait à lui échapper. « Attendez. Vous êtes en crise, oui ou non ?

— Non », répondirent-ils en chœur. Puis ils se regardèrent, visiblement surpris tous les deux.

Umberto se mit à racler le sol du bout du pied. Il était plus déconcerté que content. « Mais maman m'a dit… enfin… elle ne me l'a pas vraiment dit directement, mais disons qu'elle a laissé entendre… que… euh… peut-être qu'elle n'a rien laissé entendre non plus, en fait.

— Tu te fais des films, Umberto », affirma Peter. Puis il se tourna vers Mary. « On dirait que c'est une maladie, ces derniers temps. »

Umberto sentit l'espoir renaître, mais il ne pouvait pourtant pas nier ce qu'il avait vu de ses propres yeux. « Alors pourquoi vous vous disputiez, ce soir ? » voulut-il savoir.

Peter et Mary haussèrent les épaules à l'unisson. Puis ils baissèrent la tête tous les deux.

« Rien de grave, si ?

— Ben, c'est-à-dire…, hésita Mary.

— Il s'est passé quelque chose de grave, oui ou non ? »

Aucun des deux ne semblait vouloir, ou peut-être pouvoir, répondre.

« Disons qu'il y a eu un certain nombre de… malentendus, expliqua Peter.

— Ça, c'est le moins qu'on puisse dire, marmonna Mary.

— Des malentendus ? C'est tout ? Très bien, dans ce cas, vous devez vous excuser. Allez. »

Ni l'un ni l'autre ne réagit.

Umberto perdit patience instantanément. « Peter, c'est toi l'homme, toi d'abord.

— Pourquoi moi ?

— Allez, insista Umberto. Fais-le pour moi. S'il te plaît. Pour me faire plaisir. »

Peter réfléchit une seconde avant de donner un coup de pied dans le vide. Un petit nuage de poussière s'éleva.

« Même des petites excuses, précisa Umberto. Ça ira.

— D'accord, d'accord, répliqua Peter. Mary, je suis désolé d'avoir rembobiné la cassette alors que tu essayais de me dire quelque chose. *Voilà*.

— Quoi ? » s'exclama Umberto. Mais sa question fut ignorée.

« Ça n'est pas grave, répondit Mary. Enfin je crois. » Elle regarda son propre reflet dans la fenêtre du salon. « Bon, d'accord. Je suis désolée d'avoir dit du mal de toi à Valerie. »

Umberto commençait à y voir plus clair. Il y avait du progrès, manifestement. Peter croisa les bras sur sa poitrine.

« Et moi je n'aurais pas dû parler à David. Ni à Finbarr Grealey. Surtout à Finbarr.

— Qui ? demanda Umberto.

— Ça, c'est sûr que tu n'aurais pas dû, lui rétorqua Mary. Mais j'aurais peut-être mieux fait de te mettre au courant, pour les fleurs. »

Umberto n'était pas sûr d'avoir envie de comprendre.

Peter opina du chef. « Même chose pour le dîner, dit-il. Ce dîner *innocent* à Dublin.

— D'accord, conclut Mary. On n'a qu'à dire qu'on est quittes. Pour faire plaisir à Umberto.

— Oui ! s'exclama Umberto. Vous êtes quittes !

— Ça me va », accepta Peter. Ils baissèrent tous les trois la tête, ne sachant comment poursuivre. Plusieurs secondes s'écoulèrent.

« Pourquoi on n'irait pas tous dîner dehors ? proposa Mary. Umberto, tu peux venir avec nous. Comme ça tu nous diras avec qui tu as envie de te battre et pourquoi. »

Umberto sourit et battit des mains, enthousiaste. « Laisse tomber, dit-il. Je crois que l'envie m'a passé, finalement.

— Tu n'es même pas rentré chez toi, je parie, déclara Peter. Si tu viens avec nous, il faut d'abord que tu appelles tes parents. Ils doivent se faire du souci.

— Ça m'étonnerait, répondit Umberto. Mais j'appellerai quand même. »

Il leur raconta l'épisode avec Mask McGuiney pendant qu'ils montaient en voiture.

« Il arrive qu'on croise ce genre de personne, répliqua Mary. Le mieux que tu aies à faire, c'est de l'éviter. De rester avec tes copains.

— Je n'ai pas vraiment de copains », répondit Umberto.

Mary se retourna vers lui. « Tu peux prendre ça pour un compliment.

— Ah bon ?

— Bien sûr, renchérit Peter. Un jour, tu rencontreras des gens qui te ressemblent. Souviens-toi de ce que je te dis là, Umberto. Quand tu quitteras cette petite ville de merde. »

Umberto fut décontenancé. « Je croyais que vous l'aimiez, cette petite ville de merde, justement.

— Oh, mais oui, répondit Peter. Mais c'est parce que nous sommes des gens… ordinaires. »

Umberto crut qu'il se moquait de lui, mais Mary approuva aussitôt. « Exactement. Tu verras, tu partiras d'ici et tu ne te retourneras jamais.

— Tu crois ?

— Je suis prête à parier la boutique. »

Umberto réfléchit un instant. « Peut-être bien, finit-il par dire. Eh, écoutez, est-ce qu'on peut faire un petit détour avant d'aller au restaurant ? Ça ne sera pas long.

— Bien sûr, approuva Peter. Où ça ? »

Umberto toussota. « Il faut que vous me promettiez de ne pas vous mettre en colère… »

Le père Duff ne parut pas surpris de voir Umberto. Il parut inquiet.

« Qu'est-ce qui se passe ? » demanda-t-il dès qu'il

l'aperçut. Ils se tenaient sur les marches du perron. Bertha avait invité Umberto à entrer, mais il avait refusé.

« Rien, répondit ce dernier. Tout va bien. Écoutez. Je voulais m'excuser de vous avoir engueulé parce que vous ne vouliez pas m'aider. Je n'aurais même pas dû vous en parler. Vous avez eu raison de me dire non, apparemment. Parce que j'avais tout compris de travers. Comme vous l'aviez soupçonné. »

Cette fois le père Duff parut bel et bien surpris. « Ah bon ? dit-il.

— Je sais, je sais, c'était de justesse. Je suis très gêné. Mais ils vont bien, en fait. On va tous au restaurant, là. »

Il fit un geste en direction de la voiture garée le long du trottoir. Le père Duff le suivit du regard. « Ce ne sont pas tes… Qui est-ce ?

— C'est le couple dont je vous ai parlé. Maintenant, je peux vous le dire.

— C'est vrai ?

— Oui. C'est mon oncle et ma tante. Vous les connaissez ? »

Le prêtre secoua la tête. Puis il tâta les poches de sa veste et en sortit son paquet de cigarettes. « Non.

— C'est mieux comme ça. Ils n'ont plus besoin d'aide, finalement. Et je ne sais pas s'ils en ont jamais eu besoin. Je suis un peu perdu, pour être honnête.

— Très bien, d'accord, pas de problème.

— Bon, ben j'y vais alors. »

Le père Duff hocha la tête en silence. Umberto pivota et s'éloigna tranquillement. Mais il s'arrêta à mi-chemin dans l'allée. « Et puis on ne sait jamais, ajouta-t-il. Si vous avez de la chance, je viendrai peut-être faire une partie d'échecs avec vous, un de ces quatre. Si j'arrive à caser ça dans mon emploi du temps mondain surchargé. Ce qui ne sera pas trop difficile, je pense. »

Il s'attendait à une réaction extatique à cette nouvelle, mais, cette fois encore, le père Duff se contenta de hocher la tête d'un air hébété. Umberto haussa les épaules et continua jusqu'à la grille. Y a des gens qui ne sont jamais contents.

Le restau chinois était complet. Leur enthousiasme pour dîner dehors retomba sur-le-champ. « On n'a qu'à se prendre des fish-and-chips, suggéra Peter. Et regarder ce film, là. Tu as déjà vu *Fargo*, Umberto ?

— Quatre fois. Mais ça ne me dérange pas de le revoir. »

Peter alla chercher les fish-and-chips tout seul, tandis que Mary et Umberto l'attendaient dans la voiture. « Tu ne dis plus rien, fit-il observer au bout d'un moment. Ça ne va pas ?

— Si, si, dit-elle. Écoute, Umberto, je voudrais te poser une question. Tu as déjà entendu des ados parler du magasin ? À l'école ou ailleurs ?

— Quel magasin ? Le tien ? »

Elle acquiesça d'un signe de tête.

« Peut-être, répondit Umberto.

— Et… ils en disent du bien ? Est-ce qu'ils… Non, laisse tomber.

— Est-ce qu'ils quoi ?

— Ben… Est-ce qu'ils le trouvent… cool ? »

Il ne voulait pas lui mentir. Elle se rendait toujours compte quand il lui mentait. « Ils trouvent ça pas mal pour une ville comme Drumshanagh, risqua-t-il en guise de compromis.

— Ouais, dit-elle. C'est bien ce que je pensais. Peu importe. Ça me suffit largement. »

Peter revint en tenant les sachets pleins de gras en l'air devant lui tel un chasseur rentrant d'une battue, et ils repartirent aussitôt. Ils n'avaient pas fait trente mètres qu'il se mit à klaxonner et à donner des coups contre sa vitre.

« C'est Fiona », dit-il. Ils tournèrent tous la tête vers le trottoir d'en face. Fiona Sheridan avançait toute seule, tête baissée. Elle ne parut pas les voir ni les entendre.

« Elle n'a pas l'air en forme, si ? demanda Peter en jetant un coup d'œil dans son rétroviseur. On devrait peut-être faire demi-tour. J'ai une nouvelle blague qui pourrait lui remonter le moral.

— Non ! rétorqua Mary, catégorique.

— Je rigolais. »

Mary sourit. « Je sais.

— Tu n'as qu'à nous la raconter », suggéra Umberto.

Peter lâcha la route des yeux une seconde pour se tourner vers Mary.

« Vas-y, raconte », grommela-t-elle en se bouchant les oreilles.

# 38

Finbarr prit place au bar sur un tabouret et commanda un double whisky. Le Dead Leg se remplissait rapidement, du fait qu'on était vendredi. Lorsque son whisky arriva, il ne se contenta pas de le boire mais se le jeta quasiment au visage. Puis il attrapa le regard du barman et lui adressa un petit hochement de tête. La même chose.

Pivotant lentement sur son tabouret, il scruta la salle avec attention, à la recherche d'une place libre. Il y en avait une dans le coin, sur une banquette à moitié occupée par un homme vêtu d'un costume gris froissé et qui avait l'air épuisé. Finbarr ne le reconnaissait pas. Quelqu'un de passage, sans doute. Il paya ses consommations et se dirigea vers la table. L'homme tourna la tête et le salua alors qu'il s'asseyait à côté de lui. Il avait les yeux sombres et lourds derrière ses lunettes épaisses, et il arborait une mine grave. Finbarr leva son verre. L'homme hocha la tête.

Puis Finbarr se racla la gorge. « Problème de femme », dit-il. Ce n'était pas une question, mais une affirmation.

*Remerciements*

Je tiens à remercier mon agent, Faith O'Grady, et mon éditrice Philippa Pride, pour toute leur aide et leur soutien.

# Kari Hotakainen

## *Rue de la Tranchée*

Matti Virtanen, jeune Finlandais d'aujourd'hui, est un combattant d'un genre nouveau. Il appartient à cette génération d'hommes qui s'occupent des tâches ménagères, de la maison et des enfants. Son combat : la réussite de son foyer ! Or, lorsque son couple vacille et que sa femme demande le divorce, il perd sa raison d'être. Il a six mois, le temps que la procédure devienne définitive, pour trouver la maison rouge dont elle a toujours rêvé. Un rêve qui va l'obséder et l'entraîner à la lisière du possible… Kari Hotakainen nous livre une satire hilarante sur la place de l'homme dans la société actuelle.

n° 4026 – 7,80 €

DOMAINE ÉTRANGER, DES ROMANS D'AILLEURS ET D'AUJOURD'HUI

*Impression réalisée sur Presse Offset par*

CPI
Brodard & Taupin

La Flèche (Sarthe), 42262
N° d'édition : 3973
Dépôt légal : juillet 2007

*Imprimé en France*